창세기 격론

IVP(InterVarsity Press)는
캠퍼스와 세상 속의 하나님 나라 운동을 지향하는
IVF(InterVarsity Christian Fellowship)의 출판부로
생각하는 그리스도인을 위한 문서 운동을 실천합니다.

The Genesis Debate
ⓒ 1990 by Carolyn Youngblood,
of the English original version by Ronald F. Youngblood.
This edition licensed by special permission of Wipf and Stock Publishers.
www.wipfandstock.com
License arranged through rMaeng2, Seoul, Republic of Korea.
All rights reserved.

This Korean edition ⓒ 2020 by Korea InterVarsity Press
156-10 Donggyo-ro, Mapo-Gu, Seoul 04031, Republic of Korea.

이 한국어판의 저작권은 알맹2를 통하여
Wipf and Stock Publishers와 독점 계약한 IVP에 있습니다.
신 저작권법에 의하여 한국 내에서 보호받는 저작물이므로
무단 전재와 무단 복제를 금합니다.

이 책은 한국교회탐구센터의 지원으로 번역·출간되었습니다.

창세기 격론

창세기를 읽을 때 피해 갈 수 없는 11가지 질문

칼 헨리·존 월턴·데이비스 영 외 지음 | 로널드 엉블러드 엮음
김태범 옮김 | 송인규 해설

Ivp

차례

서문 로널드 영블러드 6
기고자 10

1 **창조의 날들의 길이는 24시간이었는가?**
 YES 테렌스 프레타임 13 ✸ NO 클라이드 맥콘 27

2 **창세기의 창조 기사에 제시된 사건들은 시간 순서대로 되어 있는가?**
 YES 로버트 뉴먼 45 ✸ NO 마크 트론베이트 56

3 **지구는 몇천 년 전에 창조되었는가?**
 YES 스티븐 슈레이더 73 ✸ NO 데이비스 영 93

4 **진화는 창조의 과정에 포함되어 있었는가?**
 YES 마크 힐머 116 ✸ NO 존 무어 129

5 **삼위일체 교리가 창세기의 창조 기사에 내포되어 있는가?**
 YES 유진 메릴 149 ✸ NO 앨런 하우저 159

6 **가인의 제물은 피의 희생 제물이 아니어서 하나님께 거절당했는가?**
 YES 허셀 홉스 177 ✸ NO 조엘 헤크 184

7   아담과 하와 이전에 사람들이 있었는가?
　　YES 웨이드 시포드 204　　✳　　NO 조지 쿠펠트 216

8   홍수 이전에는 사람들이 수백 살까지 살았는가?
　　YES 제임스 볼랜드 229　　✳　　NO 드웨인 크리스텐슨 241

9   창세기 6장에서 '하나님의 아들들'은 천사들인가?
　　YES F. B. 휴이 255　　✳　　NO 존 월턴 269

10 노아의 홍수는 전 지구를 덮었는가?
　　YES 스티븐 오스틴 293　　✳　　NO 도널드 보드먼 303

11 창세기 9장은 사형을 정당화하는가?
　　YES 칼 헨리 318　　✳　　NO 맬컴 리드 329

　　해설 송인규 346

서문

필론(Philo)이라는 알렉산드리아의 유대인이 『창세기에 대한 질문과 대답』(Questions and Answers on Genesis)이라는 제목의 얇은 책 여섯 권을 쓴 지 무려 열아홉 세기가 더 지났다. 그의 독창적 저술은 창세기 2:4-28:9 대부분을 다루었고, 1권과 2권은 2:4-10:9[창세기의 중요한 부분이자 당신이 이제 읽게 될 『창세기 격론』(The Genesis Debate)이 다루는 것과 대략 겹치는 부분]에 관한 200개에 가까운 질문을 담고 있다.

필론의 책에 등장하는 각 질문은 하나의 성경 구절이나 그 구절의 일부를 다룬다. 그리고 그는 모든 질문에 대해 두 가지 대답(그 구절의 문자적 의미를 다루는 대답과 그 구절에 내재된 것으로 생각되는 풍유적 의미를 다루는 대답)을 제시한다. 필론의 용법에 따르면 그 구절에 내재된 풍유적 대답은 다음 중 한 영역 혹은 세 영역 모두를 포함할 것이다. (1) 물리적(즉 신학적 혹은 우주론적) 영역, (2) 윤리적 영역, (3) 신비적 영역. 대조적으로, 『창세기 격론』에서 제기된 질문 열한 개에 관해 이 책의 저자들이 제시하는 대답은 성경 본문의 문자적(즉 일반적 또는 의도된) 의미만을 다룬다. 신학적 고찰 및 다른 고찰들도 문자적 의미를 설명하는 데 분명히 중요한 역할을 할 것이다. 비록 필론이 내놓은 특이한 대답에 상응하는 내용은 없을 것이지만 말이다.

필론의 노력이(그리고 여기서 언급되지 못한 다른 많은 이의 노력이) 나타내듯이, 고대에도 창세기 독자들은 창세기에 온갖 종류의 질문을 던졌다. 하나님은 어떻게 그분의 창조 사역을 완성하셨는가? 사탄이 악을 처음 만들어 그것을 세상에 가져왔는가, 아니면 사탄은 다른 누군가에 의해 이용된 이차적 범죄자인가? 가인은 어디서 아내를 얻었는가? 질문들은 가장 단순한 것부터 가장 심오한 것까지 그 범위가 넓다. 그리고 이 질문들에 주어진 대답들은 믿을 수 없을 정도로 많고 다양하다.

이 책에서 우리는 현대의 창세기 독자를 괴롭힐 쟁점이 분명한 질문들을 면밀하게 골랐다. 최종적으로 어떤 질문들을 선택할지 결정하기란 쉬운 일이 아니었다. 왜냐하면 이 책의 저자들에게 이 질문들에 대해 상당히 충실하게 대답할 기회를 주고 싶었기 때문이다. 우리는 최종적으로 열 개의 주제를 정했고, 저자들이 이 주제에 관한 질문에 "예" 혹은 "아니요"로 답하고 그 이유를 제시할 수 있도록 했다. "창조의 날들의 길이는 24시간이었는가?"로 시작해서 "창세기 9장은 사형을 정당화하는가?"로 끝맺으면서, 우리는 가능한 한 폭넓은 독자들이 흥미를 가질 내용을 다룰 가장 중요한 질문들을 포함시키고자 했다. 각 글에서 제시된 대답 모두는, 성경의 완전 영감과 권위를 믿고 따라서 자신에게 제기된 문제에 철저하게 성경적인 대답을 제시하려는 그리스도인 학자들(주석가들, 신학자들, 과학자들)이 쓴 것이다.

성경에 관한 질문과 대답을 하는 많은 책은 문제를 제시하고 하나의 대답(유일하게 타당한 한 가지 대답으로 추정되는)을 제시하는 구성 방식을 사용한다. 이럴 때 대답은 매우 간단할 수 있고, 사실 대개 그렇다. 내 서재에 있는 한 가지 예는 『성경에 관한 5,500개의 질문과 대답!』(5500 questions and Answers on the Holy Bible!)이라는 제목의 92쪽짜리 책이다. 이런 책들이 유용한 역할을 수행할 수 있지만, 포괄적 대답을 제시하는 것은 이 책들의 역할도 의도도 아니다. 나중에 밝혀지겠지만 『창세기 격론』이 다루는 질문의 수는 앞에 언급된 책의 1퍼센트의 5분의 1이며, 독자들에게 각 질문에 대한 '찬성'과 '반대'의 대답을 제공한다. 자신이 받은 질문에 '찬성' 견해를 주장하는 저자는 '반대' 견해를 지닌 저자의 글을 읽었고, 상대방도 그렇게 했다. 그러고 나서 각 저자는 원한다면 자신의 글을 수정할 기회를 얻었다.

  『창세기 격론』은 정확히 제목이 의미하는 그 일을 하고자 한다. 이 책이 초점을 맞추는 각 질문을 둘러싼 우호적 논쟁을 촉진하는 것이다. 우리는 독자들이 익숙하고 편안하게 느끼는 대답들을 즐길 뿐만 아니라 거부감이 드는 대답들과도 씨름하고 그것들을 진지하게 숙고해 보기를 바란다. 그러다 보면 몇몇 새로운 질문을 제시하고 싶을 수도 있을 것이다. 성경 본문은 내가 지금까지 성경에 요구했던 해석을 실제로 담고 있는가? 이 구절 혹은 이 주제에 대한 나의 이해가 유일하게 가능한 이해라는 점을 절대적으로 확신할 수 있는가? 성령은 (이 책 저자 한 명 또는 그 이상의 노력을 통해서) 성경 지식에 대한 나의 지평을 확대하려고 하시는가, 아니면 나의 생각이 조금 더 구체적인 사항에 초점을 맞추도록 하시는가? 하나님의 세계에 대한 적절한 이해와 그분의 말씀에 대한 적절한 해석이 어떻게 서로를 보완해서 내가 진리에 도달하도록 도울 수 있는가?

창세기 6:4에 대한 질문에서 필론은 6:1-2의 '하나님의 아들들'이라는 표현은 '천사들'을 의미한다고 추정한다. 그러나 "왜 거인들이 천사들과 여자들에게서 태어났는가?"라는 질문에 대한 대답에서는 모세가 때때로 "선하고 훌륭한 사람들에게 '하나님의 아들들'이라는 이름"을 준다고 언급한다. 이 특정한 문제와 대답에 관련된 심도 있는 논의에서 필론은 이 특정한 문맥에서 자신이 '천사'를 선호하는지 아니면 '인간'을 선호하는지 분명히 하지 않는다. 사실 그의 해석 방법은 둘 다를 허용하는 것 같다.

우리도 종종 양쪽 방식을 다 가지고 싶겠지만, 오늘날 성경 연구자들은 그런 사치를 누릴 여유가 없다. 창세기 6:1-2의 '하나님의 아들들'은 '천사들'과 '사람들' 중 하나를 의미하지 둘 다를 의미하지는 않는다. 『창세기 격론』에서는 두 저자 중 첫 저자가 이 문제에 반응해서 열렬하게 하나의 관점을 설명하고, 두 번째 저자도 마찬가지로 열렬하게 다른 하나의 관점을 설명한다. 우리는 이 매혹적인 질문에 대한 양측의 주장을 숙고하도록 독자들을 초대한다. 그리고 더 나아가 성경에 대한 이해를 증진하려는 우리의 작은 시도를 통해 당신이 다른 저자들이 다른 질문 열 개에 반응할 때 이들과 더불어 생각해 나가도록 초대한다.

미국 캘리포니아주, 샌디에이고
베델 신학교(서부)
로널드 영블러드(Ronald Youngblood)

기고자

테렌스 프레타임 Terence E. Fretheim
루터교 신학교 엘바 로벨 구약학 교수

클라이드 맥콘 R. Clyde McCone
캘리포니아 주립대학교 인류학 및 언어학 교수

로버트 뉴먼 Robert C. Newman
비블리칼 신학교 신약학 및 기독교 협증학 명예 교수

마크 트론베이트 Mark A. Throntveit
루터교 신학교 구약학 명예 교수

스티븐 슈레이더 Stephen R. Schrader
침례교 성경대학원 구약학과장, 구약학 및 히브리어 교수

데이비스 영 Davis A. Young
캘빈 대학교 지질학·지리학·환경학 명예 교수

마크 힐머 Mark Hillmer
루터교 신학교 구약학 명예 교수

존 무어 John N. Moore
미시간 주립대학교 자연 과학 명예 교수

유진 메릴 Eugene H. Merrill
달라스 신학교 구약학 교수

앨런 하우저 Aalan J. Hauser
애팔래치아 주립대학교 성경학 교수

허셀 홉스 Herschel H. Hobbs
제일침례교회(오클라호마) 원로 목사

조엘 헤크 Joel D. Heck
콘코디아 대학교(텍사스) 신학 교수

웨이드 시포드 H. Wade Seaford, Jr.
디킨슨 대학 인류학 및 사회학 교수

조지 쿠펠트 George Kufeldt
앤더슨 대학교(인디애나) 신학대학원 구약학 교수

제임스 볼랜드 James A. Borland
리버티 대학교 미국 복음주의 성경학 및 신학 교수

드웨인 크리스텐슨 Duane L. Christensen
윌리엄 캐리 국제대학교 성경학 및 고대 근동 역사 교수

F. B. 휴이 F. B. Huey, Jr.
사우스웨스턴 침례교 신학교 (전) 박사 과정 부학장

존 월턴 John. H. Walton
휘튼 대학 대학원 성경 주해 석사 과정 교수

스티븐 오스틴 Steven A. Austin
창조연구소 대학원 지질학과장

도널드 보드먼 Donald. C. Boardman
휘튼 대학 (전) 지질학 명예 교수

칼 헨리 Carl F. H. Henry
풀러 신학교 초대 교수 및 「크리스채너티투데이」 초대 편집장

맬컴 리드 Malcolm A. Reid
고든 대학 (전) 철학 명예 교수

1
창조의 날들의 길이는 24시간이었는가?

YES | 테렌스 프레타임 Terence E. Fretheim
NO | 클라이드 맥콘 R. Clyde McCone

YES

테렌스 프레타임 Terence E. Fretheim
루터교 신학교 엘바 로벨 구약학 교수

이 문제는 교회사에서 자주 토론된 문제다. 최근 과학의 발전으로 이 토론이 여러모로 뜨거워진 것은 맞지만, 창세기 1장에 나오는 날들에 대한 해석 문제는 교회의 역사만큼이나 오래되었다. 오리게네스(Origen)와 아우구스티누스(Augustine) 같은 인물들은 창세기의 날들을 풍유적으로 해석한 반면에 마르틴 루터(Martin Luther)는 창세기 1장에 대한 문자적 해석을 변호했다. "모세는 풍유적으로 혹은 비유적으로 말한 것이 아니라 문자적으로 말했다. 즉, 모든 피조물과 이 세상은 성경 말씀에 기록된 대로 엿새 내에 창조되었다."[1] 날을 긴 기간으로 이해하려는 시도는 다윈 혁명(Darwinian Revolution) 전부터 나타났다.

그러나 창세기 1장의 날들의 해석에 대한 첨예한 견해차는 19세기에 더 흔하게 나타났다. 이렇게 전개된 이유는 분명하다. 지구의 나이에 관해 새롭게 등장한 과학 이론들이 엿새 동안의 창조에 의문을 제기하는 듯 보였기 때문이다. 지난 100년 동안 이 주제를 다룬 책과 글만 모아도 커다란 서가 하나를 채울 수 있을 정도다. 그러나 이 모든 토론에도 불구하고 어떤 합의도 도출되지 못했다. 이 기간에 새로운 정보는 거의 등장하지 않았지만, 기존의 퍼즐 조각들을 새롭게 맞추는 방식은 놀라울 만큼 다양하다.

이 질문과 관련해서 더 놀라운 사실은 서로 간 관점의 차이가 상당히 큰 학자들조차 최소 한 가지 수준에서는 동일한 답변을 한다는 것이다. 한편으로는, 가장 보수적인 학자들뿐만 아니라 가장 자유주의적인 학자들 중에서도 문자적 해석을 지지하는 이들이 있다[예. 스키너(Skinner); 영(Young)].[2] 다른 한편으로는, 매우 보수적인 학자들과 매우 비판적인 학자들 둘 다 '날'이라는 단어를 더 상징적인 관점에서 이해하는 입장을 변호한다[예를 들어 스코필드 관주성경(Scofield Reference Bible); 하이어스(Hyers)].[3] 그러나 곧 살펴보겠지만 그러한 주해상의 결정이 의미하는 바가 도출되고 나면 커다란 차이가 나타난다. 내 견해로는 '날'이라는 단어의 문자적 의미를 변호하는 사람들은 그들 측에 우세한 증거를 가지고 있다. 나는 게르하르트 폰라트(Gerhard von Rad)의 말에 동의한다. "칠 일은 의심할 바 없이 실제의 날들로, 그리고 이 세계에서의 반복될 수 없는 유일무이한 시간의 경과로 이해되어야만 한다."[4] 모든 견해 혹은 모든 증거를 여기서 일일이 나열할 수는 없지만, 이 주장을 입증하는 데 충분할 만큼은 말할 것이다.

이 토론에서 안타까운 점은 학자들이 창세기 1장 본문과 현대 과학을 조화시키고자 상당히 노력해 왔다는 점이다. 이 주제와 관련된 모든 진영의 대표 학자들이 이런 노력을 기울여 왔다. 한편으로는 보수주의자들이 있다. 이들은 성경 기자가 이 세계의 기원과 본질에 대해 현대 과학이 아는 만큼—사실상 과학이 향후 알게 될 만큼—알고 있었음이 틀림없다고 주장한다. 이들은, 창조에 대한 최대한의 의사소통과 이해를 위해 성경 본문이 기록된 시대의 지식에 하나님이 자신을 맞추셨을(divine accommodation) 가능성(이런 생각은 오랫동안 교회에서 통용됐다)에는 일말의 여지도 주지 않는다.

다른 한편으로는 문자적 해석을 부정하는 비판적 학자들이 있다.

그들은 성경 본문이 그 성격상 종교적 혹은 신학적 의도만을 지닌 상징이라고 주장한다. 아이러니하게도 두 관점 모두 창세기 1장과 현대 과학이 모순되지 않는다는 동일한 결론을 주장한다. 그러나 내가 믿기로는 더 최근의 토론에서 폰라트가 대표하는 중간 입장의 해석에는 충분한 주의를 기울이지 않았다. "여기서 말하는 모든 것은 기록된 그대로 받아들여야 한다. 어떤 것도 상징적으로 혹은 은유적으로 해석해서는 안 된다. 여기서 사용되는 언어는 사실상 과학적이다. 다만 '과학적'이라는 단어의 의미가 오늘날 통용되는 의미와 다를 뿐이다."[5]

뒤에서 제시된 증거를 바탕으로 볼 때, 이 관점은 (다른 관점과 비교하여) 창세기 본문을 가장 잘 해석할 수 있는 무대를 마련해 주는 것 같다. 그러나 이 관점도 창세기 1장과 현대 과학 사이의 양립 불가능한 문제들을 다루어야만 한다.

'날'을 일반적 의미로 해석해야 하는 증거

1. 단수 형태의 '날'이라는 단어는 구약성경에서 긴 길이의 시간을 의미하는 것으로는 거의 사용되지 않은 것으로 보인다. 2,200개 이상의 용례를 고려할 때 이 사실은 주목할 만하다. 사람의 생애같이 일정 길이의 시간을 언급할 때에는 복수 형태인 '날들'이 종종 사용된다(예. 창 26:1; 개역개정에는 이 단어가 "때"로 번역되어 있다―역주). 단수 형태는 영어에서처럼 24시간의 기간 혹은 낮 시간을 나타내는 데 사용된다(두 용례 모두 창 1:5에 나타난다). 단수 형태는 또한 막연히 시간의 한 시점, 특히 미래의 한 시점을 나타내는 데 사용될 수 있다('주의 날'이라는 표현에서처럼). '…한 날'이라는 표현(예. 창 2:4; 개역개정에는 이 단어가

"때"로 번역되어 있다-역주)에서 '날'의 사용은 부사절의 구성 요소로서 '…한 때', '…한 후에' 혹은 '…의 때'를 의미한다. 여기서 '날'이라는 명사는 특별한 의미를 지니지 않는다. 시편 90:4에서 '날'의 용례는 비유의 한 부분이다. 하나님의 영원성을 고려할 때 하루(혹은 하루의 한 부분, 즉 "밤의 한 순간")가 그분께는 천 년과 같다[TEV(Today's English Version: Good News Bible을 가리킨다-역주)를 보라]. 이는 하루가 천 년과 동일하다는 말이 아니다.

일반적으로 창세기의 '날'이라는 단어가 특별한 신적 '날'(따라서 특별한 저녁과 아침도)을 언급한다고 제안하는 것은 구약성경 다른 곳에서는 찾을 수 없는 비밀스러운 의미를 이 단어에 부여하는 것이다. 구약성경에서 하나님과 관련된 시간에 대한 언급은 일반적 방식으로 사용된다. 예를 들면, 시편 102:24, 27에서 하나님의 '연대'에 대한 언급은 이 '연대'가 일상의 의미로 이해될 때만 그 구절의 의미를 제대로 전달한다.[6]

2. '날'이라는 단어가 특정한 숫자와 함께 쓰일 때, 이 단어는 언제나 일반적 '날'을 언급한다(참고. 창 8:14, 17:12). 예외로 보이는 스가랴 14:7에서, 보통 '하나'를 뜻하는 히브리어 단어는 숫자로 사용되지 않고 '날'이라는 단어는 하루 전체나 다른 기간(기한이 있는 경우와 없는 경우 모두)이 아닌 대낮을 가리킨다. 여기서 때때로 '한 날'이라고 번역되는 이 표현은 일반적 방식으로 기능하지 않는다('하나' 외의 다른 숫자는 이런 식으로 사용될 수 없다). 이 경우에 '한 날'은 '오직 낮'이라고 번역하는 편이 더 낫다(참고. TEV). 이 표현은 새 하늘과 새 땅에는 오직 낮만 존재하고 저녁과 아침은 이제 없을 것이라는 사실에 대한 언급

이다. 만약 이 표현이 창세기 1장에서 이런 식으로 사용되면, 저녁과 아침이라는 표현은 이후의 날들에 대한 언급과 마찬가지로 부적절한 표현이 될 것이다.

3. **구약성경 전체에서 '날'이란 단어가 숫자와 연속해서 사용될 때, 이것은 언제나 일반적 하루를 말한다**(참고. 민 29장). '첫째 날'(first day)이 아닌 '한 날'(one day)이라고 표현하는 것이 구약에서 숫자를 나열하는 전형적 방식이라는 점을 주목해야 한다(참고. 창 2:11). 이는 셈족어의 일반적 특징이다.

4. **창조의 육 일 각 날에 대해 '저녁과 아침'을 언급한 것은 일상적으로 날마다 빛과 어둠이 교체되었음을 의미한다.** 만일 '날'을 이 단어가 지니는 보통의 의미로 이해하지 않으면, '저녁과 아침'도 보통의 의미로 이해할 수 없다(구약에서는, 심지어 자주 인용되는 비유법이 적용된 시 90:5-6에서도 달리 해석된 경우가 없다).

5. **출애굽기 20:11; 31:17에서 안식일 법과 관련해서 언급된 창조의 날들은 일반적인 칠 일 단위의 한 주라는 관점에서 이해될 때에야 의미가 통한다.** 출애굽기에 나오는 창조에 대한 언급은 비유로서 사용된 것이 아니라는 점을 주목해야 한다. 당신이 일곱째 날 쉬는 것은 창조에서 하나님이 쉬신 것과 같아야만 한다. 이는 우리가 따라야 할 하나님의 본 또는 신적 선례다. 하나님은 엿새 동안 일하시고 일곱째 날에 쉬셨다. 그러므로 당신도 똑같이 행해야 한다. 기준이 정확하지 않다면 출애굽기의 주장은 효력이 없다. 비판적 관점에서는 이 모든 본문이 '제사장' 문서('Priestly' writing)에 속한다고 본다. 따라서 우리는 반드시 몇 쪽에 걸쳐 연관 구절들을 다루어야 한다.

저녁과 아침이 언급되지 않았기 때문에 일곱째 날은 불확정적으로 긴 기간이라고 제안하는 것은 반대편의 명확한 증거를 거스르는 행위다. 창세기 2:3에서 하나님은 그날을 복되게 하시고 거룩하게 하셨다. 이 점은 이날이 특별히 거룩한 날로 지정되었음을 분명하게 나타낸다. 그리고 출애굽기 20:11에서 이 복되고 거룩한 날은 정규적 안식일과 동일시된다. 일반적으로, 본문에서 어떤 내용을 찾아볼 수 없다는 점을 바탕으로 하는 주장은 신뢰할 수 없다. 또 처음 엿새 동안 반복되는 표현에는 완전한 정확성이 존재하지 않는다(예를 들면 "그대로 되니라"가 다섯째 날에는 빠져 있다). 이따금 히브리서 4장을 근거로 펼치는 주장도 지지될 수 없다. 특별히 이 본문의 언어는 종말론적이기 때문이다. 이 본문은 창조의 일곱째 날의 길이 문제를 다루지 않고(7-8절의 '날'이 일반적 방식으로 사용되었다는 점에는 주목해야 하지만), 또 일곱째 날이 하나님의 영원한 안식과 어떤 관련이 있는지를 다루지도 않는다.

여기서 우리는 숫자 7이 안식 주(Sabbath week: 안식일인 제7일을 강조하는 주―역주)와 이렇게 연관된다고 해서 이에 대해 수비학적(數祕學的) 사변(다른 곳에서 볼 수 있는 이 숫자의 상징적 용례가 아무리 중요하더라도)을 하는 일은 금지되어야 함을 유의하도록 하자. 숫자 7의 사용은 숫자 7 자체가 아니라 일곱째 날이 무엇인가와 관련이 있다.[7] 또한 칠 일로 이루어진 주는 고대 근동에서 (안식일과의 연관성은 없지만) 보편적인 기간이었다.

6. 출애굽기 연관 구절은, 일곱째 날에 정점을 찍는 육 일이 비확정적인 긴 날의 의미로 사용되는 고대 근동의 문학 관행이 창세기 1장

에서도 사용되었는지 평가하는 데 중요하다.[8] 우가리트 문학[그리고 "길가메시 서사시"(Gilgamesh epic)]에 나오는 칠 일 표현은 그와 같은 문학적 장치가 있었다는 점을 시사한다. 구약성경에서는 출애굽기 24:16; 여호수아 6장; 사사기 14:17-18(참고. 왕상 18:43-44; 20:29; 에 1:10)이 이러한 용법의 사례가 될 수 있다. 이 구절들이 절정의 사건을 강조하기 위해 불특정하게 긴 기간을 언급하는지 혹은 문자 그대로의 하루를 언급하는지 말하기 어렵다. 그러나 비록 전자가 보편적 경우일지라도 창세기 1장은 그 자체의 문맥에 비추어 해석해야 한다. 창세기 1장에 나오는 저녁과 아침의 연속은 앞서 말한 다른 사례들에서는 나오지 않는다. 게다가 창세기 기사에서 각각의 날 자체에는 다른 칠 일의 예에서 전혀 볼 수 없는 중요 내용이 충만하게 담겨 있다. 이 기사가 최종적으로 오직 일곱째 날에 발생한 것에만 관심을 둔다고 주장하기는 어려울 것이다. 시간 순서에 따라 나타난 모든 것이 중요하다. 일곱째 날에 발생한 사건이 이 기사의 절정이라고 제시하는 것은 문제의 소지가 있다. 더욱이 창세기 1장에 대한 출애굽기의 언급은 앞서 살펴본 대로 연속된 칠 일에 대한 문자적 언급에 의존한다.

다른 고대 근동 문학에는 칠 일간의 창조에 대한 알려진 언급이 존재하지 않는다.[9] 바빌로니아의 창조 기사["에누마 엘리시"(Enuma elish)]가 담긴 점토판 일곱 개에도 이 문제와 관련된 의미가 존재하지 않는다.

7. 창조 기사를 '세대들'(generations, 2:4)로 언급하는 것은 창세기의 다른 곳(5:1; 6:9; 10:1, 32을 보라)에서의 이 단어의 용례와 매우 유사하다 ("generations"가 개역개정 창 2:4에서는 "내력"으로 번역되었고, 5:1; 6:9; 10:1,

32에서는 "계보", "족보"로 번역되었다—역주). '세대들'이라는 번역은 그날들이 가계도에서 한 개인과 그다음 개인까지의 시간의 길이에 상응하고 따라서 일정한 기간으로 이해될 수 있음을 제시하는 것 같다. 하지만 이 히브리어 단어는 족보나 일련의 연관된 이름들 혹은 가족들을 지칭할 뿐 개입된 시간의 길이를 가리키지는 않는다. 동시에 이 단어가 하나님의 연속적 창조 행위에 사용될 경우 '날'은 족보에 나오는 개인들의 나이와 같이 문자적 의미로 이해할 수 있을 것이다.

8. **창세기 1장의 어느 날도 그 내용 때문에 문자적 지칭이 부적절하다고 생각할 이유가 없다.** 하늘의 '광명체들'(복수)이 창조되기 전에 '빛'이 창조되었다는 점은 문제가 되지 않는다. 왜냐하면 히브리인들은, 빛의 궁극적 원천은 천체가 아니며(사 60:19-20; 시 104:2; 욥 38:19; 계 22:5) 이 광명체들은 이미 존재하는 상황에 대한 징조와 '주관자'(창 1:16, 18) 역할 및 빛을 보충하는 역할을 한다고 믿었던 것 같기 때문이다. 어쨌든, 창조의 초창기에 하나님께 가능한 일로 믿어졌던 바를 사후에 추측해서는 안 된다.[10] 처음에는 하나님 자신이 빛을 창조하시고 어둠에서 빛을 분리할 능력을 가지고 계셨고(그래서 1:4이 나온다) 나중에 이 역할을 광명체들에게 넘겨주셨다고 생각할 수도 있다. (사람들은 'sunlight'와 'daylight' 두 영어 단어의 기원이 비슷하지 않을까 궁금해한다.)

여섯째 날과 관련해서는 많은 것이 1장과 2장의 관계를 어떻게 바라보느냐에 달려 있다. 만일 2장의 모든 사건이 여섯째 날에 발생했다고 믿는다면 아마도 문제가 생길 것이다(만약 2:9, 19에 나온 행위 같은 하나님의 능력을 높이 평가한다면 반드시 문제가 되지는 않겠지만). 어느 경우든 언어적 증거를 뒤집을 만큼 충분한 내용이 여기에 존재하지 않는다는 점은 분명하다. 반면에 2장을 1장과 병행하는 기사로서(2장이 동일 저자의 작품이든 다른 누군가의 작품이든) 창세기 1장 이야기의 특정한 면을 시간 순서와 상관없이 다시 말해 주는 것으로 본다면 아무런 문제가 없다. 식물(1:11-12; 2:5)과 사람(1:26; 2:7)의 순차적 창조와 '땅과 하늘'의 창조에 대한 언급과 더불어, 2:4b의 시간에 대한 일반적 언급(앞을 보라)은 후자의 해석을 시사한다.

일반적으로 말해서, 창조의 행위들을 서로 연관시키는 데에서 나타나는 어려움(예를 들면 태양이 창조되기 24시간 또는 더 짧은 시간 전에 식물이 창조된 점)은 이 논의의 핵심에서 벗어난다. 우리는 성경 저자의 세계에 대한 관점을 다루고 있다. 저자는 어떤 경우든 하나님이 창조에서 그분이 기뻐하는 바를 성취하셨을 것이라고 믿었음에 틀림없다.

해석에 대한 선택지

1. 날들은 순차적이지만 연속적이지는 않다고 결론지을 수 있다. 날들은 계속 연결된 것이 아니었다. 그래서 창조의 많은 것은 실제로 날들 사이에 발생했으며, 따라서 창조는 훨씬 더 긴 기간에 걸쳐 일어났다. 그러나 본문 자체에는 날들 사이에 단절이 있었다는 증거가 없으며, 이런 입장은 안식일이라는 관점에서 일곱째 날을 이해하는 데 문제를 일으킨다. 이 관점은 성경과 현대 과학의 발견을 조화시키려는 관심에서 생겨난 것으로 보인다.

2. 날들은 상징적인 것으로, 도식적 배치(schematic arrangement)를 설명하기 위해서 사용되었다고 결론 내릴 수 있다. 이 배치를 구성하는 각 부분은 신속하고 완전하며 질서정연한 하나님의 창조 행위의 의미

를 제시한다. 그렇다면 날들은 일반적 날들이지만 그 의미는 상징적인 것으로, 창조의 순서가 아니라 창조의 신속함 및 질서정연함과 관련된 것이다. 처음 세 날과 그다음 세 날의 병행 배치(예를 들면 첫째 날의 빛과 넷째 날의 광명체들)에 관한 관찰도 고려해야 할 것이다. 이는 한 날과 다른 날의 관계에 대해 염려할 필요가 없다는 점을 시사할 것이다. 날들은 주제 중심으로 배치된 것이며 연속적으로 이어진 것이 아닐 것이다.

이와 같은 관점을 단호하게 거부할 수는 없지만, 개연성이 높아 보이지는 않는다. 문제의 핵심은 이것이다. 본문 자체에 '날들'이란 단어가 상징적 의미를 지녔음을 제시하는 무언가가 있는가? 만약 1장을 특별한 나무들 및 다른 특별한 내용을 지닌 2장과 긴밀하게 연결한다면, 상징적 해석을 더욱 쉽게 변호할 수 있을 것이다. 그러나 1:1-2:4a을 하나의 단위로 묶었을 때, 이 본문은 상당히 직접적인 언어로 전달된다. 이 장의 언어는 단순하고 간결하고 정확하다. 이 본문은 주의 깊게 구성되어 있다. 그러나 다른 많은 본문도 마찬가지이므로, 그 사실이 이 본문의 '날'의 의미에 대해 어떤 식으로든 선입견을 품게 하지는 않는다. 주제와 도식적 측면에서 엿새의 상관관계는 날들이 연속되었다는 견해와 상당한 조화를 이룬다. 특별히 창조의 행위들이 자연스럽게 진행된다는 점을 인식하는 경우에는 더욱 그렇다. "여기서 말하는 모든 것은 기록된 그대로 받아들여야 한다. 어떤 것도 상징적으로…해석해서는 안 된다."[11]

나무는 나무이고, 동물은 동물이고, 물은 물이고, 날들은 날들이다. 사실 안식일과의 연관성이 날들의 의미가 문자적 의미에 의존한다는 것을 시사한다. 입증해야 하는 부담은 '날'의 의미가 문자적인 것이 아니라고 주장하는 사람들에게 있다. 특별히 이 장의 다른 곳에서 단어들의 용법을 고려할 때 더욱 그러하다.

때때로 '문자적'이란 단어가 도움이 되지 않는 방식으로 사용되곤 한다. 예를 들면, 그 단어는 이러한 본문에 대한 지나치게 보수적인 해석을 가리키는 데 관례적으로 사용된다. 이는 아이러니한 일이다. 왜냐하면 개혁주의 성경신학의―실로, 성서비평학의―관심사 중 하나는 본문의 해석이 다양한 비문자적 해석으로부터 자유로워야 한다는 것이기 때문이다. 본문은 그 자체에 다른 방향으로 움직여야 한다는 타당한 이유가 없는 한 문자적으로 해석되어야 한다. 물론 문자적으로 해석한다는 것이 본문의 단어들이 사용된 문맥이 깊은 수준의 의미를 지니지 않는다는 의미는 아니다.[12]

3. 본문의 표현이 예전적(禮典的)이라고 결론 내릴 수 있다. 본문의 자료가 창조를 예전적으로 기념하는 행사에서 기원한다는 주장은 개연성이 있다. 그러나 만약 그렇다 하더라도 이 자료들은 이제는 그 의식적 배경으로부터 자유로워져서 더 큰 내러티브의 일부가 되었고 지금은 이 내러티브 안에서 "일련의 사건들의 시작" 역할을 한다.[13] 날들은 이제 그 큰 문맥의 관점에서 기능한다. 안식일은 저자가 예전적 관심을 가지고 있었다는 점을 나타내지만, 안식일의 휴식은 단순히 예전적 문제가 아니다. 그것은 창조의 시간적 순서와 관련된다.

4. 창조의 날들이 실제의 날들이라고 결론지을 수 있다. 날들과 관련해서, 이 본문이 개별적 날들이나 연속된 날들보다는 노동일과 안식일로 구성된 전체로서의 칠 일 패턴과 관련된다는 점은 분명하다.

노동과 휴식의 리듬이 창조의 구조 자체에 스며들어 있다. 이 리듬은 사물의 창조 질서의 한 부분이지, 단지 각각의 날에 창조된 바만이 아니다. 이런 이유로 2:2에는 하나님이 "그가 하시던 일을 일곱째 날에…마치[셨다]"라고 기록되었다. 그러므로 창조는 공간적 질서뿐만 아니라 시간적 질서, 그것도 특정한 시간적 질서와 관련된다. 창조는 칠 일의 리듬이 세상의 질서 구조에 장착되었을 때 비로소 완성되었다. 출애굽기에서 이에 대해 언급한 것(앞의 내용을 보라)은 인간 공동체에서 칠 일의 리듬을 지키는 일이 사람들이 "하나님이 의도하신 대로의 창조와 조화를 이루는" 방식이었다는 점을 나타낸다.[14]

이스라엘이 안식일을 지킨 것은 무질서한 세상 한가운데 하나님이 창조하신 시간적 질서가 현실화된 작은 영역 한 곳이 존재했음을 나타내는 표시다. 안식일에 온 세상이 안식할 때, 태초부터 의도된 대로, 이 창조된 시간적 질서가 다시 한번 완전해질 것이다. 그러므로 안식일을 지키는 일에는 보편적 타당성이 존재한다. 의미와 주관의 목적으로 광명체들을 창조한 것(1:14-18)은 이 창조된 시간의 질서를 보여 주고 유지하는 데 도움이 된다. 그렇다면 이 기사는 기본적으로 연대기나 달력과 관련된 것이 아니라 바로 창조의 시간 구조에 관심을 둔다. 이런 의미에서 본문 자료를 역사적인 것으로 생각할 수 있다.

이런 이유로 나는, 이 기사가 단지 일곱 번의 24시간이 아니라 전체로서의 시간과 관련되었다고 보는 클라우스 베스터만(Claus Westermann)[15]에게 동의할 수 있다. 전체로서의 시간이란 안식일에 절정을 이루는 한 주다. 전체로서의 시간의 의미는 숫자적인 것 이상이다. 그것이 지니는 추가적 중요성은 노동과 안식의 칠 일의 리듬이라는 특정한 시간적 제약이 지니는 의미에 달려 있다.

과학적 관심사

폰라트가 보여 주었듯이, 이 위대한 신앙의 선언들은 당시에 이용 가능했던 '자연 과학'의 형식으로 그리고 '자연 과학'과 매우 긴밀한 연관 속에서 이루어졌다.[16] 이 점이 지니는 중요성은 상당하다. 하지만 비판적 학자들은 특정한 보수적 주장들을 반박하기 위해 이를 충분히 알아보지 않는다.

이 선언들에는 신학적 지식과 '과학적' 지식이 결합되어 있다. 이 기사에는 과학에 대한 관심을 보여 주는 다양한 문제가 존재한다. 이 본문은 현대 과학보다 시기적으로 앞선다는 의미에서 과학 이전에 속한다고 할 수 있으나, 과학과 관련된 문제들에 대해 관심이 없었다는 의미에서 그런 것은 아니다. 사물들의 창조에서 땅과 하늘이 매개체가 되었다는 것(1:11-12, 20), 창조된 것들을 가장 낮은 곳에서 가장 높은 곳으로 배치한 것, 그 종류대로 번식하는 세 가지 종류로 식물을 분류한 것, 동물 세계에 대한 유사한 관심이 그 예들이다. 구약성경의 다양한 구절(왕상 4:29; 지혜 문학)로부터 이스라엘이 과학과 관련된 문제에 관심을 가졌음을 알 수 있다.

창세기 1장은 분명히 일상적 관찰에서 보이는 그대로의 사물들을 묘사하지만 표면적 관찰 이상의 것이다. 창세기 1장은 그들이 살던 세계의 본질에 관한 이해에 쏟은 공동의 노력을 드러내는 관찰이다.

이스라엘의 신학은 당시의 과학을 취해서 그것을 창조에 대해 말하는 도구로 사용할 수 있었다. 우리는 과학적 관점과 신학적 관점에서 이 문제에 대해 말할 수 있다. 이 세계의 본질에 대한 진실을 위해 각각의 관점은 서로를 필요로 한다. 그렇지 않으면 신학은 삶의 다른 영역에서 괄호 처리되어 제외되거나 혹은 자신이 모든 질문에 대해 정답을 가지고 있다는 주제넘은 생각을 하게 된다.[17]

창세기 1장은 이 세계에 대한 진실을 찾기 위해 자료들을 어떻게 통합할 수 있는지 보여 주는 좋은 사례다. 창세기 1장은 근본적으로 종교적 목적을 지니고 있으나, 이 종교적 목적의 진술은 관련 자료에 대해 상당한 관심을 드러낸다. 주된 관심은 '왜'라는 문제에 있지만 이스라엘은 '어떻게' 이 세상이 존재하게 되었느냐는 문제에 대해서도 관심을 보인다. 창세기 1장에서 고대의 저자는 이 문제들을 이 세계의 진실에 대한 전체론적 진술로 통합한다. 사실 우리도 모든 시대에 동일한 일을 행하도록 요청받는다.

만약 어떤 사람이 이 본문이 하루가 24시간으로 된 엿새 동안 이 세상이 창조되었다고 말한다고 생각한다면, 그는 그 생각을 이 세상이 더 긴 기간에 걸쳐 생겼다는 현재의 증거와 어떻게 조화시킬 수 있는가 하는 해석학적 문제에 직면하게 된다. 창세기 저자는 당시에 이용 가능했던 세상에 대한 그러한 생각을 사용했다. 만약 어떤 사람이 성경에 있는 모든 정보가 그 종류가 무엇이든 실재와 일치한다고 주장하는 성경관을 가지고 있다면 상당한 어려움에 직면하게 된다. 나는 그런 사람들에게 '적응' 관점, 즉 하나님이 저자와 함께 일하시면서 창조 이야기를 그 시대의 지식에 적응시켜 말씀하셨다는 관점으로 옮겨 가기를 권한다.

이 말은, 우리가 '과학적' 자료로부터 신학적 자료를 분리해서 우리 자신의 과학적 관점으로 창세기 1장을 다시 쓰도록 부름받았다는 의미가 아니다(이 일이 다른 목적을 위해 얼마나 많이 행해져야 하든). 필수적인 신학적 자원으로서뿐만 아니라, 진리를 추구하는 일에서 신학적 실재와 과학적 실재를 어떻게 통합하는가에 대한 중요한 패러다임으로서도 창세기 본문은 영원히 남아 있다.

클라이드 맥콘 R. Clyde McCone
캘리포니아 주립대학교 인류학 및 언어학 교수

해결될 수 없을 것처럼 보이는 성경에 관한 많은 논쟁은 비성경적 가정을 포함한 질문들에 대해 성경적 대답을 찾으려고 시도한 결과로 생겨났다. 이런 논쟁 중의 하나는 "태초"(창 1:1)의 날에 관한 질문에 초점을 맞춘다. 이 질문은 다음과 같은 가정을 담고 있다. (1) 창조는 시간 속에서 발생한 사건이다. (2) 창세기 기사는 과학적으로 설명 가능한 시간 속에서의 과정을 기술한다. (3) 창세기는 시간에서의 최초의 시점(그 후에 시간 속에서 진행된 과정뿐만 아니라)을 알려 주기 위해 기록되었다.

기원에 대한 탐구의 기원

우리가 다음과 같은 질문을 하는 것은 중요하다. 이 세 가지 가정의 근원은 무엇인가? 이 세 가지 가정은 성경에서 나왔는가, 아니면 성경과 무관한가? 역사적으로 볼 때 이러한 질문은 서구 문명의 그리스적 토대로부터 생겨났다. 주전 5-6세기 철학자들에 의해 인류의 질서에 대한 역사적 해석뿐 아니라 자연의 질서에 대한 과학적 설명이 발달했다. 주후 1세기 후반부터 기독교가 그리스 세계를 복음화한 후에 그리스 지성인들은 기원에 관한 질문을 품게 되었다. 기원에 관한 설명도 자연의 질서에 대한 설명과 같은 방식으로 발달했다. 이 무렵에 그리스 세계는 로마 제국의 정치적 지배하에 있었다. 콘스탄티누스(Constantine)가 기독교를 국교로 채택했을 때, 성경은 창조의 '때'와 '방법'에 대해 대답해야 했다.

그러나 성경은 설명이나 해석이라기보다는 계시라는 점을 성경 스스로가 분명히 한다. 히브리서 11:3에서 히브리서 기자는 성경적 믿음은 사상에 대한 역사적 해석도 아니고 시간의 과정에 대한 과학적 설명도 아니라는 점을 분명히 한다. 이 구절은 이 세계가 하나님의 말씀에 의해 '어떻게' 혹은 '언제' 지어졌는지를 우리가 믿음으로 깨달을 수 있다고 진술하지 않는다. 오히려 우리는 이 세계가 하나님의 말씀으로 지어졌다는 '사실'을 믿음으로 안다고 말한다. 이것이 바로 믿음에 관한 성경의 이 위대한 장의 모두 선언이다. 이 선언에서 믿음의 대상은 시간의 과정에 대한 해석이나 설명이 아니라 창조주이신 영원한 위격(eternal Person)에 대한 계시다. 그분은 말씀하시는 위격이시다. 우리는 그분 자체 혹은 그분의 사역에 대한 이론적 개념이 아니라 오직 개인적 관계 속에서만 그분을 알 수 있다.

그렇다면 "창세기 1장의 날들의 길이는 24시간인가?"라는 질문은 어떤 의미에서 나와 창조주와의 관계에서 문제가 되는가? 이 질문이 어떤 차이를 만들어 내는가? 다른 한편으로는, 하나님이 말씀하신

'내용'에 대한 믿음은 그분이 '누구'이신가와 뚜렷한 연관성이 없는가? 이런 이유로, 이 질문은 하나님—그분은 아들을 통해서 이 세계를 만드셨고(히 1:2) 아들을 통해 이 마지막 날에 우리에게 말씀하셨다—에 대한 신뢰 관계에 영향을 주는 요소다.

창조를 이해하려는 우리의 노력은 언제나 우리가 시간과 공간에서 차지하는 위치 그리고 우리의 지적 혹은 문화적 발달 상태로부터 시작되었다. 우리는 우리가 살고 있는 시간대에서 우리가 가진 지식을 사용해서 우리 자신과 우주의 기원을 이해하고자 과거로 여행한다. 고대 문명의 신화적 문화에서도 그랬고 서구 문명의 현대 과학 시대에도 그렇다. 더 나아가, 창조와 창조주를 우리의 관점에서 시간적·이론적으로 설명하기 위해 성경이 사용될 때도 마찬가지다. 창조의 날들의 길이를 24시간으로 규정할 때, 인류는 시간을 거슬러 태초로 가서 시간의 틀 안에서 행동하는 창조주를 관찰하게 될 것이다. 이 입장에서 보면 하나님은 우리 이해의 영역으로 축소된다. 바울은 사람이 지혜로 하나님을 알 수 없다고 우리에게 일깨워 준다(고전 1:21). 사실 근본적 오류는 사람이 행하는 지적인 이론적 설명이나 창세기 1-2장 기사에 대한 해석에 있는 것이 아니라, 자신과 창조주의 영적 관계에 있다.

창조주를 알기 vs 창조를 이해하기

자연 현상을 이해하고 정리하는 일은 창조된 인간의 지성이 해야 할 일이다. 창조의 '날들'을 시간의 '날들'로 만드는 일은, 우리가 창조주를 알려는 것이 아니라 창조를 이해하고 설명하기 위해서 창조주를 그분이 창조하신 틀에 끼워 맞추는 행위다. 이 문제는 지적인 것이기 전에 우선 영적인 것이라는 점이, 하나님이 욥에게 도전하신 다음 문구에 제시되어 있다. "내가 땅의 기초를 놓을 때에 네가 어디 있었느냐? 네가 깨달아 알았거든 말할지니라. 누가 그것의 도량법을 정하였는지, 누가 그 줄을 그것의 위에 띄웠는지 네가 아느냐? 그것의 주추는 무엇 위에 세웠으며 그 모퉁잇돌을 누가 놓았느냐?"(욥 38:4-6)[1]

하나님이 욥에게 하신 긴 질문의 결과, 창조의 과정에 대한 더 과학적인 설명이나 역사적으로 정확한 설명이 나온 것은 아니다. 오히려 욥은 창조주를 알게 되었다. "내가 주께 대하여 귀로 듣기만 하였사오나 이제는 눈으로 주를 뵈옵나이다. 그러므로 내가 스스로 거두어들이고 티끌과 재 가운데에서 회개하나이다"(욥 42:5-6). 시간 속에 있는 피조물의 관점에서 창조를 이해하려고 시도하는 편이 이해하기는 쉬울 것이다. 그러나 그와 같은 모든 시도는 하나님이 욥에게 도전하신 질문에 직면한다. "네가 그곳에 있었느냐?"

우리를 태초로 보내어 관찰자가 되게 하는 수단으로 성경을 사용하게 되면 우리는 태초의 연대를 측정하고 창조의 처음 엿새를 144시간으로 생각하게 된다. 자연의 질서와 동일한 과학적 방식으로 자연의 기원을 이해하려는 노력은 그리스적 과학의 토대를 잘못 적용한 것이다. 성경적 기원의 문제에 접근할 때 나타나는 이런 오류는 케임브리지 대학의 라이트풋(Lightfoot)이 창조는 주전 4004년 10월 23일 오전 9시에 일어났다고 계산했을 때 그 절정에 도달한다.

우리는 익살스럽게 다음과 같이 항의할 수도 있다. "성경의 날들은 저녁에 시작하지 않습니까? 그리고 이 날짜는 빛이 창조된 첫째 날의 시작을 가리킵니까, 아니면 사람이 창조된 여섯째 날의 후반부를 가리킵니까?" 더 결정적인 것은 창조의 날짜를 측정하려는 시도가 불합리하다는 점이다. 우리가 라이트풋에게 "어느 곳을 기준으로 9시입니까?"라고 물을 때 이 점이 분명해진다. 만약 그리니치 표준시를 기준으로 한다면 이것은 창조주를 시간뿐만 아니라 공간 속에 위치하도록 만들고, 영국을 (하늘과 땅은 아니더라도) 인간의 창조가 발생한 장소로 만들게 된다. 이런 역사적 해석은 여러 면에서 창세기를 바빌론이나 이집트의 창조 신화와 유사하게 만든다.

오늘날 라이트풋의 날짜를 진지하게 받아들이는 사람은 거의 없지만, 여전히 그 날짜는 한 시점을 시간의 시작으로 확립함으로써 창조를 이해하려고 하고 그 일을 위해 성경을 사용하려고 하는 시도의 사례다.

인간의 관점으로 본 창조 또는 하나님의 관점으로 본 창조

창세기 1장은 인간이 시간 혹은 공간의 어디에 위치하는가 하는 문제나 하늘과 땅에 대한 당시의 지식으로 시작하지 않는다. 버나드 램(Bernard Ramm)은 "성경의 언어는 경이롭다" 그리고 "성경에는 물질에 관한 이론이 없다"라고 정확하고도 분명하게 진술했다. 그는 계속해서 말한다. "창세기 1장은 아리스토텔레스(Aristotole)나 프톨레마이오스(Ptolemy)나 코페르니쿠스(Copernicus)나 뉴턴(Newton)이나 밀른(Milne)을 지지하지 않는다.…특이하게도 성경은 천문학, 생태학, 화학, 동물학, 식물학에 대해 명백한 이론을 제시하지 않는다."[2]

창세기의 첫 구절은 인간이 시간 속에서 위치한 자리와 시간에 속한 것들에 관련된 지식으로부터 그를 이끌어 내어 태초로 데려간다. 그리고 인간을 그분—인간은 그분이 하늘과 땅의 창조자이심을 알지 못한다—께로 안내한다. 이 하늘과 땅은 온 인류가 창조 이후부터 바라보고 의존하고 이해하려고 한 바로 그 하늘과 땅이다.

2절은 고대인들과 현대인들 모두 기원을 설명하려고 사용한 시공간에 위치한 이 하늘과 땅으로부터 우리를 벗어나게 한다. 인간적 관점을 지닌 이론가들은 시간 아래에서 그 제약을 받는 과정(temporal process)을 여기에 도입했다. 간격 이론(gap theory)으로 알려진 한 이론은 하나님이 불순종하는 영적 존재들을 심판하심으로써 1절에 나타난 최초의 하늘과 땅이 초토화되어 혼돈 상태로 돌아갔다고 주장한다. 간격 이론의 시간적 설명과는 대조되게, 하나님은 유일하게 가능한 합리적 방식을 통해 인류를 태초로, 그리하여 그분 자신께로 이끄신다. 땅(혹은 그것에 대한 우리의 이론)은 땅의 기원에 대한 설명에서 사용되어서는 안 된다.

땅은 "아무 형태도 없[었다]"(현대인의성경). 형태는 인간이 지각하고 이해하게 해주는 매개체다. 하나님은 인간에게 말씀하고 계시다. 따라서 땅에는 물질적 존재가 없었다. 그러나 땅은 또한 "공허[했다]." 이사야는 하늘과 땅을 창조하신 하나님에 대해 이렇게 말한다. "그가 땅을…혼돈하게 창조하지 아니하시고 사람이 거주하게 그것을 지으셨으니"(사 45:18). 모든 생명체가 여기에 포함된다. 땅에는 물질적 존재가 아무것도 없었으며 생명체도 없었다. 하늘도 존재하지 않았다. 왜냐하면 2절이 "흑암이 깊음 위에 있고"라고 덧붙이기 때문이다. 어둠은 빛의 부재다. 깊음은 궁창 혹은 창공의 부재다.

빛은 첫째 날에 창조되었다. 반면에 궁창 혹은 공간은 둘째 날에 창조되었다. 수면은 하나님이 모든 창조 행위를 하시기 전부터 있었으므로, 그것은 창조된 물이 아니었다. 히브리서 11:3은 "보이는 것은 나타난 것으로 말미암아 된 것이 아니니라"라고 말한다. 2절의 "수면"에서 하나님은 "없는 것을 있는 것으로 부르[신다]"(롬 4:17). 우리는 또한 하나님이 "없는 것들"을 사용하셔서 "있는 것들을 폐하[신다]"라는 말씀을 듣는다(고전 1:28). 창조 때에 현재 존재하지 않는 것들이 현재 존재하는 것들을 생기게 하는 데 사용되었다.

램은 앞에서 제시된 것과 유사한 방식으로 창세기 1:2을 다음과 같이 읽는다. "우리는 창세기 1:2이 파멸과 파괴가 아니라 **형체 부여를 기다리는 공백 상태**를 가리킨다고 믿는다."[3] 이 두 번째 절에는 활동하시는 창조주, 곧 성령 하나님 외에는 아무것도 존재하지 않는다.

우리는 신적 계시에 의해 태초와 창조주에게로 이끌려 가기 때문에, 인간의 관점에서 시간을 거슬러 돌아가는 것이 아니라 영원 속에 계신 하나님의 관점에서 시간이 진행하는 방향으로 이끌려 가게 된다. 가장 문자적인 독법으로 읽으면 창세기의 날들은 창조의 날들이지 시간의 날들은 아니다. 하나님은 자기 자신으로부터, 영원 속에 계시는 위격으로부터 시작하신 것이지, 시간의 한 시점 혹은 시간 속의 한 과정으로부터 시작하신 것이 아니다.

24시간으로 이루어진 하루의 문제

24시간으로 이루어진 하루는 태양과 연관된 상태에서 지축을 중심으로 회전하는 지구의 창조가 완료된 결과물이다. 창조 기사에서 태양과 달을 포함한 천체들은 넷째 날에 창조된 반면 지구는 셋째 날에 창조되었다. 우리는 창조주의 피조물인 24시간이라는 '시간'에 그분을 제한함으로써 창조를 설명하려는 시도가 불합리함을 살펴보았다. 이러한 시도는 창조주의 합리적 계시에 도전하는 많은 문제를 만들어 낸다. 이러한 문제들은 관련된 오류 때문에 더 악화된다.

24시간으로 이루어진 하루는 완성된 물질적 우주의 한 부분이므로 그것이 '태초에' 존재했다고 생각하는 것은 비합리적이다. 이처럼 창조를 시간 속에서 물질적으로 이해하면 다양한 문제들이 생긴다. 이론가들은 이 문제들을 놓고 오랫동안 씨름해 왔다. 첫째, 빛의 원천이 창조되기 전에 빛이 창조되는 문제가 있다. 둘째, 지구가 속한 태양계가 만들어지기 전인 셋째 날에 지구가 창조되는 문제가 있다. 그리고 셋째 날에 나이테가 있는 나무를 포함해서 성장한 식물이 창조된 것도 문제가 된다. 엽록소에게 필요한 자원인 태양빛이 넷째 날까지는 창조되지 않았다.

하늘에서는 수백만 광년이나 떨어진 별들 사이의 광대한 거리가 문제가 된다. 하나님이 거의 무한한 시간과 공간의 체계를 창조하시는 데 24시간이 걸렸다는 주장은 아무리 좋게 말해도 의미를 지니지 못한다.

마지막으로 여섯째 날의 문제가 있다. 글리슨 아처(Gleason Archer)는 창조와 관련된 24시간의 하루 이론은 창세기 1장이 2장과 충돌하게 하고, 그 결과 성경의 무오성에 의문을 제기하게 만든다고 지적한다. 그는 다음과 같이 적었다. "창세기 1:27이라는 핵심 구절은 아담뿐 아니라 하와도 창조의 여섯째 날에 창조되었다는 점을 분명하게 말한다.…다른 모든 지상 동물이 만들어질 때까지 인간은 여섯째 날의 창조 목록에 언급되지 않기 때문에(24-25절), 하와를 등장시키기 위한 시간은 여섯째 날의 마지막 한두 시간만 남았을 것이라고 생각하는 것이 타당하다."[4]

분명히 아처는 창조의 날들을 시간의 관점에서 인식한다. 하지만 그는 24시간이 충분히 길지 않다고 느낀다. 이 점이 본질적으로 창세기의 창조를 인간의 관점에서 관찰하고 설명해야 하는 시간 속의 과정으로 바라보는 사람들 사이에 의견이 갈리는 핵심이다.

창조의 첫째 날에 대한 문제들은 저녁과 아침이 있는 물질적 지구의 하루가 창조의 날을 측정하는 시간 단위로 사용될 때 가장 심각해진다. 성경에서 물질적인 것과 영적인 것의 관계는 히브리어와 헬라어 모두에서 '바람'과 '영'에 대해 동일한 단어가 사용된다는 사실을 기억할 때 분명히 드러난다. 바람이 보이지는 않지만 결코 영은 아니다. 그러나 물질적 형상이 영적 대상과 진리를 나타내는 데 필연적으로 사용된다. 예수님은 비유를 말씀하실 때 이 원리를 자주 사용하셨다.

창조의 날들은 성령 하나님이 하신 일이다. 하나님이 움직이셨고, 하나님이 말씀하셨다. 그렇다면 하나님의 활동을 물질적 태양계의 운동으로 측정할 수 있을까? 그분의 모든 작업이 물질적 실재를 만들어 냈을까? 물질주의의 오류가 창조의 첫째 날에 관한 문제들의 핵심에 자리 잡고 있다. 빛의 원천이 넷째 날까지 창조되지 않았다면 첫째 날의 빛은 무엇인가? 대부분의 대답은 빛의 원천이 숨겨져 있었다거나 빛이 우주선(宇宙線, cosmic radiation)의 한 형태임을 제시하는 추측에 근거한 설명을 바탕으로 한다. 그러나 우주 자체는 아직 창조되지 않은 것으로 보아야 한다.

물질주의적 설명의 영향에서 완전히 돌아선다면 우리는 첫째 날의 빛은 영적인 것이며 그 빛의 근원은 하나님이라는 점을 가리키는 성경의 언급이 상당히 많다는 점을 발견할 것이다. 고린도후서 4:6은 꽤 분명하게 창조를 언급한다. "어두운 데에 빛이 비치라 말씀하셨던 그 하나님께서 예수 그리스도의 얼굴에 있는 하나님의 영광을 아는 빛을 우리 마음에 비추셨느니라." 그 뒤에 어둠으로부터 빛이 분리된 일은 저녁과 아침의 구분이 아니다. 오히려 그것은 영적 빛과 영적 어둠 사이의 절대적이고 영원한 분리다. 사람들이 살아가고 움직이고 존재하는 도덕적·영적 공간이 바로 이곳이다.

바울은 디모데에게 쓴 글에서 예수 그리스도에 대해 "오직 그에게만 죽지 아니함이 있고 가까이 가지 못할 빛에 거하시고 어떤 사람도 보지 못하였고 또 볼 수 없는"(딤전 6:16) 만왕의 왕이요 만주의 주라고 말한다. 우리가 하나님의 창조되지 않은 빛에 거할 수도 없고 접근할 수도 없다면, 하나님은 우리의 도덕적·영적 거주 장소로서 빛의 영역을 창조하셔야 했다. 빛 가운데 행한다 혹은 어둠 가운데 행한다는 표현이 성경에 빈번히 언급된다. 요한1서 1:6-7도 여기에 포함된다. "만일 우리가 하나님과 사귐이 있다 하고 어둠에 행하면 거짓말을 하고 진리를 행하지 아니함이거니와 [그가 이 세상에서 육신 가운데 걸으실 때도] 그가 빛 가운데 계신 것같이 우리도 빛 가운데 행하면 우리가 서로 사귐이 있고 그 아들 예수의 피가 우리를 모든 죄에서 깨끗하게 하실 것이요." 예수님은 말씀하셨다. "나를 따르는 자는 어둠에 다니지 아니하고 생명의 빛을 얻으리라."

창조 작업의 과정은 영적인 것이며 창조의 날들은 구별되는 창조 행위들의 영역에 속한다. 이날들 사이의 연결은 시간의 제약 아래 전개된 과정이 아니다. 창조 작업의 산물은 물질적인 동시에 영적이다. 바로 이 산물 속에 시간의 날들이 존재한다.

창조에 대한 설명 이론들

램은 우주의 기원에 대한 사고 유형을 (1) 즉성적 창조론(fiat creationism), (2) 점진적 창조론(progressive creationism), (3) 유신론적 진화론(theistic evolution), (4) 자연주의적 진화론(naturalistic evolution)의 네 가지로 제시한다.[5] 즉성적 창조론은 젊은 지구론 및 24시간으로 이루어진 하루와 연관된다. 램이 진술하듯이, 시편 33:9이 때때로 즉성적 창조론을 지지하기 위해 사용된다. "*그*가 말씀하시매 이루어졌으며 명령하시매 견고히 섰도다." 램은 다음과 같이 옳게 말한다. "이 구절은 창조의 **시간**에 관해 어떤 것도 주장하지 않는다. 이 구절이 주장하는 바는 자연계가 신적 의지에 복종한다는 점의 **확실성**이다."[6] 램은 "현대 과학이 받아들이기 어려운 단순한 즉성적 창조론과 대부분의 근본주의가 받아들이기 어려운 진화론 사이에서 곤경에 빠진 보수 기독교"가 "그 난관에서 벗어날 수 있는 유일한 방법"으로 점진적 창조론을 제시한다.[7]

램의 점진적 창조론은 분명하게 시간의 양뿐만 아니라 시간이라는 문제를 피하려고 한다. 그는 다음과 같이 말한다. "창세기 저자는 창조와 관련된 시간에 대해 교리화하려는 이들의 모든 노력과 점진적 창조론을 진화론으로 축소시키려는 즉성적 창조론자들의 모든 노력에 대해서 엄중히 대항한다."[8]

H. 블로허(Blocher)는 창조의 처음 엿새에 관해 서로 경쟁하는 이론 네 개를 제시하는데 이들 중 세 이론은 엿새를 시간의 날로 여긴다.[9] 첫 번째는 문자적 해석 이론이라 불리는데,[10] 램이 말한 창조 이론 네 가지 중에서, 하나님의 명령(fiat)에 의해 24시간의 날에 이루어진 창조와 유사하다. 과학자들이 반대하지만, 기적이 이 입장을 지지하는 데 사용된다. 이 입장은 태양계가 창조되기 전에 지구가 24시간 동안 지축을 중심으로 자전했다고 말한다. 그러나 우리는 하나님이 하실 수 있는 일에 대한 추측이 그분이 하고 계시는 일을 대체할 수 없다는 점을 기억해야 한다. 그리고 하나님이 여기서 하시는 일은 물질적 우주의 법칙과 질서를 구현하는 일이다.

복원 이론(reconstruction theory)은 창세기 1:2이 시간 속에서 발생한 사건으로서, 1:1의 천지가 파괴된 일이라고 주장한다.[11] 이 처음 두 절에 모든 지질학적 사건이 위치할 수 있다. 엿새는 시간 속에 있는 복원의 날들이지 최초의 창조의 날들이 아니다.

일치주의 이론(concordist theory)은 시간의 날들을 지질학적 시대들로(비록 이 지질학적 시대들의 길이가 서로 같지는 않지만) 간주하는 이론이다.[12]

블로허는 다음으로 그가 문학적이라고[13] 분류하는 유형의 이론들을 열거한다. 그는 이 이론들을 선호한다. 블로허는 램이 이 이론들을 지지한다고 말했는데, 이 이론들은 창조를 시간 속에서 일어난 사건으로 설명하는 데 관심을 가지지 않으며 오히려 창조 기사가 기록된 방식에만 관심을 쏟는다. 어떤 사람들은 "창조 사역에 부여된 한 주라는 형식을 예술적 장치로 이해한다.…이를 문자적으로 받아들여서는 안 된다. [창세기 저자가] 선택한 논리적 순서가 우주 생성론이 말하는 사실들의 실제 순서와 일치할 수도 있다. 그러나 창세기 기자는 이것에 대해 관심이 없다. 그는 특정한 주제를 끄집어내어 안식일 신학을 제공하기를 바란다."[14]

문학 이론(literary theory)은, 하루가 24시간으로 이루어진 엿새 동안 하나님이 지구를 창조하신 방식에 대한 설명 이론에서 창조가 기록된 방식에 대한 설명으로 전환한 이론이다. 문학 이론들은 그저 원래의 문제를 영감의 문제로 전환시키고 하나님의 실질적 계시는 제공하지 않는 것처럼 보인다. 하나님이 자신이 성경 기록자 각각에게 부여하신 성격적 특성을 사용하셨다는 점은 분명하다. 그러나 계시는 그 기록자들의 것이 아니라 하나님의 것이다.

램과 블로허가 제시한 창조에 대한 설명들의 종류에 관한 분석에서 더 중요한 것은, 그들 모두 창조의 날들에 대한 이론적 설명에서 시간(진화론적 시간 또는 24시간으로 이루어진 하루)을 사용하는 이러한 이론들을 인식하고 이것들로부터 돌아섰다는 점이다. 이러한 사실에도 불구하고, 블로허는 일관성이 없는 것처럼 보이는 진술로 끝맺는다. "하나님이 시간을 창조하셨다면, 아우구스티누스가 강조한 것처럼 시간과 **더불어** 창조하신 것이고, 루터와 바르트(Barth)가 대담하게 주장하는 것처럼 심지어는 시간 **안에서** 창조하신 것이다. 적어도 창조의 칠 일의 설명은 그렇다고 시사한다."[15] 우리는 그 반대가 사실이라는 것을 안다.

안식일

완성된 창조의 엿새 뒤에 안식일이라고 불리는 날에 창조 사역의 중단이 뒤따랐다. 만일 우리가 창조의 육 일이 우리의 육 일 노동의 모델이기 때문에 각 날의 길이는 24시간이었다고 주장한다면, 일관성을 유지하기 위해 우리는 하나님의 안식일의 길이도 24시간이라고 여겨야 할 것이다. 이렇게 하면 우리는 순서를 뒤집어서 우리의 시간적-물리적 주를 하나님의 창조적-영적 주의 모델로 삼게 된다. 그렇다면 우리는 하나님이 24시간으로 된 첫 안식일 후에 또 다른 한 주의 창조 사역을 하러 나가실 것이라고 기대해야 하지 않겠는가? 그리고 하나님은 영원하시므로 이런 패턴이 영원히 계속될 것이라고 기대해야 하지 않겠는가?

안식일에 우리에게 실로 시간이 주어졌다. 창조가 완성되었고 인간이 존재하기 때문이다. 인간 안에서 육체적인 것과 영적인 것이 결합되었다. 일시적인 것과 영원한 것이 인간 자아 안에서 연결되었다. 그러나 첫 번째 안식일에 인간은 노동을 쉬라는 부름을 받은 것이 아니라 하나님의 안식에 들어가라는 초대를 받았다. 하나님은 인간을 위한 창조 사역을 완성하신 후에 안식하셨다.

창조 주간 내내 하나님은 자신이 행하신 바를 좋게 보셨다. 무엇을 위해 혹은 누구를 위해 좋았다는 것인가? 하나님 자신을 위해서는 아니다. 그분은 그럴 필요가 없으시다. 그것은 인간을 위해서 좋았다. 인간은 창조주를 하나님으로 받아들임으로써 창조주 하나님이 그를 위해 행하신 것 안으로 들어가 자신에게 무엇이 좋고 무엇이 안 좋은지를 알 수 있었다. 유혹에 넘어간 인간은 하나님으로서의 창조주의 지위를 침범하고 그분의 자리를 대신해서 선과 악을 아는 신이 되기로 선택함으로써 하나님이 제공하시는 안식 안으로 들어가지 못했다. 바로 그때 하나님은 인간을 구원하려는 계획을 세우시고 그 일을 시작하심으로써 자신의 안식을 깨셨다.

하나님은 여자의 후손을 통해 뱀이 하는 일을 파괴하고(창 3:15) 인간을 하나님과의 친교의 자리로 회복시키겠다고 약속하셨다. 이 안식일의 사역은 예수님이 십자가 위에서 "다 이루었다"라고 외치실 때 잠정적으로 완성되었다. 이 사역은 바울이 "맨 마지막 멸망받을 원수는 사망이니라"(고전 15:26)라고 기록한 것처럼 예언적으로 완성될 것이다.

구속 사역에서 하나님은 당신의 아들의 출생과 십자가에 못박힘과 부활과 승천을 통해 시간 속으로 들어오셨다. 하나님이 인간을 구속하는 일을 위해 자신의 안식일을 깨셨다는 점은 예수님이 유대교의 안식일 규정을 어겼다고 비난받았을 때 분명하게 표현되었다. 예수님은 "내 아버지께서 이제까지 일하시니 나도 일한다"(요 5:17)라고 반응하셨다. 하나님의 안식일은 24시간으로 된 하루가 아니었음이 분명하다. 구속은 시간 안에서 발생하는 일이긴 하지만 시간의 제약을 받는 이론적 설명을 초월한다. 그러나 이 구속을 통해 하나님은 모든 사람을 자신에게로 이끄신다. 예수님이 "내가 땅에서 들리면 모든 사람을 내게로 이끌겠노라"(요 12:32)라고 말씀하신 것처럼 말이다.

바울은 "측량할 수 없는 그리스도의 풍성함을 이방인에게 전하게"(엡 3:8) 하기 위해 자신에게 은혜가 주어졌다고 에베소 교인들에게 썼다. 고린도 교인들에게는 이렇게 썼다. "말할 수 없는 그의 은사로 말미암아 하나님께 감사하노라"(고후 9:15). 그러므로 안식일의 구속 사역에서 우리는 시간적 과정에 대한 이론적 설명이나 해석을 찾을 수 없다. 창조 기사에서처럼 우리는 우리의 구주가 되신 창조주를 소개받는다.

이론적 지식은 우리를 자연에 있는 사물들에 대해 지적으로 통달하게 해 준다. 계시적 지식은, 우리를 알고 계시며 우리의 주님이신 하나님께로 우리를 이끈다. 이 계시적 지식은 창세기의 처음 두 장에서 창조주에 대한 계시로부터 생겨난다.

주

YES

1. M. Luther, *Lectures on Genesis: Chapters 1-5*, *Luther's Works* (Saint Louis: Concordia, 1958), 1, p. 5.
2. J. Skinner, *Genesis* (Edinburgh: T. and T. Clark, 1910); E. Young, *Studies in Genesis One* (Philadelphia: Presbyterian and Reformed, 1964).
3. C. Hyers, *The Meaning of Creation: Genesis and Modern Science* (Atlanta: John Knox, 1984), pp. 73-92.
4. G. von Rad, *Genesis: A Commentary* (Philadelphia Westminster, 1962), p. 65.
5. G. von Rad, "The Biblical Story of Creation", in *God at Work in Israel* (Nashville: Abingdon, 1980), p. 99.
6. T. Fretheim, *The Suffering of God: An Old Testament Perspective* (Philadelphia: Fortress, 1984), pp. 39-44를 보라. 욥 10:5은 하나님의 날들과 해들의 기간이 아니라 그 내용을 언급한다.
7. C. Westermann, *Genesis 1-11* (Minneapolis: Augsburg, 1984), p. 89를 보라.
8. F. McCurley, Jr., "'And After Six Days' (Mark 9:2): A Semitic Literary Device", *Journal of Biblical Literature* 93 (1974), pp. 67-81를 보라.
9. Westermann, *Genesis*, p. 89를 보라.

10. S. Aalen, "ôr", in *The Theological Dictionary of the Old Testament* (ed. G. Botterweck and H. Ringgren; Grand Rapids: Eerdmans, 1974), 1, pp. 151-156를 보라.
11. Von Rad, "Biblical Story", p. 99.
12. 단어들은 그 자체로는 신학적 의미를 지니지 않는다. 문장들은 신학적 의미를 지닌다.
13. Westermann, *Genesis*, p. 93.
14. T. Fretheim, *Creation, Fall, and Flood* (Minneapolis: Augsburg, 1969), p. 27.
15. Westermann, *Genesis*, p. 90.
16. Von Rad, "Biblical Story."
17. 참고. Westermann, *Genesis*, p. 176.

NO

1. 모든 성경 구절은 따로 밝히지 않은 경우 New King James Version에서 인용했다.
2. B. Ramm, *The Christian View of Science and Scripture* (Grand Rapids: Eerdmans, 1954), pp. 67-69. 『과학과 성경의 대화』(IVP).
3. 같은 책, p. 116.
4. G. L. Archer, Jr., "A Response to the Trustworthiness of Scripture in Areas Relating to Natural Science", in *Hermeneutics, Inerrancy and the Bible* (ed. E. D. Radmacher and R. D. Preus; Grand Rapids: Zondervan, 1984), p. 325.
5. Ramm, *Christian View*, p. 113.
6. 같은 책, p. 114.
7. 같은 책, p. 117.
8. 같은 책, p. 114.
9. H. Blocher, *In the Beginning* (Leicester, England: InterVarsity, 1984), pp. 41-42.
10. 같은 책, pp. 46-49.
11. 같은 책, pp. 41-43.
12. 같은 책, pp. 43-46.
13. 같은 책, pp. 49-52.
14. 같은 책, p. 50.
15. 같은 책, p. 58.

2

창세기의 창조 기사에 제시된 사건들은 시간 순서대로 되어 있는가?

YES | 로버트 뉴먼 Robert C. Newman
NO | 마크 트론베이트 Mark A. Throntveit

YES

로버트 뉴먼 Robert C. Newman
비블리칼 신학교 신약학 및 기독교 험증학 명예 교수

시간적 순서에 대한 증거

창세기의 첫 장은 분명히 이 장을 하나님의 창조 활동에 대한 시간적 설명으로 이해해야 한다는 인상을 준다. 창세기 1:1-2:3은 주로 1부터 7까지 숫자가 매겨진 연속된 날들로 구성된 장치로 구조화되어 있다. 이날들 사이에 하나님의 창조 명령과 그 명령을 실행하는 사건이 배치되어 있다.

창조 기사는 많은 시간 용어를 사용한다. '태초'(1:1)라는 단어로 시작하고 앞에서 언급된 연속된 '날들'(1:5, 8, 13, 19, 23, 31; 2:2-3)이 뒤따른다. 일곱째 날(2:2-3)을 제외하고 이 연속된 날들 각각은 또한 그 날을 구성하는 '저녁과 아침'에 대한 언급을 포함한다. 이 모든 것이 매우 시간 순서적이다. 이 장에는 우리가 고려하는 문제와 직접 관련되지는 않지만 시간을 나타내는 다른 용어들도 나타난다. '낮'과 '밤'의 짝이 세 번 등장하고(1:5, 14, 16), '계절'과 '해'(year)에 대한 언급이 1:14에 나온다. 이 다른 시간 용어들이 문자적인 날, 밤, 계절, 해를 언급한다는 데 일반적으로 동의한다. 비록 이 용어들이 창세기 1장의 연속된 날들이 시간을 나타낸다는 점을 입증하지는 못하지만, 시간순 배열이 창세기 저자에게 낯설지 않았다는 점은 분명하게 보여 준다.

더 중요한 점은 숫자 순서 그 자체다. 영어처럼 히브리어에도 두 종류의 숫자가 있다. (1) 양을 가리키는 기수(1, 2, 3, 4 등), (2) 순서를 나타내는 서수(첫째, 둘째, 셋째, 넷째 등). 창세기 1장의 날들은 (비록 첫째 날은 모호해서 기수도 서수도 될 수 있지만) 히브리어에서 연속적 숫자를 나타내는 일반적 서수로 되어 있다. 문자적으로는, '한 날' 혹은 '한 첫째 날'(1:5), '한 둘째 날'(1:8), '한 셋째 날'(1:13), '한 넷째 날'(1:19), '한 다섯째 날'(1:23), '그 여섯째 날'(1:31), 마지막으로 '그 일곱째 날'(2:2-3)로 되어 있다. 마지막 두 날에는 정관사 '그'가 있다는 점을 주목해야 한다.

앞에서 언급한 것처럼, 1:5에 사용된 숫자 '에하드'(*ebād*)는 모호하다. 기수(하나)가 될 수도 있고 서수(첫째)가 될 수도 있다. 이 단어의 용례는 '첫째'의 의미를 지닌 '리숀'(*rišôn*)과 겹친다. 두 단어 모두 첫째 날을 가리킬 수 있다. 어떤 이유에서인지 '리숀'은 첫째 달을 나타내는 데 사용되었고 '에하드'는 첫째 해를 나타내는 데 사용되었다. '둘째', '셋째', '넷째', '다섯째', '여섯째', '일곱째'에 해당하는 단어들은 단순한 일반 서수다. 이 모든 단어는 날, 달, 해를 의미하는 데 이따금씩 사용된다. 명백히 시간 순서대로 된 숫자가 매겨진 연속된 날들의 예는 열두 지파 지도자들이 교대로 성막에 헌물을 바친 십이 일이다(민 7:10-83).

물론 서수가 반드시 시간 순서를 나타내는 단어들과 함께 쓰일 필요는 없다. 예를 들면, 창세기에는 에덴의 네 강(2:10-14)과 방주의 세 층(6:16)이 나온다. 이 경우에 서수를 사용한 것은 창세기 저자가 순서가 있는 구조를 염두에 두었음을 나타낸다. 에덴의 네 강의 경우, 이 구조가 무엇이었는지 분명하지 않다. 아마도 나침반의 방위를 따라가는 순서이거나 근원이 되는 강 하나가 하류로 흐르면서 강들이 갈라지는 순서일 것이다.[1] 본문의 문맥은 아무런 단서도 제공하지 않으며 우리는 에덴의 지리를 확신할 만큼 충분히 알지 못한다. 그러나 방주의 경우에는 이 문맥에서 '더 낮은'(lower, 개역개정에서는 "상 중 하 삼층으로"라고 번역했으나 히브리어 성경은 "더 낮은, 둘째, 셋째"의 순서로 되어 있다―역주)이란 단어를 사용한 것은 층들을 바닥에서부터 위로 센다는 점을 나타낸다.

그러나 시간 순서를 나타내지 않는 단어들과 함께 사용되는 경우에도 서수는 종종 시간 순서를 가리킨다. 레아의 여섯 아들의 출생이 창세기 29:31-35; 30:17-20에 서술되어 있다. 처음 네 아들은 숫자로 세지 않지만 마지막 두 아들은 '다섯째'와 '여섯째'라고 되어 있다. 분명 이 순서는 출생 시기에 따라 시간순으로 매긴 것이다. 정관사 '그'(the)가 사용되지 않았지만 그렇다(창 1장의 첫째 날부터 다섯째 날까지와 비슷하다). 즉 레아는 '한 다섯째 아들'(a fifth son)과 '한 여섯째 아들'(a sixth son)을 낳은 것이다. 족보와 관련된 용어인 '계보'(generations)가 창세기 전체를 구성하는 데 사용되기 때문에, 창세기 1장의 시간 순서에 따른 배열은 이러한 구성 방식과 잘 들어맞는다.

서수는 분명한 순서가 주어지지 않은 경우에도 종종 '날', '달', 혹은 '해'와 같이 쓰인다. 이 각각의 경우에 날, 달, 해는 보통 문맥에 의해 명명되어 위치가 암시된 순서에서 n번째에 해당된다. 예를 들면, 주 혹은 달의 n번째 날, 어떤 사건 후의 n번째 날, 해의 n번째 달, 혹은 왕의 통치의 n번째 해와 같이 말할 수 있다. 배열의 순서가 시간적이지 않은 경우에 서수가 시간 순서를 나타내는 용어와 함께 사용된 사례를 나는 알지 못한다. 결과적으로 자신의 주장을 입증해야 하는 것은 창세기 1장이 시간 순서로 된 것이 아니라고 주장하고 싶어 하는 이들이다.

물론 이 말이 창세기 1장에 언급된 모든 사건이 이 순서에 포함된다는 뜻은 아니다. 내러티브는 종종 시간적 순서에서 벗어나서 이야기의 한 갈래를 결론까지 데리고 갔다가 다시 시간적 순서로 되돌아가곤 한다. 이러한 일은 내러티브에 막 들어오거나 곧 떠날 인물에게 흔히 일어난다(창 31:55; 막 5:20). 시간 순서에 따른 배열이 창세기의 날들이 24시간이어야 한다거나 날들이 즉각적으로 혹은 중복 없이 이어져야 한다는 것을 요구하지는 않는다. 이와 관련된 가능성들의 일부는 아래에서, 다른 가능성들은 이 책의 다른 곳에서 논의할 것이다.

시간 순서에 대한 반대 의견들

창세기 1장을 창조에 대한 시간 순서에 따른 이야기로 해석하는 것에 반대하는 의견이 많이 제시되었다.[2] 여기서 주요 반대 주장들에 대해서 살펴볼 것이다. 먼저 더 과학적인 반대 의견을 살펴보고 그다음에 더 주해적인 반대 의견으로 옮겨 갈 것이다.

어떤 이들은 창세기 1장에 대한 시간 순서적 해석이 현대 과학의 발견과 일치하지 않는다고 해서 거부한다.[3] 사실 과학 이론 일부와 창세기 1장에 대한 시간 순서적 해석 일부 사이에는 긴장이 존재한다. 그러나 이런 긴장이 모든 시간 순서적 해석에 동등하게 적용되지는 않는다.

이러한 긴장의 일부는 창조가 수천 년 전에 시작되었는가 아니면 수십억 년 전에 시작되었는가, 창조가 한 주 지속되었는가 아니면 수십억 년 지속되었는가와 같은 창조의 시간 문제를 포함한다. 과학이 지구의 나이에 대해 잘못 판단하고 있다고 믿는 이들에게는 창세기 1장에 대한 시간 순서적 해석을 거부할 이유가 없다. (나처럼) 과학이 지구의 나이를 옳게 판단하고 있다고 믿는 이들에게는 창세기 기사에 대한 시간 순서적 해석을 거부하지 않고서도 창세기 1장과 과학을 조화시킬 수 있는 많은 해석 체계가 존재한다. 오랜 기간에 걸쳐 이루어진 하나님의 창조 활동을 포함하는 오랜 지구(old earth) 자체는 창세기 1장이 시간 순서대로 배열되었다는 점을 배제하지 않는다.

창세기 1장이 시간 순서적 기록이라고 주장한다면 진화가 발생했는지 아닌지 여부는 중요하지 않다. 전체 인구로서의 인류가 유인원과의 공통 조상으로부터 점진적으로 발생했다고 믿는 사람은 사실 아담 그리고 특별히 하와의 기원에 대한 세부 내용을 담고 있는 창세기 2장과 타락[4]을 담고 있는 창세기 3장에서 상충하는 내용을 발견할 것이다. 그러나 창세기 1장의 시간 순서에 따른 배열 자체는 문제가 되지 않는다.

몇 가지 반대 의견은 태양의 기원을 결정하는 일과 관련된다. 예를 들면, 태양이 넷째 날(1:16)까지 창조되지 않았는데 첫째 날(1:5)에 언급된 '날', '저녁', '아침'이라는 용어를 어떻게 이해해야 하는가? 젊은 지구 창조론자들은 첫째 날 태양과 같은 강도와 방향성을 지닌 빛이 창조되었으며, 지구는 오늘날과 같은 주기로 지축을 중심으로 자전하고 있었다고 가정함으로써 대응한다.[5] 그래서 평소 길이의 날, 저녁, 아침이 존재하게 되며 우리는 태양 없이도 정확한 수준의 빛을 얻을 수 있다.

오랜 지구 창조론자인 내가 보기에 이 의견은 다소 부자연스럽다. 나는 과학적 증거와 욥기 38:8-11을 토대로 지구가 역사 초기(대략 창 1:6에서 바다가 생겼을 때)에 짙은 구름으로 덮여 있었다고 믿는다. 그 결과 뒤덮은 구름이 걷히는 넷째 날이 되기 전까지는 (창 1장 이야기의 관찰점인 것으로 보이는) 지구의 표면에서 빛을 볼 수 없었을 것이다.[6]

태양 없이 식물이 생존하는 문제는 어떤가? 젊은 지구 창조론자들은 오늘날 우리가 때때로 인공 조명으로 식물을 기르는 것처럼 그들이 말하는 태양 같은 빛이 식물에게 하루 정도 비추었다고 주장한다. 오랜 지구 창조론자들은 햇빛이 광합성 작용을 하는 데 충분한 강도로 구름을 통과해 산란되었다고 한다.[7] 사실 오랜 지구 창조론자들은 이 광합성 작용이 지구의 대기에 산소를 공급해서 하나님이 곧 창조하실 동물들이 숨 쉴 수 있는 공기를 준비했을 뿐 아니라, 강한 온실 작용을 했던(그래서 짙은 구름층을 유지했던) 대기를 약한 온실 작용을 하는(그래서 얇은 구름층을 유지하고 그 결과 넷째 날에 태양, 달, 별들이 나타나도록 하는) 대기로 바꾸었다고 믿는다.[8]

이 후자의 시나리오에 따르면 태양, 달, 별들은 사실 하나님의 창조 활동에서 더 일찍 만들어졌다(예를 들어 태양은 하나님이 "빛이 있으라"라고 말씀하셨을 때 만들어졌다). 다만 넷째 날이 되어서야 이것들을 지구 표면에서 볼 수 있게 되었다. 그러므로 "하늘의 궁창에 광명체들이 있[으라]"라는 명령은, "낮과 밤을 나뉘게 하고" "계절과 날과 해를 이루고" "하늘의 궁창에 있어…비추[고]" 낮과 밤을 주관하는 이 광명체들의 기능으로 한정된다.

이 견해는 창세기 1:16(하나님은 두 큰 광명체를 '만드셨다')에 나오는

'만들었다'(made)라는 표현의 히브리어 동사 형태에 들어맞는가? 이 동사는 단순한 과거('made') 대신에 대과거('had made')로 번역될 수 있는가, 아니면 이 견해는 단지 억지 변론인가? 히브리어에는 확실히 이런 동사 형태가 방금 진술된 사건들보다 앞선 사건을 언급하는 경우가 존재한다.[9] 라반이 도난당한 우상을 찾기 위해 라헬의 장막에 들어갔을 때 그녀가 그것들을 낙타 안장 아래에 '숨겼다'(had hidden, 창 31:34)는 것을 기록하는 데 이 구문이 사용되었다. 사실 복음주의 해석자들은 창세기 2:8, 19에서 나무와 동물이 사람보다 나중에 존재하는 것을 피하기 위해 동일하게 동사를 대과거로 해석한다(NIV가 이 구절들에서 "had planted", "had formed"로 번역한 것을 보라). 그렇게 하지 않으면 창세기 2장의 창조 순서가 창세기 1장과는 달라질 것이다. 히브리어 문법은 대과거로 번역하는 것을 요구하지도 않고 금지하지도 않는다. 따라서 선택은 해석자가 지금 발생하는 일을 어떻게 보느냐에 달려 있다. 사실 우리는 수시로 해석상의 결정에 직면한다. 성경이 하나님으로부터 온 계시라고 믿는다면 한 방식으로 해석하고, 성경이 단지 고대 인간의 작품이라고 믿는다면 다른 식으로 해석하는 것이다.

창세기 1장에서 첫째 날과 넷째 날, 둘째 날과 다섯째 날, 셋째 날과 여섯째 날 사이의 상관관계가 제시되곤 한다.[10] 즉, 첫째 날은 빛의 창조에 대해, 넷째 날은 광명체들의 창조에 대해 말한다. 둘째 날은 물의 창조에 대해, 다섯째 날은 수생 동물에 대해 말한다. 셋째 날은 땅에 대해, 여섯째 날은 육생 동물에 대해 말한다. 이러한 상관관계는 창조 기사 전체에서 중요한 구조다. 땅은 처음에는 "혼돈하고 공허하

[였다].” 그다음에 날들은 각각 하늘, 대기와 바다, 땅을 '형성하고'(첫째 날부터 셋째 날까지) 그다음 '채우는'(넷째 날부터 여섯째 날까지) 일에 착수했다. 이 구조는 창세기 1장이 시간 순서보다는 논리에 따라 배열되어 있다고 주장하는 데 사용된다.

이런 종류의 상관관계가 창세기의 창조 기사에 실제로 나타나는 것처럼 보인다. 그러나 이 관계가 시간 순서적 배열을 반대하는 논거는 아니다. 왜냐하면 두 가지 구조가 모두 창세기 1상에 나타나기 때문이다. 어느 누구도 대기, 물, 땅(둘째 날부터 셋째 날까지)이 하늘을 나는 동물, 수생 동물, 육생 동물(다섯째 날부터 여섯째 날까지)보다 먼저 존재해야 한다는 데 반대하지 않는다. 땅과 그곳의 식물에 대해서도 마찬가지다(둘 다 셋째 날이다). 지구가 형성되기(첫째 날 늦게: '빛'='낮', '어둠'='밤', '저녁과 아침') 전에 태양이 빛나기 시작했다는 것(첫째 날 일찍: "빛이 있으라")과 그 뒤에 형성된 지구에서(둘째 날: "물 가운데에 궁창") 바다와 대기의 가스가 없어진 것에 대한 확고한 과학적 증거가 있다. 또한 창세기 기사의 규칙에서 벗어난 것처럼 보이는 한 가지 특색은 식물이다. 첫 번째 생물인 식물은 맨 마지막 무생물인 태양, 달, 별보다 먼저 언급된다. 이렇지 않았더라면 무생물이 먼저 나오고 생물이 나중에 나오는 순서가 되었을 것이다. 그러나 이러한 식물이 먼저 언급된 것은 대기를 정화하고 동물에게 적합하게 준비하는 식물에 대한 과학적 시나리오에 잘 들어맞는다.[11] 하나님이 과학적 정확성을 지닌 시간 순서적 배열과 기억하기 쉬운 구조로 이야기를 하셨다고 보는 편이 좋지 않을까?

다른 해석자들은 창세기 1장의 목적이 과학적이 아니라 논증적이라고 주장한다.[12] 혼돈과 질서라는 주제를 병행적으로 가지되 다수의 신이 다른 신을 낳고 서로 싸우는 이교도의 우주 생성론을 반박하기 위해 이 기사가 고안되었다는 것이다. 이 모델에서 창세기 기사는 혼돈과 질서라는 모티프를 사용하나 다수의 신을 한 분 하나님으로 대체한다. 이 기사는 알 수 없는 이유로 전쟁 모티프를 제거한다. 그리고 빛, 땅, 하늘, 태양, 달, 동물, 그리고 인간을 신이 아니라 피조물로 분명하게 나타낸다.

나는 창세기 기자가 이와 같은 구성을 염두에 두고 있었다는 생각에 반대하지 않는다. 만약 선지서(예를 들면 사 41:21-24을 보라)에서 하나님이 우상들 앞에서 제기하신 도전들처럼 이런 구성이 본문에 분명하게 진술되어 있다면 이 문제에 관한 논란이 없었을 것이다. 하지만 성경 본문은 그렇게 되어 있지 않다. 어느 경우든, 이런 주제가 있다고 해서 창세기 기사에서 과학적 혹은 시간 순서적 가치를 배제할 이유는 없다. 특히 시간 순서적 배열은 분명히 드러나고 이런 주제는 그렇지 않기 때문이다. 하나님이 창세기 1장의 궁극적 저자라면 분명 그분은 이 장의 과학적 가치를 파괴하지 않고서도 다신론을 논박하는 데 가치가 있을 창조 사건들을 쉽게 선택하실 수 있었을 것이다. 시인은 심상과 운율을 사용하기 위해 사실을 포기할 필요가 없다.

어떤 이들은 창세기 1장의 날들은 창조 자체의 시간 순서에 따른 기록이 아니라 하나님이 시내산에서 모세에게 창조 기사를 계시하신 것을 시간 순서대로 기록한 것이라고 주장한다.[13] 따라서 모세가 산에 있던 사십 일 중 칠 일에 걸쳐 하나님은 모세에게 창조에 대해 말씀하셨다. 하나님이 모세에게 첫째 날에는 빛의 창조에 대해, 둘째 날에는 창공의 창조에 대해 말씀하셨다는 식의 주장이다. 이 의견의 주된 문제는 이 의견이 창조 기사의 내용과 맞지 않는다는 것이다. 창조 기사에는 하나님이 보여 주셨다는 어떤 언급도 존재하지 않기 때문이다. 하나님은 보셨다고만 기술되어 있다. 이 기사는 전부 창조에 관한 것이다. 출애굽기 20:11도 이를 지지한다. "이는 엿새 동안에 나 여호와가 하늘과 땅과 바다와 그 가운데 모든 것을 만들고 일곱째 날에 쉬었음이라." 창세기 1장의 시간 기록이 창소 사건의 시간 기록 외의 다른 것이 되어야 할 이유는 없다.

다른 이들은 창세기 1장의 날들이 창조 시에 실제로 일어난 일과 관련이 있기 때문이 아니라 단지 히브리인들이 엿새 동안 일하고 하루를 쉬었기 때문에 창조 기사를 구성하는 장치로 선택된 것이라는 의견을 제안한다. "만일 히브리인들이 닷새 혹은 이레 동안 일했다면 이 기사는 다른 식으로 기록되었을 것이다."[14] 그러나 이와는 반대로, 성경은 히브리인들의 칠 일로 된 한 주는 창조를 기념하기 위해 고안된 것이지 그 반대가 아니라는 점을 시사한다(출 20:8-11).

결론

우리는 창세기 1장이 창조 사건을 시간 순서에 따라 기록한 내러티브라는 주장의 증거를 검토했다. 우리는 창세기 1장의 시간 관련 용어 및 기사 전체를 구성하기 위해 연속된 날들에 대해 서수를 사용한 점이 이러한 방향을 강하게 가리킨다고 제시했다. 처음 닷새가 정관사 없이[예를 들면 '한 셋째 날'(a third day)] 표기된 사실은 이날들이 직접 붙어 있지 않은 더 많은 날들로부터 선택되었다는 점을 고려한 듯하다. 그러나 이 사실이 이날들이 시간 순서에 따라 배열되지 않았다는 생각을 지지하는 것은 아니다.

과학 측면에서 제기하는 창세기의 시간 순서에 대한 반대는 젊은 지구에 대한 반대와 거의 마찬가지다. 나는 창세기 1장의 말들이 전통적으로 더 최근의 창조의 관점에서 해석되어 왔지만 그 말들은 오랜 지구와 일치한다고 주장한다.

오랜 지구 관점에서의 시간 순서적 해석에 가장 큰 걸림돌이 되는 것은 두말할 것 없이 태양의 창조에 대한 질문이다. 나는 태양의 실제 창조가 하나님이 "빛이 있으라"라고 말씀하셨을 때 일어난 것으로 본다면 문제될 것이 없다고 본다.

동물과 비교해서 씨 맺는 식물이 나타난 시간에 대한 문제는 서로 겹치는 '시대-날'(age-day) 또는 창조 기간이 서로 겹치는 연속된 문자적 날, 이 둘 중 한 개념을 택한다면 매우 쉽게 해결될 것이다. 계보적 구조가 창세기 전체의 틀을 이룬다는 점과 계보들에 포함된 사람들이 살아간 시간대가 서로 겹친다는 사실을 우리가 기억한다면 어느 쪽 주장이든 불합리할 것이 없다.

창조의 날들을 둘씩 짝지어 상관관계를 가지게 하는 문학적 구조와 다신론에 대항하는 논증으로서의 문제들은 더 연구할 가치가 있긴 하나 합리적인 의견으로 보인다. 이 문제들은 창세기 1장이 시간 순서적 구조가 아니라고 해명하는 데 사용되어서는 안 된다. 적절한 방법론은 어떤 증거를 사용해서 나머지 증거를 일축하는 모델이 아니라 모든 증거에 들어맞는 모델을 요구한다.

NO

마크 트론베이트 Mark A. Throntveit
루터교 신학교의 구약학 명예 교수

본 연구에서는 창세기 1장에 제시된 사건들의 배열에 초점을 맞추고, 이 사건들이 시간 순서에 따라 배열된 것이 아니라는 점을 증명하고, 창조 주간을 창조 기사에서 시간의 기본 단위로 보는 접근법을 제시할 것이다.

문제의 본질

언뜻 보기에 2장 제목의 질문에 대한 즉각적 반응은 다음과 같다. "당연히 그렇지! 둘째 날의 사건은 첫째 날의 사건을 뒤따르고 마찬가지로 셋째 날의 사건들은 둘째 날의 사건들을 뒤따른다. 이런 식으로 절정에 이르는 마지막 일곱째 날까지 이어진다. 본문을 읽기만 해도 이러한 점을 알 수 있지." 그러나 창조 기사를 읽다 보면 많은 항목이 이 문제를 가리고 앞의 질문을 모호하게 만든다. 예를 들면 다음과 같다.

만일 사건들이 시간 순서대로 배열이 되어 있다면, 하나님이 넷째 날에 태양을 '만드시기'(창 1:16) 전에 저녁과 아침(이는 기술적으로 태양이 지고 뜨는 것과 관계가 있다)이 존재하는 것을 어떻게 설명할 수 있는가?

마찬가지로, 태양이 낮과 밤을 나누고 계절과 날과 해의 징조로서 역할을 하도록 정해지기(1:14) 전에 어떻게 본문이 '날들'을 말할 수 있는가?

더욱이 식물은 광합성 작용을 하는 데 태양에 의존한다. 그러나 '시간 순서에 따라' 배열된 본문은 초목, 즉 씨 맺는 식물과 열매 맺는 나무를 셋째 날에 위치시킨다(1:11-13). 다시 한번, 이는 하나님이 태양을 만드시기 전이다.

이 모든 사항은 동일한 문제를 가지고 있다. 어떤 식으로든 태양에 의존하는 사건들(저녁과 아침)과 사물들(식물)이 어떻게 시간 순서상 태양이 '만들어지기' 전에 언급될 수 있는가? 이 문제에 대응해서 16절을 RSV와 대부분의 다른 번역에서처럼 "그리고 하나님이 두 큰 광명체를 만드셨다"로 번역해서는 안 되고, "하나님이 두 큰 광명체를 이미 만들어 놓으셨다"로 번역해야 한다는 의견이 제시되었다. 구문론적으로, 이 구절에서 동사를 대과거로 번역하는 것은 전적으로 가능하다. 이 해결책이 지니는 어려움은 1:14-15을 간과한다는 점이다. "하나님이 이르시되 하늘의 궁창에 광명체들이 있어 낮과 밤을 나뉘게 하고 그것들로 징조와 계절과 날과 해를 이루게 하라 또 광명체들이 하늘의 궁창에 있어 땅을 비추라 하시니 그대로 되니라." 1:16에서 "만들어 놓으셨다"로 번역하는 것을 인정한다 할지라도, 넷째 날 전에 태양이 존재했음을 허용하는 식으로 1:14-15의 명령형('있으라', '그것들이…하게 하라')을 번역할 수는 없다.

또 다른 견해는 빛과 어둠의 분리에 관한 1:4과 1:18의 병행 진술을 진지하게 받아들인다. 1:4에는 "하나님이 빛과 어둠을 나누사"라고 기록되어 있다. 1:18에는 "두 큰 광명체"(1:16)가 "빛과 어둠을 나뉘게 [한다]"라고 되어 있다. 이 두 진술은, 첫째 날과 넷째 날의 사건이 매우 유사하다는 점, 곧 하나님이 첫째 날 빛과 어둠을 나누신 수단이 넷째 날에 "큰 광명체와 작은 광명체"가 일으킨 분리라는 점을 나타내는 듯하다. 첫째 날과 넷째 날 사이에 관계가 있다는 점은 명확하며 이 점은 나중에 다룰 것이다. 이 관계가 첫째 날과 넷째 날이 동연적(同延的, coterminous)이라는 것을 함축하는지는 명확하지 않다. 물론 동연적 존재는 매우 유사한 사건들이 명백히 서로 다른 날에 발생했다는 부조화를 해결해야 한다는 점에서 시간 순서적 배열에 부정적으로 작용하게 되겠지만 말이다.

이 시점에서 성경 본문을 해석할 때 가장 중요한 규칙은 본문이 다룰 수 없는 질문을 본문에게 묻지 말아야 한다는 것임을 말해야만 하겠다. 창조 기사와 현대 과학의 발견을 조화시키려는 시도는 하지 말아야 한다. 자신의 입장이 창조과학의 관점에 의해 형성되었든 진화론에 의해 형성되었든, 우리가 창세기 1장 본문이 어느 쪽의 설명도 제시하지 않는다는 점을 깨닫는 것이 극도로 중요하다. "빛이 있으라"라는 하나님의 명령과 "빛이 있었[다]"(1:3)라는 하나님의 명령의 성취에 대한 알림 사이에는 최소한의 글도, 단 하나의 무성 '쉐와'(shewa는 히브리어에서 발음을 돕기 위한 기호로서 불명확한 모음을 나타낸다—역주)도 존재하지 않는다. 본문에 있는 이러한 공백이 창조론과 진화(하나님의 창조의 '방법'으로서의)의 관계에 대한 적절한 토론의 장이다. 다양한 과학 이론의 타당성은, 해당 분야의 규범을 준수하는 과학적 탐구의 법정에서 결정되어야 할 것이다. 창세기 1장에는 다른 관심사, 즉 '누가'와 '왜'라는 신학적 질문이 존재한다.

제안된 해결책

학계는 창세기 1장의 연속된 육 일을 시간 순서대로 해석하는 주장을 견지하기가 어려움을 인식하고 일찍이 피조물의 수와 창조의 날들의 수 사이에 긴장 관계가 있다는 점에 주목했다. 여덟 개의 피조물이 육 일의 공간 속에 압축되어 있는데, 셋째 날과 여섯째 날에 각각 두 개의 피조물이 배치되어 있다. 오늘날 합의된 결론은 육 일이라는 틀이 그 전에 존재하던 여덟 개의 피조물 이야기에 부과되었다는 것이다. 이 육 일의 구조를 설명하고자 몇 가지 의견이 제시되었다. 대표 의견 세 가지는 다음과 같다.

1. **예전(禮典)**. S. H. 후크(Hooke)는 이스라엘의 제사장들이 의식, 특히 칠 일의 신년 축제[이는 바빌로니아의 아키투(*akîtu*) 축제를 본떠 만든 것이다]를 위해, 육 일의 구조(그리고 2:1-3에서 일곱째 날이 추가된다)를 도입해서 '창조 예전'으로서의 창조 기사를 만들어 냈다고 말한다.[1] 신년 축제에 대한 후크의 견해를 받아들이는 학자들은 거의 없지만, 예전적 이유로 육 일/칠 일의 틀을 추가했다는 그의 설명은 많은 학자가 받아들인다.

2. **가르침**. 두 번째 입장은 P. J. 와이즈먼(Wiseman)이 제시했다. 그는 출애굽기 20:11에 대한 흥미로운 주해를 제시한 후에 육 일은 육 일의 창조에 대한 서술이 아니라 시내산에서 모세가 가르침을 받은 엿새라고 주장했다.[2] 후크의 경우와 마찬가지로, 가르침 또는 설명으로 접근하는 이 방식은 와이즈먼의 구체적 적용보다 더 많은 지지를 받았다.

3. **논박**. 창조 사건의 시간 순서적 배열에서 나타나는 불일치에 대한 세 번째 설명 방식은, 본문에 존재하는 논박적 동기를 인식하는 것이다. 이 접근법은 모든 형태의 태양 숭배를 단호하게 비난하기 위해 또는 자연으로부터 신성을 제거하기 위해 빛의 창조 후에 태양의 창

조를 설명한다.[3]

창세기 1장의 연속된 육 일을 비(非)시간 순서적으로 이해하려는 이러한 대표적 시도들에 대해 다양한 비판들이 제기되었다. 나는 앞서 말한 견해들을 폄하하거나 그것들을 주장하는 사람들을 비판하려는 것이 아니다. 그러나 주해의 관점에서 볼 때 이러한 견해들만이 가능한 선택지는 아니다. 이 세 견해 모두 창조 기사가 하루 단위의 연속으로 구성되었다는 전제를 공유한다. 그러나 창세기 1:1-2:3에서 기술된 시간의 기본 단위가 사실상 창조의 주간 자체라면 어떻게 되는가? 이와 같은 재개념화에 대한 증거는 베노 제이콥(Benno Jacob)과 움베르토 카수토(Umberto Cassuto)의 보수적인 글에서부터 클라우스 베스터만의 성서비평학적 글에 이르기까지 폭넓은 주석가들에게서 찾아볼 수 있다.

베노 제이콥의 창세기 주석의 영역본은 다음과 같이 시작한다. "창조 이야기는 역사의 주체인 사람에게까지 이른다. 사람이 그 위에서 살고 경작하고 휴식할 수 있도록 땅이 준비된다. 이 모든 것이 '육 일'의 틀에 배치된다. 연속된 시간 속에서의 역사적 기사를 적기 위해서가 아니라 우리 눈앞에 유의미한 코스모스로서의 세계를 만들어 내기 위해서다."[4]

관련 있는 아카드와 우가리트 자료를 검토한 후에 움베르토 카수토는 "**연속된 칠 일은 중요한 일, 즉 육 일 동안 지속되고 일곱째 날에 그 결론과 결과에 도달하는 사건을 전개하는 데 완벽한 기간**(시간의 단위)으로 여겨졌다"라고 주장한다.[5]

1930년대와 1940년대에 제이콥과 카수토는 "연속된 시간 속에서의 역사적 기사"보다는 "중요한 일"과 "유의미한 코스모스"를 전개할 "완벽한 기간(시간의 단위)"을 언급함으로써 하나의 창조 행위로 우리의 주의를 돌렸다.

클라우스 베스터만은 "P는 안식일로 종결되는 연속된 육 일을 제시하지 않는다"(여기서 P는 제사장 문서 기자를 가리킨다―역주)라고 지적함으로써, 창세기가 육 일의 연속된 사건을 제시한다는 W. H. 슈미트(Schmidt)의 견해를 논박한다. 그는 하나로서의 전체, 연결된 시간 순서적 통일체를 제시하는데, 그것이 하나로서의 전체인 이유는 그 자체의 목적 때문이다. 창세기는 일곱 번의 24시간의 문제가 아니라, 다른 모든 것의 기초가 되며 그 자체가 같은 방식으로 연결된 시간 순서적 통합체의 문제다."[6] 거의 100면 뒤에서 베스터만은 다음의 계획된 진술을 하며 이 문제로 되돌아간다. "P는 칠 일 패턴으로 창세기를 정리했을 때 단지 연속된 칠 일에 관심이 있었던 것이 아니라 하나로서의 전체, 즉 일곱째 날의 절정에서 통일체를 이루는 시간의 기본 단위에 관심이 있었다."[7]

창조 기사가 "시간 순서적 통합체", "하나로서의 전체", "시간의 기본 단위"로 가장 잘 묘사된다는 이러한 언급들은 육 일의 구조를, 창세기 1장 사건들의 시간 순서적 배열을 강조하는 해석으로부터 자유롭게 한다. 그리고 그 언급들은 하나님이 그 구조를 통해 무엇을 말씀하시는지를 가능한 한 정확히 결정하기 위해 그 구조를 더 공식적으로 검토하라고 초대한다. 이 글의 나머지 부분은 그러한 검토에 관심을 집중할 것이다.

창조 주간의 형식과 기능

B. W. 앤더슨(Anderson)은 창세기의 창조 기사는 1:1부터 2:3까지 이르는 통일체라고 설득력 있게 주장한다. 그는 2:1-3의 에필로그는 그 앞에 쓴 1:1-2의 반향이며 따라서 창조 기사의 끝을 처음과 연관 짓는 틀을 형성하고 1:3-31에 있는 창조 이야기의 본문을 둘러싼다는 것을 파악한다.[8] 로버트 알터(Robert Alter)도 유사한 결론에 도달한다.

> 그리고 하나님이 해 오셨던 일을 일곱째 날에 마치셨다.
> 그분이 해 오셨던 모든 일을 일곱째 날에 멈추셨다.
> 그리고 하나님은 그 일곱째 날을 복되게 하시고 거룩하게 하셨다.
> 왜냐하면 그날에 하나님이 창조하시어 만드시던 모든 일을 멈추셨기 때문이다.
>
> 우리는 여기서 점증 반복(漸增反復, incremental repetition)뿐 아니라, 내가 다소 문자적인 이 번역을 통해 보여 주려고 했듯이, 끝이 처음으로 되돌아가는 매우 대칭적인 수미상관 구조(envelope structure)를 볼 수 있다. 단락의 첫 행은 하나님의 만드심 혹은 행하심으로 끝나고 이는 마지막 행도 마찬가지다. 반면에, 마지막 행의 끝은 중복되는 것처럼 보이는 표현인 "하나님이 창조하시어"(영어 문장에서는 이 표현이 문장 끝에 온다—역주)를 도입함으로써 우리를 창조 이야기의 첫 부분인 "하나님이 창조하기 시작하셨을 때"로 이끈다. P의 권위 있는 표현 안에서는 모든 것이 질서정연하고 지정된 자리에 위치하며 대칭적 형태를 이룬다.[9]

1:1의 핵심적 부분들을 2:1-3에서 반복하는 것은 하나님의 창조 행위, 즉 '그분의 일'(단수)의 통일성을 강조하는 데 도움이 된다. 통일성을 부여하는 이 틀 내에서 육 일 구조는 창조 사건들을 시간 순서에 따라 배열하기 위해서가 아니라, 다시 말하지만, 하나님의 유일한 창조 사건의 다른 면들을 강조하기 위해 전개된다. 이 다른 면들이 무엇인지를 명확히 하기 위해서 우리는 1:3-31의 구조에 의지해야 한다.

지난 100년 동안 주석가들은 1:3-31의 대칭적 배열에 주목해 왔다. 창조의 육 일은 삼 일과 네 개의 창조 행위로 구성된 두 개의 열(께)로 나뉜다. 각 열의 구조는 동일하다. 첫째 날은 하나의 창조 행위를 포함하고, 둘째 날은 두 측면을 지닌 하나의 창조 행위로 구성되고, 셋째 날은 별개의 피조물 두 개를 포함한다. 중간에 있는 날들의 피조물들이 교차 대구적 형태로 엇갈린 형태가 이러한 대칭에 추가된다.

	1열	2열	
첫째 날	빛(1:3-5)	광명체들(1:14-19)	넷째 날
둘째 날	궁창 (1:6-8): 하늘 바다	서식 동물 (1:20-23): 물고기 새	다섯째 날
셋째 날	뭍 (1:9-10) 초목 (1:11-13)	육생 동물 (1:24-26) 사람 (1:27-31)	여섯째 날

이 표에서 입증되는 긴밀한 형식상의 일치는 한 쌍으로 묶인 날들(첫째 날과 넷째 날, 둘째 날과 다섯째 날, 셋째 날과 여섯째 날)이 지니는 내용상의 긴밀한 관계와 일치한다. 하나님의 활동에 관한 두 열 사이의

상관관계를 묘사하기 위해 다양한 범주가 제시되었다. 그중 '분리와 장식' 그리고 '준비와 성취'가 가장 빈번하게 나타난다. 그러나 하나님의 창조 행위는 본질적으로 혼돈에서 질서를 이끌어 내는 일과 관련된다는 점을 기억한다면, 이 열들은 그 전체 과정에 대한 질서정연한 묘사로 보는 것이 유익하다. D. 키드너(Kidner)가 말한 것처럼, "실로 지금 묘사된 육 일은 '혼돈'과 '공허'라는 쌍둥이 부정 표현에 형태와 충만함으로 대응하는 긍정 표현으로 볼 수 있다."[10]

1열에서 하나님은 1:2의 형태가 없는 혼돈을 세 개의 영역, 즉 궁극적으로 생명체가 거주하고 머물게 해 줄 세 개의 구역으로 분리하신다. 2열에서 하나님은 이 창조적으로 배열된 영역을 그에 상응하는 거주자들로 채우신다(빛에는 광명체들, 바다에는 물고기 그리고 하늘에는 새, 뭍에는 육생 동물과 사람). 선택된 심상들과는 상관없이, 창조 기사의 확연한 2열 구조는 (창조 사건들의 시간적 순서에 따른 배열에서는 매우 문제가 되는) 빛의 창조 후에 태양이 배치된 것에 대한 다른 설명을 제공한다. 게다가 2열 구조는 창조의 날보다는 창조 주간이 본문에서 시간의 기본 단위라는 인상을 강화한다.

창조의 질서정연함 및 목적성과 공명하는 이 구조가 만족스럽지만, 1:3-31을 함께 묶어 주는 또 다른 구조가 존재한다. 베스터만은 육 일의 각 날에 반복되는 오중(五重) 패턴을 발견했다.

1. 도입   하나님이 이르시되
2. 명령   …이 있으라 / …은 모이라 등
3. 성취   그대로 되니라

    4. 판단   하나님이 보시기에 좋았더라
    5. 시간의 틀   저녁이 되고 아침이 되니…날이니라

베스터만의 요점은 각각의 창조 행위는 "본질적으로 동일한 사건"이라는 것이다.[11] 그러나 그가 이 점에서 분명히 옳긴 하지만, 이 패턴으로부터 더 많은 것을 추론할 수 있다. 연속된 각 날의 사건들이 조금씩 더 충만한 방식으로 제시된다는 점을 주목하는 것도 중요하다. 첫째 날은 이 패턴의 기본 개요만 담고 있다. 반면에 둘째 날은 3번 항목(하나님의 명령이 완성 또는 성취되었다는 알림)에 하나님의 창조에 대한 묘사를 덧붙인다. 스나이드 판(Snaith's edition) 히브리어 성경에서 각 날에 할당된 본문의 행을 세어 보기만 해도 이와 동일하게 진행된다는 사실을 시각적으로 확인할 수 있다. 날들의 묘사가 점점 더 길어질 뿐만 아니라(다섯째 날은 예외), 여섯째 날의 선포는 다른 날보다 두 배나 많은 공간을 사용한다.[12] 눈덩이가 커지듯이 진행되는 육 일의 구조가 여섯째 날로 독자의 관심을 이끄는 역할을 한다고 말하면 비합리적일까?

    베스터만의 오중 패턴을 자세히 조사하면 이 해석에 대한 추가적 증거가 나타난다. 이 패턴이 각 날이 본질적으로 동일한 창조 사건이라는 인상을 강화한다는 그의 결론을 부정하지 않지만, 다섯째 날까지는 이 패턴이 체계적으로 유지되는 반면 여섯째 날에는 도입을 제외한 모든 부분에서 패턴이 체계적으로 바뀐다는 점이 눈에 띈다.

    1. 명령: 첫째 날부터 다섯째 날까지는 이 부분에서 규칙적으로 명령형이 사용된다('있으라', '그것들을 모이게 하라'). 여섯째 날은 '우리가

만들자'라는 권유형을 사용함으로써 앞에서 확립된 패턴을 깨뜨린다.

2. 성취: 첫째 날부터 다섯째 날까지 사용되는 "그대로 되니라"라는 정형화된 표현에 더하여 여섯째 날에 나온 엄청난 확장의 많은 부분은 완성 혹은 성취의 알림을 채우는 내용에서 기인한다. 게다가 1:27은 인간의 창조를 말하면서 산문이 아닌 시를 사용한다(특별히 Jerusalem Bible에서 사용된 형식을 참고하라). 이 본문에서 '창조하다'라는 동사가 여섯 번 나오는 데 그중 세 번이 이 구절에 있다(개역개정에는 두 번 나온다—역주).

3. 판단: 첫째 날부터 다섯째 날까지는 "'좋았더라'라고 판단되었다.[13] 반면에 여섯째 날은 "심히 좋았더라"(1:31)라는 판단을 받는다.

4. 시간 구조: 히브리어 본문은 첫째 날부터 다섯째 날까지의 숫자 앞에 정관사를 붙이는 것을 조심스럽게 피하며 "저녁이 되고 아침이 되니…째 날이더라"라는 형식을 규칙적으로 따른다.[14] 그러나 여섯째 날에는 정관사가 있는데 이것은 NASB나 내가 참고하는 NJVEB(New Jewish Version of English Bibles)에서만 볼 수 있는 미묘한 차이다. 첫째 날부터 다섯째 날까지 정관사가 생략된 것은 사건들의 시간 순서적 배열이 이 본문의 주된 관심사가 아님을 보여 주는 것일 수 있다. 장막절의 팔 일을 순서대로 배열하는 것이 명백히 주요 주제인 민수기 29장에서는 (창 1장처럼) 서수를 사용하나 항상 정관사와 함께(17, 20, 23, 26, 29, 32, 35절) 사용한다. 정관사가 이처럼 시간 순서에 따른 본문에서 규칙적으로 나타난다는 점은 민수기 6:9, 10; 7:12, 18, 24, 30, 36, 42, 48, 54, 60, 66, 72, 78; 19:12, 19; 31:19; 느헤미야 8:13, 18에서 확인할 수 있다.

하나님이 '형태 없는 공허'에서 질서를 만드시는 것을 보여 주는 두 개의 열로 나뉘는 창조의 총체적 그림으로서, 하나의 전체로서 육 일 구조를 바라볼 때 이 전체 과정의 통일성이 강조된다. 반복되는 요소들이 규칙적으로 되풀이된다는 관점에서 육 일 구조를 바라볼 때 이 전체 과정의 통일성이 다시 한번 강조된다. 그러나 여섯째 날이 모든 부분에서 지속적으로 그 패턴을 (미묘하나 분명한 방식으로) 깬다는 점을 알아차린다면, 그 구조는 우리가 여섯째 날에 초점을 맞추도록 만든다. 신학적으로, 이 사실은 본문이 상대성 이론보다는 관계에, '빅뱅'이나 팽창하는 우주보다는 하나님의 세계 안에 있는 인간으로서 우리의 위치에 더 관심이 있음을 의미한다.

그렇지만 일곱째 날은 어찌되는가? 앤더슨과 알터는 어떻게 2:1-3에서 반복되는 내용이 우리를 1:1로 데려가, 우리가 다루는 본문의 기저를 이루는 시간 단위로서의 창조 주간을 강조하는지 보여 주었다. 베스터만은 이런 노선의 접근법을 계속 이어 간다.

하나의 전체로서 칠 일로 된 한 주 속에서만 그리고 일곱째 날을 목표로 하는 경우에만 일곱째 날의 중요성이 적절하게 인정될 수 있다. 이 말은 P가 칠 일 패턴으로 창조 사역을 정리했을 때 두 부분으로 구성된 시간 단위를 구조화하려고 의도했다는 의미다. 이 시간 단위는 일곱째 날이 없이는 완전체가 되지 못했을 것이다. 일곱째 날은 앞의 육 일과 다르다.…하나님이 일곱째 날을 신성하게 하셨을 때(즉, 그날을 거룩하다고 선언하셨을 때), 그분은 그날을 특별한 무언가로 지정하신 것이다. 일곱째 날의 성화는 창조와 더불어 시작된 시간을 구조화된 시간으로

규정하며, 그 시간 속에서 하루는 다른 날과 똑같지 않게 되었다.[15]

일곱째 날(정관사가 있는)의 성화와 더불어 하나님은 창조 행위를 완성하시고 창조 질서 내의 구조화되고 질서정연한 부분으로서의 시간을 제정하신다. 실제적 의미에서, 하나님이 이렇게 시간을 정립하시기 전의 시간 순서에 관한 이야기는 너무 이른 것이다. "성경은 연속적 순서에 관해서 아무것도 가르쳐 주지 않는다"[라시(Rashi)].

창세기 1장에 나타난 사건들의 배열에 대해 지금까지 검토한 결과, 본문을 시간 순서에 따른 것으로 읽을 경우 쉽게 설명할 수 없는 어려움들이 생긴다는 것을 알 수 있다. 다른 한편으로, 본문을 세밀하게 살핀 결과, 본문이 창조 주간이 시간 순서적 시간 단위임을 제시한다는 것을 알게 되었다. 이러한 통찰은 창세기 1장의 사건들의 배열을 시간 순서적 해석으로부터 자유롭게 하며 본문의 강력한 구조가 자신의 말을 할 수 있게 해 준다. 하나님은 형태 없는 공허로부터 질서와 충만함을 만들어 내시고 우리로 하여금 여섯째 날의 중요성으로 주의를 돌리도록 하신다.

주

YES

1. E. A. Spiser, *Genesis* (Garden City: Doubleday, 1964), pp. 16-17에서 네 강이 한 강의 지류임을 보라. M. G. Kline, *Kingdom Prologue* (South Hamilton, 1981), 1, p. 68에서 그 강들을 한 강의 지류들로 본다. 이는 겔 47장과 계 22장의 종말론적 그림과 병행된다.
2. B. Ramm, *The Christian View of Science and Scripture* (Grand Rapids: Eerd

mans, 1954), pp. 217-223; H. Blocher, *In the Beginning* (Downers Grove: InterVarsity, 1984), pp. 49-59; C. Hyers, *The Meaning of Creation* (Atlanta: John Knox, 1984), 특별히 3장과 4장.
3. Ramm, *Christian View*, pp. 217-218.
4. J. O. Buswell, Jr., *A Systematic Theology of the Christian Religion* (Grand Rapids: Zondervan, 1962), 1, pp. 159-162, 321-324; J. Murray, *Collected Writings* (Edinburgh: Banner of Truth, 1977), 2, chapters 1 and 7; F. A. Schaeffer, *No Final Conflict* (Downers Grove: InterVarsity, 1975), pp. 33-34; C. F. H. Henry, *God, Revelation and Authority* (Waco: Word, 1976-83), 6, pp. 206, 240-250.
5. H. M. Morris, *The Genesis Record* (Grand Rapids: Baker, 1976), pp. 55, 65.
6. R. C. Newman and H. J. Eckelmann, Jr., *Genesis One and the Origin of the Earth* (2nd ed.; Grand Rapids: Baker, 1981), pp. 51-52, 75-76, 80-81을 보라. 또한 Buswell, *Systematic Theology*, 1, pp. 146-154; J. L. Wiester, *The Genesis Connection* (Nashville: Nelson, 1983), chapter 7을 보라.
7. Wiester, *Genesis Connection*, chapter 7.
8. 같은 책; Newman and Eckelmann, *Genesis One*, pp. 51-52, 80-81, 84-85.
9. 동사 *wayya'aś*는 '와우' 연계형(*waw consecutive*) '그리고'를 지닌 미완료 시제다. 이 동사는 종종 '와우'가 없는 완료 시제와 교환할 수 있다[E. Kautzsch, *Gesenius' Hebrew Grammar* (2nd ed.; Oxford: Clarendon, 1910), section 111c를 보라]. 그리하여 '와우'를 지닌 미완료 "그리고 그분은 만드셨다"와 완료 "그분이 만드셨다"를 교환할 수 있다. 둘 다 때때로 대과거로 번역될 수 있다(예를 들어 "만드셨다" 대신에 "만드셨었다"). (단순한 과거가 아닌) 대과거의 의미를 지니는 히브리어 동사의 대부분은 흔히 '와우'가 어울리지 않는 "…하는 장소", "…하는 사람" 같은 구문에 의해 문장에 결합된다. (NIV에 따르면) 창세기에서 대과거의 의미를 지닌 완료형 동사의 일부 사례에는 "had been"(13:3), "had made"(13:4), "had been subject"(14:4), "had been taken captive"(14:14), "had stood"(19:27), "had lived"(19:29), "had closed"(20:18), "had said"(21:1), "had promised"(21:1)가 있다. (역시 NIV에 따르면) 대과거의 의미를 지니는 '와우' 연계형의 미완료의 예는 "had finished"(2:2), "had planted"(2:8), "had formed"(2:19), "had been closed"(8:2), "had stopped falling"(8:2), "had gone down"(8:3)이다.
10. F. Filby, *Creation Revealed* (Westwood: Revell, 1964), pp. 17-20, 89; Blocher,

Beginning, p. 51; R. Youngblood, *How It All Began* (Ventura: GL/ Regal, 1980), pp. 25-27; Hyers, *Meaning*, pp. 67-71; Kline, *Kingdom*, 1, pp. 59이하.

11. V. R. Eshelman, "The Atmospheres of Mars and Venus", in *Frontiers of Astronomy* (ed. O. Gingerich; San Francisco: Freeman, 1970), pp. 48, 58; W. K. Hartmann, *Moons and Planets* (Belmont: Wadsworth, 1972), p. 336.

12. N. M. Sarna, "Understanding Creation in Genesis", in *Is God a Creationist?* (ed. R. M. Frye; New York: Scribners, 1983), pp. 155-175; Hyers, *Meaning*, pp. 28, 42-56, 61.

13. 참고. Ramm, *Christian View*, pp. 218-229; P. J. Wiseman, *Creation Revealed in Six Days* (London: Marshall, Morgan, and Scott, 1948; revised, 1977).

14. Hyers, *Meaning*, p. 75.

NO

1. S. H. Hooke, *In the Beginning* (Oxford: Clarendon, 1947), p. 36.
2. P. J. Wiseman, *Creation Revealed in Six Days*, pp. 33-34.
3. 예. K. Barth, *Church Dogmatics*, 3, 1, pp. 120-121. 『교회 교의학』(대한기독교서회). 세 가지를 모두 결합하는 접근법을 보려면 W. Brueggemann, *Genesis* (Atlanta: John Knox, 1982), pp. 22-39를 보라.
4. B. Jacob, *The First Book of the Bible: Genesis* (ed. E. I. and W. Jacob; New York: Ktav, 1974) 1.
5. U. Cassuto, *A Commentary on the Book of Genesis* (Jerusalem: Magnes, 1961), pp. 12-13. 아카드와 우가리트 문학에서의 6일+1일의 문학적 패턴의 개관에 대해서는 F. McCurley, " 'And After Six Days' (Mark 9:2): A Semitic Literary Device", *Journal of Biblical Literature* 93 (1974), pp. 67-82 그리고 그 글에 인용된 참고 문헌을 보라.
6. C. Westermann, *Genesis 1-11: A Commentary* (Minneapolis: Augsburg, 1984), p. 90. 'P'는 일부 성서비평학자들이 사실로 상정하는 창세기의 자료 중 하나인 소위 '제사장' 문서를 가리킨다.
7. 같은 책, p. 171.
8. B. W. Anderson, "A Stylistic Study of the Priestly Creation Story", in *Canon and Authority: Essays on the Theology and Religion of the Old Testament* (ed. G. W. Coats and B. O. Long; Philadelphia: Fortress, 1977), pp. 159-160.

9. R. Alter, *The Art of Biblical Narrative* (New York: Basic, 1981), p. 143.
10. D. Kidner, *Genesis: An Introduction and Commentary* (London: Tyndale, 1967), pp. 45-46. 참고. W. H. Griffith Thomas, *Through the Pentateuch Chapter by Chapter* (Grand Rapids: Eerdmans, 1957), p. 31.
11. Westermann, *Genesis*, p. 84.
12. 첫째 날 세 행, 둘째 날 네행, 셋째 날 일곱 행, 넷째 날 여덟 행, 다섯째 날 여섯 행, 여섯째 날 열여섯 행.
13. "하나님이 보시기에 좋았더라"라는 판단이 70인경으로부터 6절에 제공되어야 한다.
14. 유사한 관찰들을 보려면 M. Fishbane, *Text and Texture: Close Readings of Selected Biblical Texts* (New York: Schocken, 1979), pp. 8-9를 보라.
15. Westermann, *Genesis*, p. 171.

> # 3
>
> # 지구는 몇천 년 전에
> # 창조되었는가?

YES | 스티븐 슈레이더 Stephen R. Schrader
NO | 데이비스 영 Davis A. Young

YES

스티븐 슈레이더 Stephen R. Schrader
침례교 성경대학원 구약학 과장, 구약학 및 히브리어 교수

지구의 나이에 대해 지난 10년 동안 많은 대화가 오갔다.[1] 불행하게도 이 대화는 F. 하우(Howe)가 이 토론의 열띤 성격에 비추어 "사실상 동기들에 대한 가혹한 비판 혹은 판단이라고 해야 할 논쟁을 멈추어 달라"라고 호소하는 지경에 이르렀다.[2] 처음부터 과학과 기독교 사이에는 다소 긴 갈등의 역사가 있어 왔다는 점을 주목해야 한다.[3] 이 긴장은 역사의 다양한 지점에서 나타났다. 우선 천문학이 코페르니쿠스 혁명과 첫 번째로 실제로 조우해서 당시 널리 퍼진 지구 중심 개념에 도전했다. 이윽고 이 충돌은 천문학에서 지질학(지구의 나이)으로 옮겨 갔고 그다음 인류학(인류의 기원)으로 옮겨 갔다. 오늘날 이 갈등은 특별히 행동 과학에 초점을 맞추는데, 자유 대 결정론 그리고 인간은 본질적으로 선한가 아니면 인간은 부패했는가 같은 이슈를 포함한다.[4]

지구의 나이는 언제나 사람들의 흥미를 불러일으켰고, 과학과 성경 사이의 갈등이 존재하는 한 지점이기도 하다. "다윈적 진화론과 지구의 대진화 체계가 출현함에 따라 헤아릴 수 없이 긴 지구의 역사를 사실로 가정하는 우주 진화론에서의 과학적 개념 혹은 모델에 대한 수요가 나타났다."[5] 그러나 지난 25년 사이에 창조과학의 노력을 지지하는 사람들이 젊은 지구 모델 혹은 체계를 다시 강조해 왔다.[6] 데이비스 영(Davis Young)은 창조과학 운동을 다음과 같이 묘사한다.

20세기 복음주의계에서 놀라운 점은 많은 그리스도인 과학자들 사이

에서 대홍수가 가지는 지질학적 중요성에 대한 믿음과 지구가 극도로 젊다는 믿음이 놀라울 정도로 부활한 일이다. 최근 다수의 생물학자들, 물리학자들, 화학자들, 지리학자들, 기술자들(극소수의 지질학자들과 천문학자들)이 수천 년 전에 (하루가 24시간으로 이루어진) 육 일 동안에 창조가 일어났다는 믿음으로 돌아가자고 주장해 왔다. 이러한 주장은 **모든 조화 이론을 포기하는 것이며, 충서학적·고생물학적 기록을 설명하는 전 지구적 대홍수를 전심으로 받아들이는 것이다.**[7]

오랜 지구 모델에 대한 과학적 증거

이런 견해의 차이를 고려할 때 누가 옳은가? 과학적 증거가 오랜 지구론과 젊은 지구론 중 어느 쪽을 더 잘 지지하는가 하는 질문을 다루는 것이 중요하다. 무슨 이유 때문에 어떤 복음주의 학자들은 지구의 역사가 수십억 년의 긴 시간이라고 주장하는가? 무슨 이유 때문에 다른 복음주의 학자들이 비교적 최근의 창조를, 그리하여 지구의 젊은 나이를 지지하게 되었는가?

뉴먼,[8] 펀(Pun),[9] 원덜리(Wonderly)[10]와 영[11]은 모두 복음주의 과학자들인데 이들은 오랜 지구가 과학적으로 입증할 수 있는 사실이라고 확신한다. 쉽게 참고하고 연구할 수 있도록 다음의 개요를 제시한다.[12]

I. 천문학적 증거
   A. 빛의 도달 시간
      특정한 가정하에서 빛이 지구에 도달하는 데 필요한 시간이 계산된다. 현재 이 계산은 준성 광원(準星光源, quasar-light source)에 그 기반을 둔다. 우주의 추정 나이는 100억 년이다.

B. 팽창하는 우주의 관찰

적색 편이(도플러 효과)에 대한 관찰을 포함하는 복잡한 계산은 최초의 '빅뱅'(big bang)에 대한 가정으로 되돌아간다. 우주와 우리 은하계의 추정 나이는 150억-200억 년이다.

C. 별: 구조와 에너지원

별의 구성(수소-헬륨 비율)에 대한 복잡한 계산은 시간에 대한 추정치로 변환된다. 태양과 태양계의 추정 나이는 50억-100억 년이다.

II. 엄선된 방사성 측정의 증거

  A. 운석: 45억 년

  B. 지구의 암석: 36억 년 혹은 그 이내

  C. 달의 암석: 46억 년

III. 엄선된 비(非)방사성 측정의 증거(여기서는 각 항목에 대한 시기를 열거하지 않았다. 그러나 모든 증거는 지구의 나이가 6천-1만 년보다는 엄청나게 많다는 것을 가리킨다.)

  A. 탄산염 침전물: 플로리다 연안에 위치한 그레이트바하마뱅크(Great Bahama Bank)는 4,350미터가 넘는 다수의 층으로 이루어져 있다.

  B. 어란석 입자(자그마한 구상 타원체): 많은 층의 광물 퇴적물을 더하는 형성 과정은 엄청난 시간이라는 요소를 포함한다.

  C. 백운석의 형성: 석회 퇴적물 혹은 석회암 속에 있는 탄산칼슘 입자의 대체는 엄청난 시간이 필요했을 것이라는 강한 증거를 제공한다.

  D. 증발 잔류암: 서텍사스의 카스티요 누층(Castile Formation)은 무수 석고와 탄산칼슘의 얇은 층들로 이루어져 있다.

E. 고대와 현대의 산호초[예. 1,383미터의 산호 퇴적물인 에니위톡 환초(Eniwetok atoll)]: 산호초의 형성은 시간이 오래 걸리는 퇴적에 대한 강력한 증거다.

F. 유기물 퇴(堆)[organic bank, 예. 서텍사스의 카피탄 암초(Capitan Reef)는 장소에 따라서는 두께가 600미터에 이르며 유기체의 화석화된 잔해가 남아 있다]: 이는 퇴의 형성에 심지어는 수십만 년에 이르는 오랜 시간이 필요하다는 의미다.[13]

오랜 지구론의 증거에 대한 반응

이 글은 짧은 소론(小論)이기에 단지 몇 개 영역에서만 토론하도록 하겠다. 하우는 공정한 관점에서 흥미로운 언급을 한다.

> 오랜 지구에 대한 주요 증거와 관련해서, 다양한 과학 분야에서 동등하게 인상적인 자격을 지니고 연구하는 젊은 지구 모델 지지자들도 젊은 지구에 대한 동등하게 타당해 보이는 증거를 가지고 반응한다. 나의 견해로는, 젊은 지구 지지자들이 제기하는 접근법은 **반계몽주의나 고대의 개념에 대한 맹목적 헌신이 아니다**. 예를 들면, 1950년대 후반 이후로 과학자인 복음주의 그리스도인들은 방사성 측정 데이터를 근거로 오랜 지구에 찬성하는 것에 대해 조심스럽게 반응해야 한다고 지속적으로 목소리를 높여 왔다.[14]

1. **방사성 연대 측정법 평가.** 틀림없이 이 기법은 우리가 다루어야 할 핵심 영역 중 하나다. 브래들리(Bradley)[15]와 뉴먼[16]과 영은 모두 지

구의 고대성을 확정하는 데 긍정적인 관점의 자료를 제시한다. 그러나 젊은 지구 지지자들은 방사성 시계가 정확하게 동작하기 위해 요구되는 전제 조건을 제시한다. 그리고 다양한 시계가 어떤 차원에서 충분하지 못하다는 점을 보여 주려고 노력한다. 코팔(Kofahl)과 시그레이브스(Segraves)는 암석 표본 속에 있는 화학 물질의 비율로 '시간'을 판독하는 데 다음의 원칙이 필요하다고 말한다.

1. 시간의 단위가 유의미하고 판독 가능해야 한다.
2. 타이머가 해당 시간 간격을 측정할 만큼 충분히 민감해야 한다. 100미터 달리기와 핼리 혜성(Halley's comet)의 귀환에 동일한 시간이 사용될 수는 없다.
3. **우리는 시간이 언제 시작되었는지 알아야만 한다.** 사실 어떤 시계에는 달력이 있기도 하지만, 시계는 그 바늘이 몇 바퀴나 돌았는지 말해 주지는 않는다.
4. 우리는 시간이 언제 작동하기 시작했는지 알아야 할 뿐만 아니라, 타이머가 움직이기 시작했을 때 시간의 척도에서 그 값이 무엇이었는지도 알아야 한다. 경주가 시작되었을 때 스톱워치가 0이었는가? 아니면 30초였는가?
5. 타이머는 일정한 속도로 작동해야 한다. 만약 그러지 않으면 우리는 유의미한 타이머를 가지기 위해, 시간 간격을 불규칙하게 만드는 요소들이 무엇인지를 알아야만 한다.
6. 타이머는 어떤 식으로든 방해를 받거나 작동하기 시작한 후에 다시 0으로 맞춰져서는 안 된다.[18]

그들은 지질 연대학의 시계들을 연구한 후에 다음과 같이 결론을 내린다[이런 유형의 방법이 지니는 모든 결함은 '겉보기 나이'(appearance of age) 개념을 허용한다. 그리고 모든 동일과정설 지지자(uniformitarian)는 이 개념을 거부한다].

일반적으로 말해서, 지금까지 제시된 증거는 과학자들이 지구에서 발생한 사건들의 시간을 측정하기 위해 사용하는 방사성/비방사성 시계들이 우리가 이전에 연구한 이상적 시계에 대한 요구 사항들 중 하나 혹은 그 이상을 충족시키지 못한다는 것을 나타낸다.…특별히 마지막 네 가지 요구 사항은…통상적 측정 방법들이 정상적으로 충족시키지 못했다.

'타이머'가 움직이기 시작했을 때 그것이 0에 맞추어져 있었는지 알아낼 방법은 없다. 사실 이 세상이 창조되었다면 우리는 그것이 처음부터 오래된 듯이 보이는 외양을 지녔다고 기대할 수 있었을 것이다. 그렇다면 이 세상의 연대를 측정했을 경우 이 세상은 실제보다 더 오래된 것이라는 결과가 나올 것이다.

마찬가지로 타이머가 일정한 속도로 작동해야 하고 어떤 식으로든 방해받지 않아야 한다는 요구 조건은 **실험을 통해 검증될 수 없다**. 우리는 지구가 생긴 이후로 이러한 조건이 충족되었는지 입증할 수 없다. 다만 우리는 타이머와 그것이 작동하는 속도를 교란했을 수도 있는 여러 종류의 사건들에 대해 안다. 산업 시대의 발달, 태양에 분 대폭풍, 우주선의 변동은 이런 교란의 예다.[19]

E. C. 마이어스(Myers)도 이 문제를 광범위하게 다루었다.[20]

R. 젠트리(Gentry)는 1960년대 후반과 1970년대 초반에 특정 광물들의 변색을 연구해서 지구의 나이에 대해 다음과 같은 결론에 도달했다.

> 폴로늄의 동위원소 하나는 반감기가 3.5분밖에 안 된다. 이 사실은 폴로늄 동위원소가 암석으로 들어가기 수 초 전 혹은 들어간 지 수 초 이내에 바위가 굳어져야 하며 만약 그러지 못할 경우 그 암석에는 후광(後光, halo)이 존재하지 않을 것임을 의미한다.
>
> 어떤 경우에는 폴로늄의 이 동위원소가 우라늄의 붕괴로 나타날 수 있다. 폴로늄 동위원소는 우라늄의 부산물이다. 그러나 때때로 폴로늄의 붕괴에 의한 후광들이 폴로늄의 근원인 우라늄 없이 암석에서 나타나기도 한다. 젠트리는 이 사실이 바위가 굳어진 순간부터 폴로늄이 존재해야만 한다는 의미라고 설명한다.
>
> 이것은 다시 오늘날의 과학이 알 수 없는 조건 아래에서 암석들이 극도로 급속히 굳어야 했다는 의미라고 젠트리는 말한다. 이것은 초자연적 창조주가 지구와 그 태고의 암석과 원소들을 창조했을 가능성을 가리키며, 진화론적 가정에 기초해서 설명될 수 없다.…젠트리는 그의 연구가 지구의 나이가 45억 년임이 틀림없다는 전통적인 과학적 견해를 심각하게 의심하도록 만든다고 말한다.[21]

하우는 다음과 같이 말한다. "흥미롭게도 내가 아는 한 오늘날(1985년) 까지 오랜 지구 모델의 지지자 중 어느 누구도 젠트리가 제시한 데이터에 대한 해석을 확실한 과학적 데이터와 비교 검토하려고 시도하지 않았다."[22] 그의 연구는 진지한 학문적 평가를 위해 일지에 잘 기록되었음이 알려져 있지만, 데이비스 영은 다음과 같이 언급할 뿐이다.

> 젠트리의 연구는…방사성 연대 측정과 방사성 핵종의 붕괴 상수 같은 현재의 이론에서는 실로 문제가 된다. 그러나 창조론자들은 오류가 있는 그 주장을 그대로 계속 보급하려고 하기보다는 현대 연구의 도움으로 그런 문제들을 해결하려고 노력하는 데 에너지를 집중해야만 한다.[23]

영은, 사실로 가정된 화성(火成) 토양 물질의 느린 냉각에 도전하고 지각의 즉각적 창조를 제안하는 젠트리의 연구를 설명하지 못했다. 그뿐만 아니라 그는 덮개 이론(canopy theory), 이 덮개가 노아 홍수 이전의 환경에 끼친 영향, 전 지구적 홍수와 덮개의 제거에 의해 생긴 변화들을 언급하지 못했다.[24] 영은, 지구의 거대한 퇴적층이 전 지구적 홍수가 발생했던 바로 그 1년 동안 퇴적되었을 수도 있음을 보여주는 클라크(Clark)의 연구도 언급하지 않는다.[25] 이 모든 주제는 분명히 방사성 연대 측정의 전제들과 관련이 있고 존립 가능한 선택지, 즉 최근의 창조라는 선택지를 제공해 준다.

    J. 클로츠(Klotz)는 방사성 연대 측정법의 정확성과 신뢰성에 대해 다음과 같이 언급했다.

> 동시에 우리는 방사성 측정법이 처음 보았을 때만큼 정확하고 신뢰성이 높지 않다는 점을 인식해야만 한다. 이러한 측정들이 지구가 매우

오래되었다는 최종 증거로서 제시되는 경우가 너무 잦다. 그러나 현재로서는 우라늄 시계가 과학이 지녀야 할 신뢰성과 정확성을 보유했다고 주장할 수 없다.…**한때 긴 시간—헤아릴 수 없이 긴—이 걸린다고 생각되었던 과정들이 이제는 훨씬 짧은 기간에 발생하는 것으로 밝혀졌다**는 점도 지적해야 한다. 예를 들면, 일반적으로 석유는 복합 유기물이 수백 미터의 표토로 덮인 상태에서 수백만 년이 경과한 후에야 형성된다고 여겨진다. 그러나 스미스(Smith)는 '최근'의 것으로 연대 측정된 퇴적물에서 탄화수소(석유는 탄화수소의 혼합물이다)를 발견했다. 멕시코만에서 채취해서 C^{14}법으로 연대 측정한 탄화수소 합성물 표본의 나이는 12,300±1,200년이었다. 이는 **탄화수소의 형성에 필요한 시간으로 생각되었던 수백만 년에 한참 미치지 못한다.**[26]

H. 모리스(Morris)는 방사성 연대 측정법의 전제들을 상세하게 분석해서 제시한다. (1) 일정한 반감기, (2) 고립계(孤立界), (3) 알려진 경계 조건(境界條件). 그는 "이 전제들은 옳다고 입증될 수 없으며 심지어 검증받을 수도 없다. 왜냐하면 그 전제들은 타당성을 검증할 관찰자가 없는 엄청난 누대(累代, aeon)들 동안의 조건을 포함하기 때문이다"라고 말한다.[27] 그는 홍수 이전에 존재했던 궁창 위의 물 덮개(water canopy)에서 쏟아진 강수와 모든 종류의 다른 물리적 격변의 발생[왜냐하면 벧후 3:6에 의하면 그 세상은 "물에 잠겼고 파괴되었기"(NIV) 때문이다]과 더불어 방사능 붕괴 과정이 급격하게 가속화되었을 수도 있다고 말한다. 동일과정설 지지자들이 사실로 가정하는 다른 전 지구적 대격변들(예를 들면 중생대 끝에 찾아온 다수의 소행성)도 유사한 영

향을 끼쳤을 것이다. F. 주네만(Jueneman, 그는 창조론자가 아니다)은 이런 가능성에 주목했다.

> 현재 우리 지구의 나이는 우라늄과 토륨의 방사성 붕괴 속도에 기초했을 때 대략 45억 년이라고 생각된다. 이 '확인'은 오래 지속될 수 없을 것이다. 왜냐하면 자연은 그렇게 쉽게 발견되지 않기 때문이다. 최근에 방사성 붕괴 속도가 이전에 생각한 것처럼 일정하지도 않고 환경의 영향을 받지 않는 것도 아니라는 소름 끼치는 깨달음이 있었다. 이것은 원자의 시계가 전 지구적 재난이 있는 동안에 다시 0으로 맞추어질 수 있고, 중생대를 끝낸 사건들이…인간이 존재한 시대와 인간의 기억 안에…존재했을 수도 있다는 것을 의미한다.[28]

2. **연대 측정 방법으로서의 빛의 여행 속도.** 뉴먼은 다음의 특정한 가정들을 사용해서 지구의 연대를 측정한다.

(1) 빛은 우주의 역사 동안 지금의 속도로 우주 전역을 여행해 왔다. (2) 우리가 관찰하는 빛은 사실은 항성들과 빛이 비치는 다른 천문학적 물체들로부터 왔다. (3) 이 물체들에 대한 우리의 거리 측정은 충분히 정확하다.[29]

하우는, 호주의 창조론 간행물인 「엑스 니힐로」(Ex Nihilo)가 "광년을 포함하는 계산에 기초한 우주의 연대 측정에는 의심의 여지가 있다는 것을 제시하기 위해 정교하게 컴퓨터로 처리한 연구 결과로 가득 찬

실험에 의한 정보를 독자들에게 내놓았다는 사실을 언급했다."[30] 니센(Nissen)은 이 새로운 연구(1983년 7월)가 함축하는 의미를 다음과 같이 전달한다.

> 젊은 지구를 흔히 주장되는 외부 은하와의 엄청난 거리와 조화시키는 문제에 대한 '세속적' 혹은 비성경적 가능성 세 가지가 있다. (1) 예상과는 달리 거리가 그렇게 멀지 않을 수 있다. (2) 빛이 심우주(深宇宙, deep space)를 여행하면서 '지름길'로 지나갈 수도 있다. (3) 빛의 속도가 과거에는 상당히 더 빨랐을 수 있다. 이 세 가지는 서로 간에 배타적이지 않으며 사실은 서로 연결되어 사용될 수 있다. 네 번째 해결책은, 독립적으로 혹은 이 세 가지와 연결되어 사용될 수 있는데, **하나님이 별뿐만 아니라 빛의 광선을 창조 주간의 넷째 날에 보일 수 있도록**(실로 그것들은 보였다) 창조하셨다는 것이다.[31]

이러한 접근은 동일과정설 지지자들의 전제와 충돌하지만 철학적으로나 과학적으로나 불합리한 점이 없다. 분명히 우주는 창조의 시기에 '겉보기에 오래된 모습'(appearance of age)을 갖춘, 하나로 기능하는 독립적 개체로 창조되었을 수 있다.

3. **팽창하는 우주에 대한 관찰과 항성 구조를 통한 연대 측정법.** 뉴먼이 이 주제들을 잘 다루었다. 그는, 젊은 지구 지지자들은 우주의 팽창이 빅뱅에서 시작된 것이 아니라 "불과 몇천 년 전에 더 팽창된 행성 현상에서" 시작되었다고 주장한다는 점에 주목한다.[32]

항성 구조가 연대 측정의 유용한 도구가 되는 만큼, 뉴먼은 그 가정들을 검증하는 데 어려움이 있음을 인정한다. 세 번째 가정과 관련해서 그는 그것을 직접 검토할 수 없으며, "창세기 기사가 몇천 년 된 우주를 요구한다고 믿는 사람들은 별들이 그 수명 주기에 속하는 다양한 단계의 모습으로 즉각 창조되었다고 생각하는 것이 자연스럽다. 이러한 입장은 '겉보기에 오래된 창조'의 문제를 되살린다"라고 언급한다.[33]

4. **연대 측정법으로서의 산호초와 증발 잔류암**. 모리스는 영이 서텍사스의 엘캐피탄 페름기 '암초 누층군'(El Capitan Permian 'reef complex')이 진짜 암초가 아니라 대체로 "화석을 포함하는 석화된 석회질 진흙의 외래 퇴적물"이라는 네빈스(Nevins)의 증거를 무시했다는 점에 주목한다.[34] H. 블랏(Blatt), G. 미들턴(Middleton), R. 머리(Murray)는 탄산염 암초와 관련해서 다음의 사실에 주목한다.

> 이 고대의 탄산염 '암초들'을 자세히 조사해 보면, 그것들이 골조를 이루는 더 큰 입자들—진흙 기질(基質, matrix) 내에서 '떠다니는'—을 포함하는 탄산염 진흙으로 구성되어 있음을 알 수 있다. 대부분의 고대 탄산염 더미에는 단단한 유기적 구조에 대한 확정적 증거가 존재하지 않는다. 이런 의미에서 이 암초들은 현대의 산호초와 현저하게 다르다.[35]

맥닐(MacNeil)은 1954년에 현대 암초의 형태의 많은 부분은 기존의 토대 위에 산호가 성장한 것이라는 관점에서 설명할 수 있음을 보여 주었다. 이 토대의 형태가 나중에 암초가 취하는 형태의 주요 원천이라는 것이다.[36] 그러므로 "살아 있는 암초든 화석 암초든 소위 산호초가 만들어지기 위해 오랜 세월이 필요하지 않다는 점은 분명하다."[37]

모리스는 "증발 잔류암이라는 이름은 오해의 소지가 크지만, 그것은 훨씬 더 분명하게 빠른 과정의 결과다"라고 자신 있게 주장한다.[38] 다양한 학자들의 증언으로부터 염류 퇴적물은 특성상 격변에서 기원했을 뿐만 아니라 지질학의 홍수 모델과 완전히 조화를 이룬다. 영이 표명하는[39] 동일과정설의 일반적 설명은 이 엄청난 두께의 염류층과 석고층 등이 내륙의 호수나 잔존해(殘存海, relict sea)에서 주기적으로 반복된 느린 증발에 의해 형성되었다는 것이다. 그러나 러시아 지질학자인 V. I. 소잔스키(Sozansky)의 증언을 주목해야 한다.

> 고대의 염류 속에 해양 생물 유해가 부재하다는 사실은 염류 함유 구획의 형성이 연해(沿海)에서의 해수 증발과 연관된 것이 아님을 나타낸다. 엄청난 두께의 염류 침전물, 염류 함유 구획의 급속한 형성, 염류 내의 그리고 암염 돔(salt dome)의 모자암(caprock) 내의 광석 광물의 존재 같은 다른 지질학적 데이터는 사주(沙洲) 가설과 일치하지 않는다.[40]
>
> 대양의 심해에서 발견되는 다이아피르(diapir)에 대한 데이터를 포함한 최근 지질학 데이터를 분석해 보면 이 염류가 초생수에서 나온 것이라는, 지반 운동이 일어나는 동안 단층을 따라 매우 깊은 곳으로부터 나타났다는 결론을 내리게 된다. 이 과정에는 종종 해분 마그마(basin magma)의 분출이 동반된다.[41]

소잔스키는 염류가 집적된 분지는 화산 분출이 자주 발생하던 블록 구조(block structure)의 함몰지들과 구조 지질학상 활발한 관계를 맺고 있었다고 결론을 내린다. 그는 이 염류는 증발성 형성물이 퇴적된 것도 아니고 화산암의 파생물도 아니며, 지구 내부의 탈기(脫氣, degasification)의 산물이라고 추정한다. "이 염류는 열역학 조건의 변화의 결과로서 깊은 단층을 따라 분지까지 도달했던 초생 온수가 응축된 것이다."[42]

5. **시대를 나타내는 수단으로서의 호수, 빙하, 사막**. 소위 호성 퇴적물(湖成堆積物, lacustrine deposit)은, 특별히 호상점토층(互狀粘土層, varve) 즉 매년 주기적으로 형성되는 퇴적물을 포함하는 호성층은 큰 호수의 밑바닥을 따라 주기적으로 형성되었다. 주목할 만한 호성 퇴적물은 미국 와이오밍주와 인근 주들에 걸쳐 있는 그린리버 누층(Green River formation)으로, 이 누층은 오래된 셰일(shale)로 구성되어 있다. 그러나 "그린리버 누층에서 '풍부한' 어류 화석과 '엄청나게 집중된' 조류 화석이 발견된다는" 사실은 "분명히 그린리버 누층이 호수 밑바닥에 호상점토로 이루어진 누층이 아니라 극심한 격변과 급격한 매몰의 현장이라는 점을 누구에게나 납득시킬 수 있어야 한다."[43]

빙하 퇴적물의 문제는 홍적세의 빙하 퇴적물과 관련된 것이 아니라(이 빙하 퇴적물은 창조론자들과 진화론자들이 모두 받아들인다) "이전 빙하 시대의 훨씬 더 모호한 증거들"[44]과 관련된다. 영은 가로무늬가 있는 기반암과 역암을 빙하의 징후로 언급한다. 그러나 그런 현상들은 빙하가 아닌 다른 원인들에 의해서도 발생할 수 있다. 역암에는 격변의 증거가 많이 존재한다. 예를 들면 다음과 같다.

호주에 있는 55억 세제곱미터의 조립질 퇴적암은 원래 고대 빙하 시대에 퇴적된 '빙력암'(tillite)으로 생각되었으나, 더 최근에 수중의 이류(泥流, mudflow)에 의해 형성된 것으로 밝혀졌다.[45]

사막의 누층들, 특별히 콜로라도고원(Colorado plateau)의 사암들은 정통 지질학자들 사이에서 상당한 논쟁의 대상이다. 많은 학자는 이 사암들이 바람이 아니라 물의 작용으로 침적한 누층이라고 확신한다.[46] "이 사암들의 일부에서 발견되는 급격한 각도의 사층리(斜層理)는 격렬한 물의 작용에 의해 형성될 수 있다."[47] 이 사암들이 "북미에서 가장 잘 알려진 공룡 화석 묘지의 일부와 더불어" 교호된(interbedded) 이암과 실트암을 포함한다는 점도 사실이며, "공룡이 사막 환경에서 살았을 가능성이나 이 화석층이 홍수 외의 다른 방식에 의해 형성되었을 가능성은 극도로 낮다"[48]라는 점도 사실이다. 홍적세와 최근의 퇴적물을 제외하고는 어디든 지질 주상도(地質柱狀圖, geological column)에서 바람에 의해 형성된 퇴적물이 존재할 가능성은 매우 낮다. 심지어 현대 세계의 큰 사막들(예를 들면 모하비, 사하라)은 지질학적으로 말했을 때 아주 최근까지 엄청난 물 아래 있었다. 모래가 물의 침식과 운반에 의해 형성된다는 것은 사실이다.[49]

창조론자들은 성경적 모델의 관점에서 모든 지질 주상도의 누층들에 대한 충분한 설명을 제공하기 위해서는 (기존의 이용 가능한 연구에 대한 재해석뿐만 아니라) 여전히 많은 연구가 필요하다는 점을 인식한다. 그러나 지금까지 많은 연구가 이루어져 왔다. 그리고 최근의 창조를 지지하는 이들이 앞에서 고려된 다섯 영역에서 자신의 특정한 모델에 잘 맞게 데이터를 해석할 수 있다는 점은 명백하다. 오랜 지구론을 지지하기 위해 사용된 논거들은 그 지지자들이 생각하는 만큼 빈틈이 없거나 위협적이지 않고, 각각의 경우에 성경적 모델의 관점에서 주어진 데이터에 기반한 심각한 도전에 노출되어 있다.

최종 결론

현대 과학 이론의 틀 안에서 지구의 나이를 고려할 때 몇 가지 점을 분명히 해야 한다. 매우 느린 과정으로 가정되는 진화의 가설은 오랜 지구를 필요로 한다. 그러나 대조적으로 특별한 창조를 믿는 사람은, 이론적 추측과 관련되는 한, 오랜 지구 또는 젊은 지구 입장에서 활동할 수 있다.[50] P. 지머맨(Zimmerman)은 다음과 같이 말한다.

> 그러므로 진화론자는 매우 오래된 지구를 필요로 한다. 지구가 젊다면 그의 이론에는 희망이 전혀 없다.…반면에 창조론자는 젊은 지구 혹은 아주 오래된 지구 입장에서 활동할 수 있다.…창조론자는 자신의 이론이 실행될 수 있도록 하기 위해 수백만 년을 필요로 하지 않는다. 창조를 믿는 사람들에게 그 문제는 다른 문제다. (1) 성경은 창조의 시기에 대해 무엇이라고 말하는가? (2) 이 정보가 과학 연구에 의해 밝혀진 사실과 차이가 있는가? 이러한 질문들에 대해 창조론자는 답을 찾으려고 한다.…사실상 과학자도 창조론자도 태초의 시기를 확정할 수는 없다. **성경은 어떤 일반적 결론들은 허용하지만 지구의 나이는 알려 주지 않는다.** 반대로 과학자는 어떤 흥미로운 계산을 할 수 있지만, 그의 계산에는 종종 **다루기 힘든 가정들이 뒤섞여 있고, 그 결과는 연구에서 발생한 심각한 문제들에 의해 가려진다.**[51]

오랜 지구 모델의 지지자인 영은 재빨리 진화론을 비성경적인 것이라고 비난하며 진화론을 반대해야 한다고 주장한다.[52] 그는, 창조와 대홍수를 전심으로 믿고 진화에 반대하는 그리스도인들이 지구가 극도로 오래되었다는 견해를 개발했다고 믿는다. 그는 이들이 사전에 형성된 진화 철학 때문이 아니라 여러 해 동안 철저한 현장 연구를 해서 암석에 대한 지식이 깊어졌기 때문에 이 견해를 가지게 되었다고 말한다.[53] 그는 다음과 같이 언급한다.

> 그러나 그리스도인들은 지구의 고대성을 무너뜨림으로써 진화론을 부정하려고 시도해서는 안 된다. 진화와 지구의 고대성은 별개의 문제들이다. 지구의 고대성이 무너지면 진화론도 무너지지만, 지구의 고대성이 유효하다고 해서 반드시 진화론이 유효해지는 것은 아니다.[54]

이 사실을 염두에 둘 때, 초기 기독교 주석가들 중 거의 모두가 젊은 지구를 믿었다는 점—이는 영 자신이 입증한 사실이다—은 흥미로운 일이다.[55] 이 견해를 뒷받침하는 근거는 성경 주해뿐이었다. 왜냐하면 "당시의 그리스인들, 이집트인들, 바빌로니아인들, 그리고 세계의 다른 선진국들 사이에서는 지구가 아주 오래되었고 아마도 영원할 것이라는 견해가 널리 퍼져 있었기 때문이다."[56] 영은 또한 중세와 종교개혁 시기의 교회의 글들도 마찬가지로 젊은 지구, 문자적 창조의 날들, 전 지구적 홍수를 고수했음을 보여 준다. 이 점은 특별히 마르틴 루터와 장 칼뱅(John Calvin)에게 해당된다. 그러므로 역사적으로, 성경의 글들을 액면 그대로 받아들였을 때 성경은 최근의 창조

와 전 지구적 홍수를 가리키는 것으로 이해되어 왔다.[57]

유대교와 기독교 해석자들 대다수가 지지하는 창세기 1:1-3에 대한 전통적 견해는 다음과 같다. 창세기 1:1은 하나님이 천지라고 불리는 최초의 덩어리를 무에서 창조하셨다는 선언이다. 1:2은 이 덩어리가 창조주의 손으로부터 창조되었을 때 형태가 없었고 비어 있었다고 설명한다. 문법적 관점에서 보면, 1:1은 독립 절로 여겨지고 1:2은 땅이 처음 생겼을 때 그 상태를 묘사하는 세 개의 간접 절을 담고 있다.[58] 칼뱅은 다음과 같이 기록했다. "왜냐하면 모세는 단순히 이 세상이 처음 시작되었을 때 지금 보이는 방식으로 완성되지 않았고 이 세상은 하늘과 땅의 텅 빈 혼돈 상태로 창조되었음을 역설하려고 했기 때문이다."[59]

이 견해는 하나님이 모든 것 이전에 존재하셨고 그다음에 그분이 생명의 가능성을 지닌 물질을 창조하셨다고 주장한다. 이 견해는 우주에 대해 엄격한 유일신론적 견해를 제시한다. 루터는 다음과 같이 말했다.

> 모세가 (여기서) 말한 분명하고도 단순한 의미는 하나님이 만물을 창조하셨고, 첫째 날의 시작 때에 그분이 거기에 빛을 두셔서 낮의 빛이 빛나고 형체가 없는 하늘과 땅이 보이도록 만드셨다. 이것은 가공되지 않은 형체 없는 씨—그로부터 사물이 발생하고 생산될 수 있는—와 다르지 않았다.[60]

1:1과 1:2에 나오는 두 개의 정동사(定動詞, finite verb)는 전통적으

로 완료형으로 인정되었으나, 더 정확하게는 접미사가 붙은 동사 활용형으로 명명될 수 있다. 접미사가 붙은 동사 활용형은 **행동이나 상태의 사실을 진술하고 시제가 없다.**[61] 이 동사들은 사실에 대해 진술하고, 이 본문의 중심부(1:3-31)에 대한 매우 유용한 배경 지식을 제시한다. 1:3-31은 보통 진전 혹은 연속을 나타내는, 동사의 '바익톨'(*wayyiqtōl*)형으로 시작한다.[62] 물론 1:1에 나오는 창조와 1:3에서 나오는 하나님의 명령 사이의 시간의 길이는 결정할 수 없다. 여기에서 사용된 구조―'바익톨'형을 통해 도입되는 이후의 내러티브를 위한 기초로서, 접미사가 붙은 동사 활용형을 사용하는―는 창세기 전반에 걸쳐 흔하게 나타난다(예를 들면 37장; 39장). 1:1과 1:2에 포함된 정보는 논리적으로 그리고 순차적으로 1:3과 그다음의 사건들에 앞서 존재한다. 1:2의 동사가 '되었다'로 번역된다 할지라도, 이것이 반드시 부정적인 무언가를 내포하지는 않는다. 부정적인지 여부는 '혼돈하다'와 '공허하다'라는 용어의 의미 같은 다른 고려 사항들로 결정할 수 있다.

마지막 고려 사항은 창세기 5장과 11장에 포함된 계보와 관련된다. 이 계보에는 끊긴 데가 있다는 점을 인정해야만 한다. W. H. 그린(Green)은 축약이 모든 성경 계보의 열쇠라는 점을 보여 주었다.[63] 그러나 이 점이, 5장과 11장에 나오는 시간적 간격이 (설명이 필요한) 40억 년 혹은 50억 년을 수반하는 오랜 지구 입장을 허용할 만큼 탄력적이라는 의미는 아니다. 분명히 "아브라함과 다윗의 자손 예수 그리스도의 계보라"고 하는 마태복음 1:1에는 간격이 있다. 그러나 각각의 간격은 단지 1,000년 정도다.

문자와 역사가 주전 3400년 즈음에 수메르에서 시작되었다는 사실에 비추어 볼 때 지구상에서 인간이 거주한 증거가 가리키는 거주 기간은 매우 짧다. 또한 고고학적 증거는 주전 10000년 정도까지만 확인될 수 있다. 그리고 이전 세계의 모든 증거를 파괴했을 전 세계적 홍수에 대해 이해한다면, 창세기 11장의 계보와 그 안에 존재하는 간격이 매우 크다고 할 수는 없다. 창세기 5장에서 아담부터 노아와 그의 아들들까지 이르는 기간에 대한 시간의 길이를 끄집어내는 것은 단지 추측일 뿐이다. 5장과 11장에 있는 계보들 사이에 형식과 구조의 대칭 관계가 있다는 사실은 흥미롭다. 아므람과 모세 사이의 간격 그리고 요람과 웃시야 사이의 간격 같은 다른 간격들은 35,000년이 아니라 350년이었다(참고. 출 6:20; 민 3:17-19, 27-28; 마 1:8).

인간이 하나님의 창조의 절정이라는 사실을 고려할 때, 지구의 나이가 40억 년 혹은 50억 년이 되었는데 인간은 단지 최근에 정착했다는 것은 상상하기 어려운 일이다. 왜 하나님은 그토록 오랜 시간이 흘러서야 인간과 교제하시려고 당신의 형상을 따라 인간을 만드셨단 말인가? 시편 33:6은 이 세상이 다소 빠르게 만들어졌다는 인상을 준다. 창세기 1장을 가장 단순하고 논리적으로 이해할 수 있는 방식은 최근의 창조론자의 견해와 일치한다는 점이 시편 기자에게는 분명한 것 같다. 왜냐하면 에릭슨(Erickson)이 이러한 접근법에 대해 언급한 것처럼, "관념적 시간 이론(ideal-time theory)은 독창적이며, 많은 면에서 반박 불가능하다. **과학적으로 그리고 주해적으로 둘 다에서 그렇다.**"[64]

여러 해 전에 R. L. 해리스(Harris)가 했던 호소는 꽤 적절한 것으로 보인다.

나는 그리스도인 과학자들이 자유롭게 성경 본문을 만지작거리는 것에 경악한다. 우리 신학자들도 그렇게 하고 있고 그래서 과학자들도 자연스럽게 그것을 배웠다고 덧붙임으로써 나의 놀라움을 완화시킬 수 있을지도 모르겠다. 그러나 그리스도인 과학자들은 (과학적 필요를 만족시키는 것처럼 보이는) 첫 번째의 극단적 창세기 주해를 덥석 받아들이는 대신에 다양한 신학자들의 비평을 들을 기회를 가져야만 한다.[65]

데이비스 영 Davis A. Young
캘빈 대학교 지질학·지리학·환경학 명예 교수

성경은 하늘과 땅은 시작이 있다고 분명히 가르치나, 그 시작이 언제였는지는 말하지 않는다. 따라서 지구의 나이를 알고자 한다면 우리는 지질학에 의존해야 한다. 엄청나게 많은 다양한 지질학적 증거는 지구가 45억 년 전에 시작된 길고 복잡하고 역동적인 역사를 경험했음을 나타낸다.

지구의 나이가 단지 몇천 년이라는 대조되는 견해는 (1) 창조의 육일은 우주 역사의 일반적인 첫 육 일로 여겨져야 한다는 창세기 1장에 대한 문자적 해석, (2) 계보의 이름들 사이에 간격을 허용하지 않는 창세기 5장과 11장에 대한 문자적 해석에 기초한다. 또한 젊은 지구론은 뒷받침해 주는 근거가 없는 과학적 주장들을 기반 삼아 발전해 왔다.[1] 그러나 이 견해는 성경적 기반 혹은 과학적 기반에 의해 지지될 수 없다.

관련 성경 본문에 대한 문자적 해석이 유일하게 정당하다고 주장하는 것은 부당하다. 한 세기 전 복음주의 학자인 그린은 성경의 계보가 일반적으로 여러 이름을 생략하며 따라서 엄밀한 의미에서의 연대기를 만드는 데 정당하게 사용될 수 없음을 보여 주었다.[2] 게다가 성경학자들은 창세기 1장을 문자적으로 해석하는 일에 다양한 주해적 어려움이 있다는 점을 지적해 왔다. 간격 이론, 날-시대 이론, 계시의 날(revelation-day) 이론 같은 대안적 주해가 복음주의자들 사이에서 폭넓게 수용되었고 오랜 지구와도 조화를 이루지만,[3] 이것들 중 어느 것도 완전히 만족스럽지는 않다. 간격 이론은 "땅이 공허하고 혼돈하게 되었다"라는 창세기 1:2의 취약한 번역에 기반을 두기 때문에 무너져 내린다. 계시의 날 이론은 출애굽기 20:11에 표현된 네 번째 명령에 주어진 근거를 완전히 위반한다. 날-시대 해석은, 더 낫지만, 필연적으로 우주 역사의 지질학적·천문학적 재구성과 넷째 날의 천체 창조를 일치시키려는 시도에서 좌초한다.

창세기 1장에 대한 가장 받아들일 만한 견해는 창세기 1장을 우주 역사의 첫 칠 일 동안(그날들이 아무리 길어도) 발생한 연속적 사건들의 시간 순서적 기록으로 간주하지 않는 것이다. 오히려 창세기 1장은, 고대 이스라엘 세계에서 왕권이 지니는 엄청난 중요성 때문에 왕권-정치적 은유를 광범위하게 채택한 고도로 구조화된 신학적 우주론으로 여겨져야 한다. 신생 국가인 이스라엘을 둘러싼 문화들의 이교적·다신론적 신화들과는 대조적으로, 창세기 1장은 하나님을 손쉽게 자신의 영역을 창조하고 확립하신 분, 자신의 왕적 명령을 통해 (주변 국가들이 죄 속에서 숭배하고 그들의 신화들이 신격화했던) 피조물들을 존재하게 하신 주권적 왕으로 묘사한다. 날들은 신적 창조에 대한 왕적 협의(royal council, 창조 이전의 삼위 하나님 간의 협의를 가리킨다―역주)를 문학적으로 묘사한 내용의 일부이며, 지상의 왕이 시간적으로 연이어 내린 포고령에 유추적으로 사용될 수도 있다. 날들은 신적 행위의 영역, 시간을 초월한 영역이지 우주 역사의 첫 칠 일이 아니다.

그러므로 창세기 1장은 신학적 선언이며, 당시 이스라엘 사람들에게는 낯설었을 우주의 나이와 역사적 전개에 대한 과학적 질문에 대답하는 데 사용되어서는 안 된다.[4] 창세기 1장은 하나님이 창조주이시라고 말하나, 그분이 언제 혹은 어떻게 창조하셨는지 말하지는 않는다.

따라서 성경이 지구의 나이에 대해 분명한 정보를 제시하지 않는다면 그리스도인들이 과학적 조사를 통해 지구의 나이에 대한 단서를 찾는 것은 매우 적절한 일이다. 하나님, 사람, 세계의 상호 관계에 대한 성경의 가르침이 과학적 활동을 정당화한다는 점은 분명하다. 하나님은 호기심이 많은 지성, 그분이 질서를 세우신 세계와 생산적으로 상호 작용할 수 있는 지성을 우리에게 주셨다. 또한 하나님은 통치와 정복 사역을 주시면서 인류에게 복 주셨고(창 1:26-28), 따라서 그분이 창조하신 지구를 이해하고 그 이치를 깨달아 갈 수 있도록 보장하셨다. 이 복을 고려한다면, 하나님의 창조 세계에 대한 끈기 있는 연구가 이 세계의 구조, 구성 요소, 움직임, 나이에 대한 우리의 질문들에 점진적으로 대답할 수 있을 것이라고 기대해야 마땅할 것이다.

그리스도인들은 모든 종류의 과학적 결론을 받아들이고 과학과 기술 연구의 열매를 활용하는 데 주저하지 않았다. 그렇다면 지구의 고대성과 역사에 대한 명확한 정보가 성경에 없는 점을 고려할 때, 우리가 그 문제들에 대한 과학적 결론을 받아들이기를 왜 주저해야 하는가?

지질학적 증거: 젊은 지구

과학적 증거는 지구의 나이에 대해 무엇을 제시하는가? 놀랍게도, 많은 그리스도인은 과학적 증거가 지구가 단지 몇천 년 되었다는 결론을 지지한다고 생각한다. 지구 자기장의 감쇠, 달 먼지의 두께, 층서주(層序柱, stratigraphic column)가 주로 '증거'로 인용된다. 지난 150년 동안 이루어진 측정에 의하면 지구의 자기 쌍극자 모멘트(magnetic dipole moment)의 강도는 약해졌다. 현재의 약화 속도에 의거해서 시간을 거슬러 추정해 보면, 몇천 년 전만 해도 쌍극자 모멘트의 값은 천문학적으로 높았을 것이다. 자기장의 감쇠가 지구를 엄청나게 가열하여 생명체가 존재할 수 없었을 것이다. 그래서 젊은 지구 지지자들은 지구의 나이가 몇천 년 이상일 수 없다고 주장해 왔다. 그러나 이런 주장은 쌍극자 모멘트가 천문학적으로 높은 값에서 줄어든 것이 아니라 시간이 흐르는 동안 주기적으로 그 세기가 증가했다가 감소했음을 나타내는, 고고학 유적과 암석에서 나온 풍부한 증거를 완전히 무시하는 것이다.[5]

인간이 달에 착륙하기 전에, 과학자들은 수백만 년 동안 계속 운석이 충돌했기 때문에 달의 표면에 엄청난 두께의 토양(표토)이 있을 것이라고 예측했다. 우주 비행사의 발자국이 성근 표토가 매우 얇음(일반적으로 7.6센티미터 미만)을 보여 주자, 젊은 지구 지지자들은 달에 운석이 충돌한 기간이 매우 짧다는 의견을 제시했다. 그러므로 지구-달 계(earth-moon system)는 매우 젊다는 것이었다. 그러나 이 주장은 달의 표토 전부가 성근 것이 아니며 대부분이 매우 단단히 결합되어 있다는 사실을 완전한 무시하는 것이다. 성근 표토의 얇은 층 밑에 있는 달의 바다들(lunar maria, 혹은 평원들)의 표토의 평균 두께는 약 5미터이며 산악 지대에서는 약 10미터다. 그 두께가 36.9미터(30미터를 여유있게 넘는다)나 되는 곳들도 발견되었다.[6] 이와 같이 엄청난 두께의 표토는 달이 오래되었다는 점과 일치한다.

지구가 매우 젊다고 믿는 사람들은 또한 엄청나게 큰 화석 함유 성층암이 오랜 시간에 걸쳐 퇴적된 것이 아니라 1년간 지속된 전 지구적인 격변적 홍수(노아의 홍수)에 의해 퇴적되었다고 주장한다. 18세기의 많은 자연주의자(naturalist)도 이와 동일하게 믿었다. 그러나 지난 300년 동안, 신중한 지구 연구자들—비그리스도인뿐만 아니라 그리스도인도 포함된다—이 점차 축적한 많은 지질학적 데이터가 그 결론을 방어할 수 없게 만들었다. 사실 19세기 초엽이 되었을 때 학식 있는 지질학자들 거의 모두는 그 믿음을 포기했다.[7] 현재 지질학계 내에서는 사실상 하나의 합의가 존재한다. 그것은 지구가 육지와 바다의 반복된 교체, 수많은 산계(山系, mountain system)의 반복된 융기, 대륙의 이동과 충돌, 생명체의 점진적 발달 등을 포함하는 극도로 길고 복잡하고 격동적인 역사를 경험해 왔다는 것이다. 지구가 오래되었다는 지질학적 증거는 압도적이며 짧게 요약될 수 있을 뿐이다.

지질학적 증거: 오랜 지구

1. **퇴적암으로부터의 증거**. 지구 표면의 엄청난 부분에는 층을 이룬 사암, 석회암, 역암, 셰일, 석탄, 석고, 암염과 같은 퇴적암이 두껍게 쌓여 있다. 이러한 암석은 일반적으로 식물과 동물의 유해 화석을 포함한다. 예를 들면, 미국 동부의 애팔래치아산맥의 산마루와 골짜기 지역(Appalachian Valley and Ridge province)은 복잡한 습곡 작용과 침식 작용으로 이루어진 퇴적암층 스택(stack)으로 되어 있는데, 그 두께는 12.2킬로미터다. 미국 남서부의 콜로라도고원의 기저는 멋지게 침식되었고 거의 수평인 퇴적암으로 되어 있는데, 그 두께는 약 3-6킬로미터다.[8] 이와 같은 암석 연속체의 특징은, 누적적으로 고려할 때 이 연속체 전체가 (노아의 홍수와는 상관없이) 오랜 역사를 경험했음을 나타내는 수많은 특성을 포함한다는 것이다. 이 특성들의 일부는 다음과 같다.

화석화된 건열을 포함하는 암석: 현대의 건열(乾裂, mudcrack)은 언제나 그런 것은 아니지만 일반적으로 마른 호수 바닥에서 형성된다. 호수가 증발해서 땅과 호수의 경계선이 후퇴함에 따라, 호수 바닥은 점차 공기와 태양에 노출된다. 부드럽고 축축한 진흙이 완전히 말라서 수축하면 노출된 호수 바닥에 다각형 모양의 수축 균열이 생긴다. 건조한 기간이 길어지면 진흙판은 갈라지고 오그라져서 말린다. 그리고 딱딱해져서 부서지기 쉬운 상태가 된다.

퇴적암층도 화석화된 건열과 둥그렇게 말린 진흙판을 포함한다. 화석화된 건열의 존재는, 바위로 굳어지기 전의 퇴적층이 새로운 퇴적층 밑에 묻히기 전에 적어도 한 번의 습윤과 장기간의 건조 과정을 겪었음을 강력하게 나타낸다. 퇴적암층의 연속체는 일반적으로 수백 개의 건열층을 포함하며, 퇴적물의 습윤과 철저한 건조가 번갈아 일어나는 사건이 독립적으로 몇 차례 일어난 오랜 기간에 형성되었음에 틀림없다. 이와 같은 사건들은 전 지구적 홍수의 개념과는 양립할 수 없다.

중력. 퇴적암층의 연속체에는 역암층이 매우 풍부하다. 역암은 세립질(細粒質, finegrained) 모래와 점토 기질에 박힌 중력(中礫, pebble)과 대력(大礫, cobble)을 포함한다. 만약 한 역암층에 있는 중력들이 바로 밑에 있는 층에서 생겨났다고 가정해 보자. 그러려면 밑에 있는 층은 먼저 무른 퇴적물이 쌓이고 그런 다음 단단한 암석으로 굳어지고 그런 다음 융기해서 지표면에 노출되고, 그 후 광범위하게 풍화되고 (주로 흐르는 물에 의해) 침식되어야 한다. 그래야 새로운 퇴적물에 섞일 중력과 대력이 형성되어 운반될 수 있다. 전형적인 두꺼운 퇴적물 더미에 수백 개의 역암층이 존재하는 것은 그 더미 전체가 축적되는 동안 독립적으로 일어난 퇴적, 응고, 융기, 풍화, 침식을 몇 차례 겪었음을 나타낸다.

이와 같은 추론을 추가로 지지해 주는 것은 수백-수천 제곱킬로미터를 덮고 있는 역암층이 매우 불규칙하고 울퉁불퉁한 표면 위에 자리 잡고 있다는 사실이다. 이 표면은 부정합(不整合, unconformity)이라고 불리며 침식면이 파묻힌 것으로 여겨진다. 어떤 부정합은 기복이 엄청나게 두드러지는데 이는 울퉁불퉁하고 언덕이 많은 지대가 역암 아래에 묻혀 보존된 것이 분명하다.[9] 어떤 부정합 밑에 있는 기반암은 완전히 풍화되어서 역암 밑에 묻히기 전에 토양대(土壤帶, soil zone)가 발달했음을 암시한다. 토양대와 침식면은 부정합 아래 있는 암석이 융기되고 지표면에 노출되어 광범위한 풍화와 침식을 겪어서 언덕, 계곡, 하도(河道, stream channel), 토양이 형성되었음을 나타낸다.

사실상 교결(膠結, cementation), 풍화, 토양의 형성, 언덕과 골짜기의 형성, 일반적 퇴적물의 침식과 관련해서 알려진 모든 것은 이 모든 일이 비교적 느린 과정이라는 것이다. 만일 어떤 바위 더미의 역사 동안 그런 사건들이 몇 번 발생한다면(그리고 암석의 연속체는 일반적으로 부정합 몇 개를 포함한다), 그 전체 역사가 다소 길다는 점은 틀림없다. 이러한 특징적 모습은 전 지구적 홍수에서는 나타나지 않을 것이다.

어떤 침식면 밑에는 수백 미터 두께의 층진 암석 연속체가 심하게 기울어 있다.[10] 이런 상황에서는 부정합 밑에 있는 퇴적물이 먼저 퇴적되어야 하고, 그다음에 단단한 바위로 교결되어야 하며, 그다음에 기울어지고 융기되고 표면에서 침식되어야 하며, 마지막으로 부정합 위에 있는 물질 아래에 묻혀야만 한다. 습곡이나 만곡을 이룬 혹은 기울어진 암석층이 전 세계의 산계에서 흔히 발견된다. 예를 들면, 펜실베이니아 애팔래치아산맥의 산마루와 골짜기 지역을 관통하는 고속도로를 따라, 우리는 습곡을 이룬 암석이나 기울어진 암석들을 있는 그대로 볼 수 있다. 침식 및 교결과 마찬가지로 단단한 암석층의 습곡은 빠른 시간에 형성되는 것은 아니다. 암석층에 대한 실험적·이론적 연구는 관찰된 습곡 패턴을 형성하는 데 요구되는 시간이 수천-수십만 년의 범위 안에 있음을 보여 준다.[11]

호상점토층. 어떤 퇴적암 축적물은 호상점토층, 즉 극도로 얇고(1밀리미터 혹은 그 이하) 대조되는 화학적·광학적 성분을 지닌 엽층리(葉

層理, lamination)들을 포함한다. 전형적인 한 쌍의 엽층에서, 한 층은 더 두껍고 조립질(粗粒質, coarse-grained)이며 탄산칼슘이 풍부한 반면, 다른 한 층은 더 얇고 입자가 세립질이며 유기물이 풍부하다. 현대의 호상점토층은 호수 바닥에 유입 그리고/또는 응결되는 퇴적물의 성분과 양이 계절에 따라 바뀌기 때문에 형성된다. 보통 호상점토층 한 개의 쌍은 두 번의 주요한 퇴적 사건이 일어나는 동안 형성된 한 해의 퇴적물을 나타낸다.

유타주와 콜로라도주와 와이오밍주의 그린리버 누층은 연속되는 수백만 개의 호상점토층을 포함한다. 그러므로 그린리버 누층은 수백만 년에 걸쳐 고대의 호수들에 퇴적되었을 것이다. 그린리버 누층의 다른 특색 몇 가지[섭금류의 발자국 화석, 홍학과 비슷한 섭금류의 뼈대, 담수어의 뼈대, 건열, 조류(藻類)의 퇴적물, 그리고 호수 물이 심하게 증발하는 기간에 발달하는 광물의 퇴적물을 포함하는]은 호상점토층이 제시하는 것과 동일한 호수 환경을 시사한다.[12] 게다가 그린리버 누층은 많은 역암, 토양대, 부정합, 건열을 포함하는 (수백 미터의) 다른 층들 위에 자리 잡고 있다.

또한 엄청나게 중요한 사실은 대부분의 퇴적층이 퇴적 환경을 재구성할 수 있게 해 주는 특색들을 지닌다는 점이다. 암석이 지니는 일단의 특색들을 (충분히 파악된) 현대 환경에서의 유사한 특색들과 비교함으로써, 퇴적암은 호수, 강의 삼각주, 하곡(河谷)의 범람원, 빙하 말단부, 대양저, 산호초, 충적선상지, 함염(含鹽) 증발 잔류암 분지, 해안, 사막의 사구, 혹은 다른 퇴적물로 형성되었음을 강력하게 주장할 수 있게 되었다.[13] 그린리버 누층의 호수 기원이 한 예다. 또 다른 예로는 유타주의 나바호 사암(Navaho Sandstone), 애리조나주의 코코니노 사암(Coconino Sandstone), 유타주의 엔트라다 사암(Entrada Sandstone), 애리조나주와 유타주의 경계에 있는 모뉴멘트밸리(Monument Valley)의 드셰이 사암(De Chelly Sandstone)이 있다.

장관을 이루는 사층리, 네발 파충류의 발자국, 현대의 사막 사구의 비사(飛沙, wind-blown sand)에서 매우 일반적으로 볼 수 있는 규사 결정 표면의 상강 현상(霜降現象, frosting)과 공식(孔蝕, pitting)에 근거해서 지질학자들은 두꺼운 사암 모두가 사막의 사구 퇴적물을 나타낸다는 것을 일반적으로 인정한다. 게다가 자이온 국립 공원(Zion National Park)에서 나바호 사암의 두께는 600미터에 이른다. 틀림없이 이 사막이 600미터에 달하는 순수한 규사를 축적하는 데에는 오랜 시간이 걸린다. 그리고 그 규사는 기존 암석으로부터 철저하게 풍화되고 침식되었음에 틀림없다.

더 나아가, 이 사막의 사구 퇴적물은 수십 미터의 얕은 해양과 강과 사막 호수의 퇴적물이 번갈아 층을 이룬다. 하나의 환경에서 다른 환경으로 이행하는 것은 오랜 시간이 걸리는 과정이다.

2. **화성암으로부터의 증거**. 화성암은 극도로 뜨거운 용융 암석 물질(마그마)이 냉각되고 응고되어 형성된다. 마그마가 재 혹은 용암 형태로 화산에서 분출되어 지표면에 형성된 화성암은 분출암이라고 한다. 또한 마그마가 균열된 틈으로 주입되어 지하 깊은 곳에서 응결되어 만들어진 화성암을 관입암(貫入岩, intrusive rock)이라고 한다. 오리건주와 워싱턴주의 캐스케이드산맥(Cascade Range)은 분출된 용암류와 화산재 축적물(수백 미터 두께의)로 구성되어 있다. 캘리포니아주의 시

에라네바다산맥은, 수 킬로미터 밑에서 응고된 후에 표면으로 융기된 화강암으로 주로 구성되어 있다. 화성암은 또한 지구의 커다란 퇴적 분지 일부에서도 발생한다. 뉴멕시코주 북서부에 있는 쉽락(Shiprock)은 콜로라도고원의 퇴적층을 관통하는 오래된 침식 화산이다.

추수감사절에 오븐에서 칠면조를 꺼내면 식는 데 시간이 걸리듯이, 뜨거운 마그마가 굳을 정도로 충분히 식는 데는 시간이 걸리고 주변 환경의 온도까지 식는 데는 더 긴 시간이 걸린다. 섭씨 177도의 칠면조를 실온의 식탁에 두었을 때보다 섭씨 93도의 오븐 속에 두었을 때 식는 데 훨씬 오랜 시간이 걸리듯이, 관입암은 화산암보다 굳는 데 훨씬 긴 시간이 필요하다. 왜냐하면 지하의 주변 환경이 지표면보다 훨씬 덥기 때문이다. 마찬가지로, 만일 4.5킬로그램 칠면조가 9킬로그램 칠면조보다 훨씬 더 빨리 식는다면, 부피가 더 큰 마그마가 부피가 작은 마그마보다 응고되는 데 훨씬 많은 시간이 걸릴 것이라고 예측할 수 있다. 그러므로 하와이의 지표면에서 작은 용암호(鎔巖湖)를 관찰하면 그것이 완전히 굳는 데 몇 년이 걸릴 것임을 예측할 수 있듯이, 지하의 거대한 관입체가 식는 데는 더 많은 시간이 걸릴 것임을 예측할 수 있다.

이런 지하의 관입체를 직접 관찰할 수는 없다. 그러나 이론적으로 추론한 열전도 방정식을 기초로 해서 그런 관입체가 식어서 응고되는 데 걸리는 시간을 합리적으로 추정하는 일은 가능하다. 이 방정식은 화성암체의 크기와 형태 및 마그마와 그 주변 환경의 열 특성(熱特性)에 대한 지식을 필요로 한다. 마그마 및 그 마그마가 관입하는 온도가 낮은 암석과 관련된 모든 열 특성은 실험실의 실험으로 쉽게 결정할 수 있고 마그마와 암석의 화학 성분에 대한 지식을 가지고 계산할 수 있다. 화성암체의 크기와 형태는 현장 연구를 통해 결정할 수 있다.

응고 시간 계산의 사례 일부는 뉴저지주의 팰리세이드 실(Palisade Sill, 약 700년), 몬태나주의 스틸워터 화성암 복합체(The Stillwater Igneous Complex, 약 5만 년), 그린란드의 스캐르가르드 관입암(Sckaergaard Intrusion, 약 13만 년), 남아프리카의 부슈벨트 복합체(Bushveld Complex, 약 20만 년), 그리고 서던캘리포니아 저반(Southern California Batholith, 1백만 년) 등을 포함한다.[14] 많은 산악 지역이 대규모 마그마 몇 개가 서로 다른 시기에 연속으로 관입해서 형성된 두꺼운 변형 퇴적암 더미로 구성되어 있다는 점을 고려할 때, 지구의 역사가 1만 년 이내로 제한될 수 없다는 점은 분명해진다.

3. **변성암으로부터의 증거**. 현재 지표면에 노출된 많은 암석은 온도가 매우 높아야만 그리고 어떤 경우에는 압력도 높아야만 단단한 암석으로부터 형성되는 일단의 광물을 포함한다. 변성암이라 불리는 이 암석들이 방금 말한 압력과 온도를 겪었으려면 지표면 한참 아래에 있었어야만 한다. 그러나 다른 증거(예를 들면 화석의 존재 혹은 독특한 화학 성분)는 이 변성암 중 다수가 깊이 묻히기 전에 셰일이나 사암 같은 표면 침전물로서 발생했음에 틀림없다는 것을 나타낸다. 분명히 이 암석은 현재 노출된 표면으로 다시 융기되어야만 했을 것이다.

또한 변성암은 많은 시간을 요구한다. 첫째로, 최초에 퇴적된 암석은 표면에서 수 킬로미터 밑에 묻혀야만 한다. 한 예로서, 캘리포니아주의 코스트산맥(Coast Ranges)에 있는 변성암의 광물학적 증거는 변성 작용이 일어나던 때 암석에 가해진 압력이 매우 커서 땅속에 묻힌 깊이가 32킬로미터나 되었음에 틀림없다는 것을 보여 준다. 이와 같이 변성 작용은 표면의 암석을 아주 깊은 곳에 묻었다가 다시 표면으로 끌어올리는 많은 시간이 소비되는 과정을 요구한다. 다만 암석이 묻혔을 때 그것은 (그 광물들이 시사하는 대로) 섭씨 750도의 높은 온도까지 올라가도록 가열되어야만 한다.

다시 한번 말하지만, 열전도 원리들은 수천-수만 세제곱킬로미터 규모의 변성암이 이 높은 온도까지 가열되는 데 수만-수십만 년을 필요로 한다는 점을 시사한다. 그리고 일단 가열되고 나면 그 암석은 그 물질이 깊은 곳에서 표면으로 융기되었을 때 다시 지표면 온도까지 냉각되어야 한다.

4. **방사성 탄소 연대 측정의 증거**. 전 세계의 모든 지질학적 지형에서 나타나는 이와 같은 종류의 증거의 누적된 무게가 커지자 지질학계는 지구의 역사가 광대하다는 데 합의했다. 그러나 이 증거들 중 어떤 것도 어떤 지질학적 사건의 정확한 연대나 지구의 나이를 알려 주지는 않는다. 그래서 지난 두 세기 동안 지질학자들은 지구가 매우 오래되었다는 점을 인지하고서도 금세기가 될 때까지 대략적 추산만 할 수 있었다. 1896년 방사성 탄소 연대 측정이 발견되면서 정확한 연대 측정의 가능성이 열렸다. 20세기 내내 다양한 종류의 방사성 탄소 연대 측정법이 개발되었다. 어떤 방법들은 여러 가지 불충분한 점들 때문에 포기되었지만, K-Ar 측정법, Rb-Sr 측정법, Sm-Nd 측정법, U-Th-Pb 측정법을 포함한 몇 가지 방법은 잘 확립되었고, 철저하게 검증되었으며, 내적·외적으로 일관성 있고, 유의미한 결과를 반

복 산출하는 신뢰할 만한 방법들이 되었다.[15]

　이 방법들의 기본 가정은 잘 이해된 상태이고 그 방법들의 타당성을 위협하지 않는다. 전 세계의 연구소 수십 곳에서 수천만-수억 년, 어떤 경우에는 수십억 년에 달하는 수만 개의 광물과 암석의 연대를 일관성 있게 산출한다. 게다가 이 결과들은 현장에서 암석들의 관계를 연구해서 결정한 암석들의 상대적 연대와 일치한다.

　방사성 연대 측정법에 의해 지구의 나이를 직접 결정하는 수단은 알려진 바 없지만, 방사성 붕괴의 이론 방정식으로 지구의 나이를 계산하는 것이 가능하다.[16] 이런 계산들은 지구의 나이를 약 45억 5천만 년으로 산출한다. 이 결과는 현재까지 알려진 지구에서 가장 오래된 암석의 나이에 대한 직접 측정치(37억-39억 년)와 일치한다. 이 결과는 또한 몇몇 운석의 나이에 대한 직접적 방사성 연대 측정의 결과와 일치한다. Rb-Sr 측정법에 의한 연대 측정은 약 45억-46억 년의 나이를 산출한다. 마찬가지로, 달의 측정된 나이는 약 46억 년이다.[17] 이용 가능한 방사성 연대 측정법의 증거는 태양계가 45억 년 전에 형성되었음을 나타낸다.

결론

과학적 질문을 다루지 않는 신학적 진술로서의 창세기 1장에 대한 해석은 지구의 나이 문제를 완전히 열린 채로 남겨 둔다. 지난 300년 동안 축적된 지질학적 증거는 지구가 수십억 년으로 측정되는 역동적 역사를 겪어 왔음을 강력하게 나타낸다.

주

YES

1. 오랜 지구론을 지지해서 글을 쓴 학자들은 다음과 같다. G. L. Archer, "A Response to The Trustworthiness of Scripture in Areas Relating to Natural Science", in *Hermeneutics, Inerrancy, and the Bible* (ed. R. D. Preus and E. D. Radmacher; Grand Rapids: Zondervan, 1984), pp 321-324; W. L. Bradley and R. Olsen, "The Trustworthiness of Scripture in Areas Relating to Natural Science", in Ibid., pp. 285-317 [창 1장의 *yôm* (날)에 대한 다양한 견해를 훌륭하게 요약했다]; R. C. Newman and H. J. Eckelmann, Jr., *Genesis One and the Origin of the Earth* (Downers Grove: InterVarsity, 1977; reprint Grand Rapids: Baker, 1981); P. P. T. Pun, *Evolution: Nature and Scripture in Conflict?* (Grand Rapids: Zondervan, 1982); D. E. Wonderly, *God's Time-Records in Ancient Sediments* (Flint: Crystal, 1977; 또한 그의 Appendix 1, "Nonradiometric Data Relevant to the Question of Age", in Newman and Eckelmann, *Genesis One*을 보라); D. A. Young, *Creation and the Flood* (Grand Rapids: Baker, 1977); *Christianity and the Age of the Earth* (Grand Rapids: Zondervan, 1982). 최근의 창조 혹은 젊은 지구를 찬성하는 최근 저술은 소수에 불과하다. D. B. DeYoung, "Christianity and the Age of the Earth: A Review Article", *Grace Theological Journal* 4/2 (Fall 1983), pp 297-301; R. V. Gentry, "Radiohalos in a Radiochronological and Cosmological Perspective", *Science* (April 5, 1974), pp 62-66; M. L. Lubenow, "Does a Proper Interpretation of Scripture Require a Recent Creation", *Impact* (November 1978); H. M. Morris, "A Response to The Trustworthiness of Scripture in Areas Relating to Natural Science", in *Hermeneutics* (ed. Preus and Radmacher), pp 337-348; *Science, Scripture and the Young Earth* (El Cajon: Institute for Creation Research, 1983); *The Scientific Case for Creation* (San Diego: Creation-Life, 1977); R. Niessen, "Starlight and the Age of the Universe", *Impact* (July 1983); B. Setterfield, "The Velocity of Light and the Age of the Universe", *Ex Nihilo* 1 (1982), pp 52-93; J. C. Whitcomb, "Creation and Science and the Physical Universe: A Review Article", in *Grace Theological Journal* 4/2 (Fall 1983), pp 289-296. 19세기의 과학과 신학의 갈등을 추적하는 훌륭한 논

문으로는 J. D. Hannah, "*Bibliotheca Sacra* and Darwinism: An Analysis of the Nineteenth-Century Conflict Between Science and Theology", *Grace Theological Journal* 4/1 (Spring 1983), pp 37-58가 있다.

2. F. R. Howe, "The Age of the Earth: An Appraisal of Some Current Evangelical Positions, Part 2", *Bibliotheca Sacra* 142 (April-June 1985), p. 128.
3. M. J. Erickson, *Christian Theology* (Grand Rapids: Baker, 1983), 1, p. 378에서 A. D. White, *A History of the Warfare of Science with Theology in Christendom* (New York: Dover, 1960)을 인용했다.
4. 같은 책, p. 378.
5. F. R. Howe, "The Age of the Earth: An Appraisal of Some Current Evangelical Positions, Part 1", *Bibliotheca Sacra* 142 (January-March 1985), p. 23.
6. 같은 책.
7. D. A. Young, *Christianity*, p. 64 (저자 강조).
8. Newman and Eckelmann, *Genesis One*.
9. Pun, *Evolution*.
10. Wonderly, *God's Time-Records*.
11. Young, *Christianity*.
12. Howe, "Age, Part 1", pp. 33-34.
13. 또한 Newman and Eckelmann, *Genesis One*, pp. 9-53, and Appendix 1 ("Nonradiometric Data Relevant to the Question of Age" by D. E. Wonderly, pp. 89-103)을 보라.
14. Howe, "Age, Part 2", p. 115 (저자 강조).
15. Bradley and Olsen, "Trustworthiness", pp. 302-304.
16. Newman and Eckelmann, *Genesis One*, pp. 30-34.
17. Young, *Christianity*, pp. 93-116.
18. R. E. Kofahl and K. L. Segraves, *The Creation Explanation* (Wheaton: Harold Shaw, 1975), p. 183 (저자 강조).
19. 같은 책, pp. 211-212 (저자 강조).
20. E. C. Myers, *Constructing a Creationist Geology* (master's thesis, Dallas Theological Seminary, May 1984), pp. 27-28. 그는 "양적인 연대기적 발견의 신뢰성은 환경의 효과에 의해 완화된다. 그것은 또한 관찰될 수 없는 과거의 실제 물리적

변화에 적합한 연대 측정 체계의 민감성에 의해서도 완화된다"라고 결론지었다.
21. 이것은 N. L. Geisler in *The Creator in the Courtroom: "Scopes II"* (Milford: Mott Media, 1982), p. 154에 실린 요약이다. Gentry는 또한 석탄화된 목재에서 발견된 폴로늄 후광에 관한 유사한 실험을 통해 그 나무가 거대한 홍수 동안 묻혀 있다가, 진화적 가정이 예측하는 것처럼 매우 느리게가 아니라, 급격하게 석탄으로 변했다고 가정하게 되었다고 한다. Gentry는 그의 연구에 대해, 만약 그것이 옳다면 지구의 나이와 지구 지질학의 형성에 대한 그들의 모든 이론을 재고해야 하기 때문에 그것은 틀렸음이 분명하다고 말한 몇몇 지질학자들의 예를 들었다(p. 155).
22. Howe, "Age, Part 2", p. 125.
23. Young, *Christianity*, p. 151.
24. J. C. Dillow, *The Waters Above: Earth's Pre-Flood Vapor Canopy* (rev. ed.; Chicago: Moody, 1982), pp. 221-266.
25. H. W. Clark, *Fossils, Flood, and Fire* (Escondido: Outdoor Pictures, 1968).
26. J. W. Klotz, *Genes, Genesis, and Evolution* (St. Louis: Concordia, 1970), p. 114 (저자 강조). 그의 주59는 P. V. Smith, Jr., "The Occurrence of Hydrocarbons in Recent Sediments from the Gulf of Mexico", *Science* 116 (1952), pp. 437-439에 대해 말한 것이다.
27. Morris, *Science, Scripture and the Young Earth*, p. 15.
28. F. B. Jueneman, "Secular Catastrophism", *Industrial Research and Development* (June 1982), p. 21 (저자 강조).
29. Newman and Eckelmann, *Genesis One*, p. 16.
30. Howe, "Age, Part 2", p. 119.
31. Niessen, "Starlight", iv (저자 강조).
32. Newman and Eckelmann, *Genesis One*, p. 21.
33. 같은 책, p. 28.
34. Morris, *Science, Scripture and the Young Earth*, p. 8. 여기서 말한 Nevins의 연구는 "Is the Capitan Limestone a Fossil Reef?" in *Speak to the Earth* (ed. G. E. Howe; Philadelphia: Presbyterian and Reformed, 1975), pp. 16-59다. 창조론자가 아닌 다른 주요 지질학자들은 이것과 다른 화석 암초에 대해 비슷한 결론에 도달했다. 참고, 예를 들면 C. J. R. Braithwaite, "Reefs: Just a Problem of Semantics?", *Bulletin of the American Association of Petroleum Geologists* 57 (June 1973), p. 1105.

35. H. Blatt, G. Middleton, and R. Murray, *Origin of Sedimentary Rocks* (Englewood Cliffs: Prentice-Hall, 1972), p. 410. 현재 살아 있는 암초들에 한해서 이것들은 비(非)산호 토대의 표면에서 자라는 진짜 산호의 다소 얇은 막으로 구성되었음이 밝혀졌다.
36. Braithwaite, "Reefs", p. 1108에 인용됨.
37. Morris, *Science, Scripture and the Young Earth*, p. 10.
38. 같은 책.
39. Young, *Christianity*, pp. 86-88, 91, 146.
40. V. I. Sozansky, "Geological Notes: Origin of Salt Deposits in Deep-Water Basins of Atlantic Ocean", *Bulletin of the American Association of Petroleum Geologists* 57 (March 1973), p. 590.
41. 같은 책.
42. V. B. Porfirev, *Bulletin of the American Association of Petroleum Geologists* 58 (December 1974), p. 2543.
43. Morris, *Science, Scripture and the Young Earth*, pp. 12-13. 현대 호수에서도 소위 호상점토층이 격변적인 혼탁 복류(伏流, underflow)에 의해 형성될 수 있으며, 실제로 매년 형성되는 경우가 많다는 것이 언급되었다. 참고. A. Lambert and K. J. Hsu, "Non-Annual Cycles of Varve-like Sedimentation in Walensee, Switzerland", *Sedimentology* 26 (1979), pp. 453-461.
44. Morris, *Science, Scripture and the Young Earth*, p. 13.
45. 같은 책. J. F. Lindsay, "Carboniferous Subaqueous Mass-movement in the Manning-Macleay Basin, Kempsey, New South Wales", *Journal of Sedimentary Petrology* 36 (1966), pp. 719-732가 인용되었다.
46. W. E. Freeman and G. S. Visher, "Stratigraphic Analysis of the Navajo Sandstone", *Journal of Sedimentary Petrology* 45 (1975), pp. 651-668.
47. L. Brand, "Field and Laboratory Studies on the Coconino Sandstone (Permian) Vertebrate Footprints and their Paleoecological Implications", *Paleogeography, Paleoclimatology, Paleoecology* 28 (1979), pp. 25-38.
48. Morris, *Science, Scripture and the Young Earth*, p. 14.
49. 같은 책.
50. Howe, "Age, Part 1", p. 27.

51. P. A. Zimmerman, "The Age of the Earth", in *Darwin, Evolution and Creation* (ed. P. A. Zimmerman; St. Louis: Concordia, 1959), pp. 144-145.
52. Young, *Christianity*, p. 66.
53. 같은 책, pp. 66-67.
54. 같은 책.
55. 같은 책, pp. 19-23.
56. Morris, *Science, Scripture and the Young Earth*, p. 5.
57. 같은 책.
58. B. K. Waltke, "The Creation Account in Genesis 1:1-3. Part III: The Initial Chaos Theory and the Precreation Chaos Theory", *Bibliotheca Sacra* 132 (July-September 1975), p. 216.
59. J. Calvin, *A Commentary on Genesis* (London: Banner of Truth, 1965), p. 69.
60. M. Luther, *Luther's Commentary on Genesis* (Grand Rapids: Zondervan, 1958), p. 9.
61. W. L. Moran, *A Syntactical Study of the Dialect of Byblos as Reflected in the Amarna Tablets* (Ann Arbor: University Microfilms, 1967), p. 39. 그는 완료형이 원래 qatal/qatil/qatul 어근에 인칭 대명사적 접사가 붙은 체언문이었다고 지적한다. 체언문은 시제가 없으며, 시제는 주어진 문맥에서 생겨난다. 따라서 완료형의 본질은, 각 어간에 의해 표현되는 그 대명사적 접사의 상태(일반적으로 qatil/qatul) 또는 행동(qatal)을 서술하는 것이다. 완료형은 현재, 과거, 미래에 대해 아무것도 말하지 않는다. 완료형은 행동 또는 상태가 완료되었는지 여부를 말하지 않는다. 완료형은 단지 행동의 발생이나 상태의 존재에 대한 사실만을 기술한다(pp. 35-36).
62. T. J. Finley, "The WAW-Consecutive with 'Imperfect' in Biblical Hebrew: Theoretical Studies and Its Use in Amos", in *Tradition and Testament. Essays in Honor of Charles Lee Feinberg* (ed. J. S. and P. D. Feinberg; Chicago: Moody, 1981), p. 252.
63. W. H. Green, "Primeval Chronology", in *Classical Evangelical Essays in Old Testament Interpretation* (ed. W. C. Kaiser, Jr.; Grand Rapids: Baker, 1972), pp. 13-28. 성경의 계보에 간격이 있다는 생각은 복음주의 학문에서 인정되는 사실이다. J. J. Davis는 홍수가 "중석기와 신석기 유적지에 할당된 날짜의 정확도에 따라 약간 늦어질 수도 있지만, 주전 18000년-15000년에 발생했을" 수도 있다고 말한다. 이

것은 Ussher가 지정한 주전 4004년은 아닐 것이다. 하지만 진화 지질학자들이 말하는 1억 년 전-2,400만 년 전도 아니다[*Paradise to Prison* (Grand Rapids: Baker, 1975), p. 31]. J. C. Whitcomb and H. Morris, *The Genesis Flood* (Philadelphia: Presbyterian and Reformed, 1968), pp. 474-489는 간격의 성격 및 관련된 시간의 가능한 양을 결정하기 위한 유용한 지침 몇 가지를 제공한다.

64. Erickson, *Christian Theology*, 1, p. 382 (저자 강조).
65. R. L. Harris, "Letter to the Editor", *Journal of the American Scientific Affiliation* 16 (December 1964), p. 127.

NO

1. '창조과학' 또는 '과학적 창조론' 운동의 문헌은 과학적 성격을 지녔다고 알려진 잘못된 논증으로 가득 차 있다. 더 널리 사용되는 논증들은 자기 쌍극자 모멘트장의 붕괴, 태양이 줄어들고 있다는 주장, 달 토양의 얇은 층에 대한 주장 또는 퇴적암의 홍수 기원에 대한 주장에 근거한다.
2. W. H. Green, "Primeval Chronology", *Bibliotheca Sacra* 47 (1890), pp. 285-303.
3. 간격 이론은 창 1:1에서 기술된 최초의 완벽한 창조가 수십억 년의 지질학적 역사를 수용할 만큼 충분히 무한한 시간을 지속했다고 주장한다. 이 최초의 창조는 '…이었다'(was)가 아니라 '…되었다'(became)를 사용한 창 1:2의 번역이 제시하는 것처럼 어떤 종류의 대격변에 의해 파괴와 폐허의 상태에 빠졌다. 창 1장의 엿새는 최초의 창조의 날들이 아니라 지구의 재창조와 재건의 날들이다. 날-시대 이론은 하나님이 안식하신 일곱째 날이 아직도 계속되고 있다는 생각에 근거해서, 날들이 불확실한 길이의 기간이라고 주장한다. 무한히 긴 날들은 수십억 년의 지질학적 역사와 조화를 이룰 수 있다. 창 1장의 사건 순서는 지질학이 발견한 사건 순서의 대략적 개요에 들어맞는다고 한다. 계시의 날 이론은 창 1장의 날들이 하나님으로부터 창조 사건들에 대한 연속적 계시를 받은 예언자나 선견자의 경험 안에 있는 24시간이라고 말한다. 그날들은 창조가 일어나는 데 걸린 시간과 무관하며, 따라서 이 견해는 오랜 지구와 양립할 수 있다.
4. 예를 들면 M. G. Kline, "Because It Had Not Rained", *Westminster Theological Journal* 20 (1958), pp. 146-157; H. Blocher, *In the Beginning* (Downers Grove: InterVarsity, 1984); C. Hyers, *The Meaning of Creation* (Atlanta: John Knox, 1984), pp. 1-114; G. F. Hasel, "The Polemic Nature of the Genesis

Cosmology", *The Evangelical Quarterly* 46 (1974), pp. 81-102; B. Waltke, "The Creation Account in Genesis 1:1-3", *Bibliotheca Sacra* 132 (1975), pp. 327-342를 보라.
5. 과학적 창조론자들이 사용하는 자기장 논증에 대한 훌륭한 반박을 보려면 G. B. Dalrymple, "Can the Earth be Dated from Decay of its Magnetic Field?", *Journal of Geological Education* 31 (1983), pp. 124-133를 참고하라.
6. S. R. Taylor, *Planetary Science: A Lunar Perspective* (Houston: Lunar and Planetary Institute, 1982), pp. 118-119.
7. 지구의 고대성에 대한 지질학적 사상의 발달에 관한 자세한 내용을 보려면 독자들은 C. C. Albritton, *The Abyss of Time* (San Francisco: Freeman, Cooper, 1980); S. Toulmin and J. Goodfield, *The Discovery of Time* (New York: Harper, 1965); D. A. Young, *Christianity and the Age of the Earth* (Grand Rapids: Zondervan, 1982), pp. 13-54를 참고해야 한다. 독자들은 현대의 '오랜 지구' 지질학의 '창시자들' 중 매우 많은 수가 적극적 그리스도인이었다는 것을 알아야 한다.
8. 층들의 두께는 그 층의 수직 방향으로 측정된다. 콜로라도고원의 지질학에 대한 일반적 소개를 보려면 D. L. Baars, *The Colorado Plateau* (Albuquerque: University of New Mexico, 1983)를 보라.
9. 기복은 한 지역에서 가장 높은 지점과 가장 낮은 지점 사이의 고저 차다. 기복이 높은 지역은 대체로 울퉁불퉁한 반면, 기복이 낮은 지역은 다소 완만하다. 예를 들어 그랜드캐니언 바닥을 향해 드러난 현저한 부정합은 기복이 240미터다.
10. 예를 들어, 수평한 태피츠 사암(Tapeats Sandstone)과 그 밑에 그랜드캐니언 바닥을 향해 기울어진 운카/추아 누층군(Unkar/Chuar Groups) 사이의 심하게 각진 부정합. 이 부정합은 사우스림(south rim)의 리판포인트(Lipan Point)나 데저트뷰(Desert View)에서 보았을 때 협곡의 북쪽 면에서 분명히 관찰된다.
11. M. A. Biot, "Theory of Folding of Stratified Viscoelastic Media and Its Implications in Tectonics and Orogenesis", *Geological Society of America Bulletin* 72 (1961), pp. 1595-1620를 보라.
12. 그린리버 누층의 여러 측면에 대한 간단한 일반적 논의를 보려면 A. Feduccia, "*Presbyornis* and the Evolution of Ducks and Flamingos", *American Scientist* 66 (1978), pp. 298-304를 보라. 그린리버 누층의 세부 사항을 연구한 수많은 과학자 중 어느 누구도 오랫동안 지속된 호수 기원 외의 다른 것에 대해 설득된 적이 없다.

13. 퇴적 환경의 재구성에 대한 더 상세한 논의를 보려면, 예를 들어 H. E. Reineck and I. B. Singh, *Depositional Sedimentary Environments* (2nd ed.; New York: Springer-Verlag, 1980); A. D. Miall, *Principles of Sedimentary Basin Analysis* (New York: Springer-Verlag, 1984), pp. 133-212를 보라.
14. 그 계산들을 참조하려면 D. A. Young, *Creation and the Flood* (Grand Rapids: Baker, 1977); D. Norton and H. P. Taylor, "Quantitative Simulation of the Hydrothermal Systems of Crystallizing Magmas on the Basis of Transport Theory and Oxygen Isotope Data: An Analysis of the Skaergaard Intrusion", *Journal of Petrology* 20 (1979), pp. 421-486를 보라.
15. 다양한 방법들의 세부 사항을 찾는다면 G. Faure, *Principles of Isotope Geology* (New York: John Wiley, 1977)를 보라. 이 방법들에 정통한 사람들은 젊은 지구 지지자들의 비판이 실속 없는 것임을 인정한다.
16. Patterson이 지구의 나이를 계산하기 위한 Holmes-Houtermans 모델을 다루는 것에 대한 논의를 Faure, *Principles*, pp. 227-231에서 보라.
17. 달에 대한 자료를 찾는다면 Taylor, *Planetary*, pp. 233-242를 보라. 운석 데이터를 요약한 내용을 찾는다면 Faure, *Principles*, pp. 107-111, 229-231을 보라.

4

진화는 창조의 과정에 포함되어 있었는가?

YES | 마크 힐머 Mark Hillmer
NO | 존 무어 John N. Moore

YES

마크 힐머 Mark Hillmer
루터교 신학교 구약학 명예 교수

진화가 사실상 창조에 포함된다는 생각은 수 세기 동안 주목을 받지 못했다. 우주에 변화가 없는 것처럼 보이기 때문이다. 그러나 우주에는 변화가 존재한다. 다만 항구성의 가면 뒤에 가려져 있을 뿐이다(이는 변화의 속도가 믿을 수 없을 정도로 느린 데서 기인한다). 믿음으로 나는 이 변화의 과정을 창조라고 부른다. 이 말에는 단지 진화를 '창조'라는 용어로 대체하는 것 이상의 의미가 있다. 나는 '존재의 거대한 사슬' 속에 있는 이 과정이 의미와 목적이 있으며 방향성을 가진다고 믿는 사람들과 함께한다.

나는 어떻게 이러한 결론에 도달하게 되었는가? 나는 해당 자연 과학 분야의 전문가가 아니다. 나는 성경 분야에서 교육을 받았다. 그리고 어떤 과학자들의 의견을 살펴보긴 하겠지만, 나는 대부분 성경 내러티브의 본질과 그것에 함축된 의미에 대해서 말할 것이다.

창세기 2장(두 번째 창조 기사)과 6-9장(홍수 이야기)도 이 문제와 연관이 있지만, 이 짧은 에세이에서는 창세기 1장만 다룰 것이다.

1장 본문은 현대의 과학 논문이 아니다. 사실상 과학과 성경 사이의 토론에 대한 모든 소동은 이 구절들이 사물이 어떻게 존재하게 되었는지에 대해 영원히 유효한 사실을 제시한다고 말하는 잘못된 해석 때문에 생긴 것이다.

1장은 다음의 몇 단어로 요약될 수 있다. 이 본문은 주로 은유로 표현된 고대의 고백적 지식이다.

창세기 1장은 고대의 글이다

사실 고대의 글은 어떤 내용을 잊을 수 없을 정도로 잘 표현할 수도 있다. 그러나 현대의 과학적 사고는 그 내용에 포함되지 않는다. 다른 문화에서 예를 하나 들어 보자. 플라톤(Plato)과 아리스토텔레스(Aristotle)가 철학과 과학에 기여하긴 했지만, 그들이 연구소에서 일하는 현대 과학자에게 해 줄 말이 많을 것이라고 생각할 수는 없다. 고대 문서는 연구하고 존중할 가치가 있다. 그러나 어떤 본문을 연구하고 존중하는 일과 모든 현실을 본문에 합치시키는 일은 별개의 것이다.

창세기의 고대성에서 발생하는 중요한 점이 또 하나 있다. 만약 성경의 첫 번째 장이 주전 수 세기에 쓰였다면 그것을 20세기에 쓰인 문서들과 비교하는 것은 공정하지 못하다. 예를 들면, 어떤 국가도 그 나라 장군들이 호메로스(Homer)의 『일리아스』(Iliad)에 묘사된 전투 형태로 전쟁을 하기를 원하지는 않을 것이다. 또한 어떤 의사가 구 바빌론 시대의 설형 문자 본문에 나오는 도구를 사용한다면 그 사실을 알고도 그 병원에 갈 사람은 없을 것이다. 그렇다면 왜 우리는 창세기 1장이 지질학, 생물학, 천문학의 문제에서 분명한 지침을 제시해 줄 것이라고 기대한단 말인가?

만약 성경이 하나님의 마지막 말씀이라고 믿는다면 성경에 나오는 모든 것에 대해 완전한 최종적 정보를 기대할 수 있을 것이다. 그러나 만일 성경이 하나님의 최초의 말씀이라면 어떻게 할 것인가?[1]

본문은 그 자체의 문맥 속에서 적절히 이해될 수 있다. 그리고 구약성경의 문맥은 오늘날의 과학 실험실이 아니라 고대 근동 지역이었다.

창세기 1장은 고백적이다

성경 연구 분야에서는 한동안 창세기 1장의 창조 기사가 시편에 나타나는 하나님의 창조에 대한 찬양보다 좀 더 질서정연한 찬양이라고 논평해 왔다. 시편 8편 저자가 "주의 손가락으로 만드신 주의 하늘과 주께서 베풀어 두신 달과 별들"을 보고 "여호와 우리 주여, 주의 이름이 온 땅에 어찌 그리 아름다운지요"라고 말을 마칠 때, 그는 창조에 대해 하나님을 찬양하고 있음에 틀림없다. "하나님이 두 큰 광명체를 만드사 큰 광명체로 낮을 주관하게 하시고 작은 광명체로 밤을 주관하게 하시며 또 별들을 만드시고"라는 창세기 1:16도 같은 정신으로 읽어야만 한다. 시편 8편 저자처럼, 창세기 1장 저자도 다른 무엇보다도 더 하나님을 찬양한다.

"땅에 기초를 놓으사 영원히 흔들리지 아니하게 하셨나이다" 같은 시편 104편의 창조에 대한 진술들은 "내 영혼아, 여호와를 송축하라" 같은 찬양의 명령들로 둘러싸여 있다. "태초에 하나님이 천지를 창조하시니라"(창 1:1)라는 구절 앞에는 "여호와를 송축하라"라는 표현이 나오지 않는다. 그러나 이 표현이 있는 것이나 다름없을 것이다. 왜냐하면 창세기 1장은 천문학 교과서가 아니라 이스라엘의 하나님에 대한 찬양으로 의도되었기 때문이다.

시편 139편에서는 시편 기자가 인간의 기원을 "주께서 내 내장을 지으시며 나의 모태에서 나를 만드셨나이다"(13절)라는 말로 묘사한 뒤에 즉시 "내가 주께 감사하오음은 나를 지으심이 심히 기묘하심이라. 주께서 하시는 일이 기이함을 내 영혼이 잘 아나이다"(14절)라는 찬양으로 옮겨 간다. 창세기 2:7, "여호와 하나님이 땅의 흙으로 사람을 지으시고 생기를 그 코에 불어넣으시니 사람이 생령이 되니라"에는 유사한 찬양이 없다. 그러나 이 구절은 믿음이 있는 회중이 읽거나 노래하기 위한 것이었다. 이 구절의 주된 목적은 인류학에 대한 에세이가 아니었다.

창세기의 처음 장들에 과학이 존재하긴 하지만 그 과학은 유아기 상태의 과학이다.

창세기 1장은 현상론적 용어를 포함한다

만약 성경 말씀에 충실하기를 원한다면 문자적 언어로 보이는 바를 현상론적 언어로 받아들이게 될 것이다. 우리는 갈릴레오(Galileo)의 이름을 생각하기만 하면 이 초기 과학자의 발견("태양이 아니라 지구가 움직인다")이 성경의 분명한 의미("태양이 머물고", 수 10:13)와 완전히 대조되기 때문에 교회가 그를 가택에 연금했던 일을 떠올릴 수 있다. 우리는 "그때는 그렇게 보였어"라고 말함으로써 이 여호수아서 구절을 조롱으로부터 쉽게 보호할 수 있다. 사실 우리는 여전히 태양이 뜨고 진다고 말한다. 그러나 이렇게 말하는 것은 겉으로 보이는 바를 우리가 시적으로 인식하기(poetic recognition) 때문이다. 우리는 천문학자가 우리의 현상론적 언어를 과학의 기반으로 사용하기를 진지하게 기대하지는 않을 것이다.

창세기 1장을 상세하게 살펴보기 전에, 내가 무엇을 진화라고 여기는지 말하고 싶다. 내가 이해하기로는 진화란 이 세계의 기원과 특성에 대한 광범위한 과학 이론이다. 진화에 대한 가장 일반적인 정의는 다음과 같다. "하나의 체계의 현재 상태는 그것의 최초 상태로부터 거의 끊임없이 변화한 결과다."² 진화는 너무도 많은 분야를 포함하기 때문에 어떤 사람이 진화의 영향을 받은 지식의 다양한 분야 모두에 능숙할 수 없다는 면에서 광범위하다고 할 수 있다.

진화는 (진리를 추구하는 일에서 어떤 전통의 제한도 받지 않는) 계몽주의 시대 이후 지성의 산물이라는 점에서 과학적이다. 또한 이 말은 진화가 자기비판적이며 자신의 전통이 지식에 방해되는 것조차도 허용하지 않는다는 것을 함축한다. 진화의 개념에 대한 추구가 자신에 대해 비판적이기를 거부하자마자 그것은 진화론(evolutionism)이 된다.

진화는 이론이다. 이론은 실험에 의해 거듭 검증된 가설이다. 사실은 실험실에서 재현될 수 있는 것이다. 진화의 많은 것이 고대 화석을 판독하고 멀리 떨어진 별들을 조사하는 일이기에 진화를 사실이라고 부를 수는 없다. (고대 화석을 재생산하거나 실험실에서 별을 만들기는 어렵다.) 그러나 진화는 '단순한 이론' 이상이다. 진화는 현재로서는 우주와 지구의 기원과 구조에 대한 최선의 설명이다. 만일 더 좋은 설명이 존재한다면 누군가가 그것을 발견할 것이다. 그동안에는 진화가 과학에서 가장 폭넓게 받아들여지는 이론 중의 하나로 남을 것이다.³

자신을 창조론자들이라고 부르는 사람들이 1930년대에 진화를 놓고 벌어진 오래된 싸움을 다시 달구고 있다. 나는 주전 10000-6000년 사이에 특별한 창조가 있었음을 논증하려는 그들의 시도가 증거를 완전히 잘못 해독한 것이라고 생각한다. 그들의 연구는 본질적으로 무언가를 부정하는 방식으로 진행되며, 그들이 재구성한 내용은 그들이 반대하는 진화보다 믿기가 더 어렵다. 그들의 연구가 내 전문 분야인 히브리어 성경과 교차할 때, 그들은 고대 문서 대신에 사물이 존재하게 된 방식에 대한 영원히 유효한 묘사를 제시한다.

진화라는 개념을 연구 대상으로 삼는 사람은 누구나 그 이론에 빈틈들이 있다는 점을 인정한다. 다윈(Darwin)은 화석 증거가 드물다는 것을 깨닫고 슬퍼했다.[4] 그리고 다윈 이후로 훨씬 많은 증거가 밝혀졌지만 이 유명한 빈틈들은 계속 존재한다.[5] 진화는 단순한 형태에서 복잡한 형태로의 발달, 심지어는 한 종에서 다른 종으로의 변화가 있었다고 말한다. 강한 정황 증거가 존재한다.

프랑스의 과학자 L. 비알레통(Vialleton)의 연구에 진화의 흥미로운 변형이 등장했다. 그는 세 종류의 진화를 사실로 가정했다. (1) 소진화(micro-evolution)―생물의 하위 형태(아종, 종, 속) 사이에서 지속적으로 작용하는 '느린 변화'에 한정된다. (2) 대진화(macro-evolution)―역시 지속적이지만 속과 과에 한정된다. (3) 거대 진화(mega evolution)―과, 목 또는 그 이상의 상위 체계 집단에 관련된 불연속적 급속 진화. (진화 진영에서는 경우에 따라 대진화와 거대 진화를 같은 것으로 보기도 한다.)[6]

이러한 구분은 성경을 (다른 무엇보다도) 구원에 관한 최초의 책이 아니라 과학에 관한 최후의 책으로 보는 사람들에게만 과학과 성경을 조화시킬 수 있다는 희망을 제공한다. 다시 말해서, 성경을 송영적 은유(doxological metaphor)가 아니라 문자 그대로의 사실로 읽는 사람은 "그 종류대로"의 변화를 부인하면서 소진화/분자 진화를 받아들임으로써 창세기 1장과 진화론을 조화시킬 수도 있다. 나에게는 이런 해결책이 매력적으로 다가오지 않는다. 왜냐하면 하나님의 두 책인 자연의 책과 성경을 조화시킬 필요성을 느끼지 못하기 때문이다.[7]

이제 세계의 기원에 대한 놀라운 은유인 창세기 1장을 분석하고자 한다.

1. **창세기 1:1-2**. 이 구절들은 하나님이 사전에 기존의 무언가를 가지고 일하셨다고 분명하게 진술한다. 여기서 가르쳐 주는 원리는 무에서의 창조가 아니라 혼돈에서의 창조다. 그러나 기독교 신학은 하나님이 무로부터 모든 것을 창조하셨다고 가르친다(그리고 믿음을 가진 현대의 지성인도 동일하게 주장한다). 이것은 모순인가? 그렇지 않다. 무로부터의 창조는 교리적 발전이다. 고대 근동의 지성인은 무로부터의 창조를 이해할 수도 없었고 필요로 하지도 않았다. 바빌로니아의 '창조 서사시'인 "에누마 엘리시"도 창세기와 마찬가지로 기존의 물질로 이야기를 시작한다.

창세기 1장을 공정하게 평가하기 위해서는, 그 당시의 배경에 비추어 그 이야기를 공정하게 들어야만 한다. 성경에 현대적 사고를 더하는 것은 성경을 불공정하게 다루는 것이다. 지난 100년 정도의 고고학 발굴 덕택에 우리는 성경을 그 자체의 고대 배경 속에서 더 잘 들을 수 있게 되었다.

여기에 하이델(Heidel)이 말한 비교점과 대조점을 나열한 표가 있다.[8]

바빌로니아 '창조 서사시'	창세기의 창조 기사
1. 신적 영과 우주적 물질이 함께 존재하며 영원히 공존한다.	1. 성령이 우주적 물질을 창조하시고 그것과 독립적으로 존재하신다
2. 태고의 혼돈; 어둠에 둘러싸인 티아마트	2. 흑암이 깊음(*tēhôm*) 위에 있는 황량한 황무지인 땅
3. 신들로부터 발하는 빛	3. 빛이 창조됨

4. 궁창의 창조	4. 궁창의 창조
5. 마른 땅의 창조	5. 마른 땅의 창조
6. 발광체들의 창조	6. 발광체들의 창조
7. 인간의 창조	7. 인간의 창조
8. 신들이 안식하고 축하한다	8. 하나님이 안식하시고 일곱째 날을 거룩하게 하시다

창세기 1:2과 "에누마 엘리시" 사이의 가장 주목할 만한 일치는 '깊음'이라는 성경 단어와 '티아마트'(Tiamat)라는 바빌로니아 단어다. 티아마트는 모든 젊은 신을 복종하게 하려는 괴물 같은 여신이다. 바빌론 도시의 신인 마르두크(Marduk)가 티아마트를 가까스로 죽이고, 그녀의 시신은 둘로 찢겨 이 세상의 기초와 하늘이 된다. 우리는 '깊음'(tĕbôm)이라는 단어에서 고대 다신론적 창조 신화가 비신화화된 흔적을 본다. 성경의 창조 기사의 적절한 비교점은 현대 과학의 교과서가 아니라 고대 근동에서 살고 숭배하고 글을 쓴 민족들의 유사한 이야기들이다.

2. **창세기 1:3-5.** 첫째 날에 빛의 창조는 현대 천문학과 조화를 이루는 데 문제가 된다. 왜냐하면 우리는 지구의 빛과 에너지가 주로 과거와 현재의 태양 광선에서 기인한다는 것을 알기 때문이다. 그리고 태양은 넷째 날까지는 창조되지 않았다. 이 이상한 현상에 대한 많은 해석이 존재해 왔다. 이것들 중의 하나는 첫째 날의 빛에서 창세기 저자가 보전해 놓은 대칭의 시작을 보는 것이다.

첫째 날	빛	넷째 날	광명체들: 태양, 달과 별들
둘째 날	궁창	다섯째 날	궁창을 가로질러 나는 새들, 물고기
셋째 날	마른 땅과 식물	여섯째 날	마른 땅 위에서 식물을 먹고 살아갈 동물과 사람

창세기 저자는 과학보다는 대칭에 더 관심이 있었을 수 있다. 또 다른 해석은 창세기 저자가 현상론적으로 생각했다는 것이다. 다시 말해, 창세기 저자는 태양이 나타나기 전에 날마다 발생한 일을 묘사하고 있다. 그날들은 빛을 얻는다. 그러나 첫째 날의 빛의 창조에 대한 해석이 무엇이든, 그것은 우주에 대한 엄정한 과학적 이해에 쉽사리 들어맞지 않는다.

3. 창세기 1:6-8. 다행히도 다양한 영어 번역본에서 물을 나누는 것의 호칭을 '궁창'(firmament)이라고 번역했다. 이 번역은 아주 적절하다. (1) 이것이 히브리어 단어 '라키아'(*rāqîa*, '빈틈없이 두들겨 편 것')를 정확하게 번역했기 때문이고 (2) 이것이 소위 대기는 '궁창 위의 물'을 떠받칠 만큼 충분히 단단하다는 고대 개념을 제시하기 때문이다.

또다시, 현상론적으로, 태양보다 앞서 그리고 태양과 분리되어 존재하던 빛의 경우와 마찬가지로 우리는 고대의 사고방식을 이해할 수 있다. 푸른 하늘의 만곡은 구름 속에 있는 것보다 더 많은 물을 떠받치고 있는 것처럼 보인다. 그러나 현대인들은 지구의 대기('궁창') 너머에 물이 없음을 전적으로 확신한다. 이것은 창세기 1장 전체를 이해하는 데 실마리가 된다. 창세기 1장은 창조주 하나님을 찬양하는 고대의 은유인 것이다.

4. **창세기 1:9-13.** 이 구절들에서 물은 하늘 위의 물과 분리된다. 뭍은 땅이라고 불리고 물은 바다라고 불린다. 우리와 관련된 표현은 "각기 종류대로" 풀을 내라고 말하는 표현이다. 이 구절은 진화의 중심이 되는 주장, 즉 종의 돌연변이에 배치된다.[9] 앞에서 언급한 점—창세기 저자가 인식되는 대로의 현실을 묘사했다—을 재진술하는 것에 덧붙여, 나는 진화의 많은 영역에서 변화가 느리기 때문에 변화가 없는 것처럼 보인다는 점을 추가하고자 한다. 지금 우리는 태양을 포함한 항성들이 서서히 자신을 불태워 사라진다는 것을 안다. 그러나 그 과정에는 글자 그대로 천문학적 시간이 걸릴 것이다. 이 항성체들은 수백억 년이 지나야 스스로를 불태워 사라질 것이다. 이 과정은 반드시 일어날 것이다. 하지만 너무 느리게 일어나기에 우리는 그것을 의식할 수 없다. 별들은 영원한 것처럼 보인다. 오랜 시간에 걸쳐 변형된 종의 화석 증거는 불완전하지만 그럼에도 매우 강력하다.

5. **창세기 1:14-19.** 창조 기사의 넷째 날은 태양, 달, 별들의 창조를 다룬다. 이 본문은 하나님이 "하늘의 궁창에 광명체들이 있[으라]"라고 말씀하시는 것으로 시작한다. 6-8절에서 알게 되었듯이 궁창은 우리가 대기라고도 부르는 푸른 하늘이다. 창세기 저자는 태양, 달, 별들이 "궁창에" 있는 것처럼 보인다고 말한다. 더운 여름 오후에는 때때로 태양이 푸른 하늘의 이쪽 측면에 있는 것처럼 보인다.

이 구절은 또한 저자가 창조의 세부 사항 자체에는 관심이 없음을 보여 준다. 창조의 '방식'에 관심이 별로 없는 저자는 창조의 '이유'에 상당한 관심을 보인다. 광명체들은 "징조와 계절과 날과 해"를 위한 것이다(14절). 천체들은 신이 아니라(이스라엘 주변의 다신교 문화는 그것들을 신으로 생각했지만) 사람들이 시간, 특별히 신성한 제의적 시간을 계산하는 데 도움을 주는 종복이었다(참고. 특별히 이스라엘의 월삭 절기, 삼상 20:24; 암 8:5).

이러한 반(反)다신교적 비신화화의 면모는 태양과 달을 "큰 광명체"와 "작은 광명체"라고 부르는 16절에서 더 분명해진다. 창세기 저자는 히브리 단어인 '쉐메쉬'(*šemeš*, '태양')와 '야레아흐'(*yārēaḥ*, '달')를 사용하지 않는다. 왜냐하면 이 단어들은 바빌로니아의 태양 신 샤마쉬(Shamash)와 가나안의 달 신 야리크(Yarikh)의 이름과 너무 비슷하게 들리기 때문이다.

끝으로 창세기 저자는 "하나님이…별들도 만드시고"라고 덧붙임으로써 동일한 태도를 드러낸다. 바빌로니아인들이 생명을 통제하는 신으로서 숭배하는 이 광명체들이 창세기에서는 "아, 그래. 우리 하나님이 '너희'의 별들도 만드셨지!"라는 말과 유사한 무언가로서 다루어진다.

고대 근동을 배경으로 해서 별들을 이렇게 언급한 것은 이해할 만하지만, 이 진술이 현대 과학적 진술로 존중받기 위해 다투는 것은 이해할 수 없다. 만약 천문학자들이 우리를 속이는 것이 아니라면, 우리는 밤에 나가서 수백만 광년 떨어진 별들을 볼 수 있다. 만약 그렇다면, 그 별들은 수백만 년 전에 창조되었을 것이다. 이러한 사실은, 성경의 연대를 문자적으로 받아들여서 우주의 기원이 주전 10000년-6000년 사이의 연대라고 말하는 연대학에 대해 극복할 수 없는 어려움을 야기한다. 물론 어떤 이들은 하나님이 그 광선이 이미 지구에 도달한 별들을 창조하셨다고 말할 수 있다. 그러나 이와 같은 시도에 적용되는 오래되고 유용한 신학적 표현이 있다. '미라쿨라 논 물티플리칸다 순트'(Miracula non multiplicanda sunt, '기적들을 크게 확장해서는 안 된다').

6. **창세기 1:20-23.** 하나님이 "물들은 생물을 번성하게 하라"라고 20절에서 말씀하실 때, 나는 현대 고생물학자들로부터 얻은 통찰을 이 구절에 적용해 읽고 싶은 유혹을 느낀다. 그러나 내가 창조론자들이 자신들의 개념을 성경에 적용해 읽는 것을 허용하지 않는다면, 진화론자들에 대해서도 똑같이 해야만 한다.

7. **창세기 1:24-25.** 여섯째 날의 처음 부분에서 하나님은 "그 종류대로" 동물을 창조하셨다. 9-13절에서 말한 내용에 추가해서, 나는 화석 증거가 이를 지지하지 않는다는 것에 주목한다. '종류'가 바뀌었다. 다양한 목적을 위해 개의 품종을 개발하는 데 아주 오랜 시간이 걸리지는 않는다. 만일 몇백만 년이 주어진다면 우리가 할 수 있는 일을 생각해 보라.

8. **창세기 1:26-31.** "우리의 형상을 따라 사람을 만들자.…하나님이 자기 형상대로 사람을 창조하[셨다]." "인간과 고릴라는 공통 조상을 가지고 있다." 이 두 문장을 나란히 놓는 것은 진화 대 창조 논쟁의 핵심을 건드리는 것이다. 이것은 변함없이 인간으로 살아온 독자의 허를 찌르는 공격이다.

과학자들은 이에 대해 인류 발생학이라는 용어를 사용한다. 인간은 동물들처럼 진화했다. 인간은 동물이다. 인간은 동물계에 속한다. 다음에 생물학자들이 우리를 범주화하는 방식이 있다.

문(Phylum)	척추동물(Vertebrate)
강(Class)	포유류(Mammalia)
목(Order)	유인원(Hominoidea)
과(Family)	인간과(Hominidea)
속(Genus)	인간속(Homo)
종(Species)	인간(Sapiens)

우리 인간은 특별한가, 아니면 그렇지 않은가? 생물학자는 우리가 다른 생물과 근본적으로 다른 점이 없다고 강조한다. 생물학적으로 우리를 동물과 다르게 만드는 것은 우리 두뇌의 크기다. 창세기 저자는 앞에서와 마찬가지로 '방식'에는 '이유'만큼의 관심이 없다. 창세기에 따르면, 인간이 특별한 것은 그가 하나님의 형상대로 만들어졌다는 점과 동물 세계에 대해 주권을 가진다는 점이다.

유신론자가 되어서 진화론을 받아들이는 것이 가능할까? 가능하다. 선택지는 유신론적 진화론자가 되거나 무신론적 진화론자가 되는 것이다. 어느 경우든 진화는 남는다. 창조론자의 접근은 과학자들이나 고대 근동 연구 분야 전문가들의 정밀한 조사를 통과할 수 없을 것이다.

진정한 차이는, 모든 진화의 변화에는 변칙적 무목적성이 존재한다고 믿고 일관성 있게 활동하는 무신론적 진화론자 그리고 여러 누대에 걸친 생명체의 발달에는 방향성과 목적성이 있다고 믿는 유신론자 사이의 차이다.

이 중 어떤 것도 그리스도인에게 지나치게 어렵지는 않을 것이다.

그리스도인의 신앙의 기초는 모든 돌연변이 중에서도 가장 놀라운 돌연변이인 부활에 놓여 있기 때문이다.

결론적으로, 진화 이론이 창조의 과정을 가장 잘 묘사한다. 진화 이론은 더 높은 존재에 대한 믿음 없이도 유지될 수 있다. 그러나 신자는 자신의 믿음을 손상시키지 않고도 이 이론을 자유롭게 활용하고 지지할 수 있다.

반면에 성경의 창조 기사와 진화 이론 사이에는 온갖 종류의 불일치가 존재한다. 으레 그렇듯이, 이것은 서로 2,500년 혹은 그 이상 떨어진 문화들에서 나온, 현실에 대한 서술의 차이다.

여기에 신앙이 있는 한 과학자가 한 말이 있다. "생명에 대한 이 관점에는 장엄함이 있다. 이 생명은 창조주가 그것의 몇 가지 능력과 더불어 몇 개의 혹은 하나의 형태에 불어넣은 것이다. 그 후 지구가 확고한 중력 법칙에 따라 회전하는 동안 아주 처음부터 가장 아름답고 가장 놀라운 형태들이 무수히 존재하게 되었고 진화하고 있다."

이 신앙이 있는 과학자가 누구인지 궁금한가? 그는 찰스 다윈(Charles Darwin)이다.[10]

존 무어 John N. Moore
미시간 주립대학교 자연 과학 명예 교수

최초의 기원 문제를 고려할 때 가장 기본적인 태도는 전문 과학자들이 쓰는 방법들이 제한적이라는 점을 솔직하게 인정하는 것이다. 특히 전문 과학자들은 그들이 사용하는 방법과 절차를 그들의 생애 동안 물리적 환경의 현재 상태를 연구하는 데 제한적으로 적용해야 한다. 혹은 다른 식으로 표현하자면, 과학자들은 자신들의 반복 가능한 관찰, 실험, 설명의 적절하고 질서정연한 절차를 지금 당장 존재하는 환경에서 자연적으로 발생하는 사물 그리고/또는 사건에 대해서만 사용한다. 그들은 자연환경만을 연구한다.

그러므로 자격 있는 과학자들은 전문 과학자로서 최초의 기원 문제를 논하는 것이 아니다. 그들은 자연 철학자로서 그 문제를 논의하고 형이상학적 주제에 대해 자신의 견해를 표명한다. 이와 같은 현대의 자연 철학자들은 사실 근본적 혹은 궁극적 실재의 본질에 대해 관심을 가진다(물질은 영원하다는 점을 함축적으로 혹은 명백하게 가정하기까지 한다). 이는 전문적으로 훈련받은 관찰자가 '현장'에 있는 상태에서 우주의 기원, 지구상의 생명체의 기원, 인간의 기원이 일어난 것이 아니기 때문이다. 이와 같은 최초의 기원들은 먼 과거에 발생했다. 게다가 이런 기원은 반복될 수 없으며, 영원히 과학적 방법과 절차를 적용할 수 없는 과거의 일회성 사건들이다.

독자들도 '진화', '창조', '과정'이라는 단어들의 의미에 대한 모호함을 피하기 위해 도움을 받아야 한다.

우리는 '진화'라는 용어가 하나의 상태나 조건에서 다른 상태나 조건으로의 전개 혹은 변화와 연관된다고 알고 있는 경우가 많다. 이와 같은 넓은 의미의 '진화'는 기원에 대한 문제를 토론하는 데 유용하지 않다. 그러므로 저자들에게는 다른 사람들이 '진화'라는 단어가 항성, 은하, 동물, 식물, 심지어 인간까지 무엇과 관련해서 사용되든 그것이 의미하는 변화의 규모를 분명하게 인식하도록 도울 책임이 있다.

저자들은 항상 의도된 변화의 규모가 제한된 범위의 것인지 넓은 범위의 것인지 매우 분명히 해야 한다. 생물에서 발견된 변화(혹은 화석에서 추정되는 변화)와 관련해서, '대진화'와 '소진화'를 사용해서 얻은 실제적·필수적 설명을 다음 부분에서 다룰 것이다.

그러나 '창조'와 '과정'에 대한 추가 설명이 여기에 제시되어야 할 것이다. 후자의 단어는 당연히 시간을 내포한다. 과정은 지속적이고 느릴 수도 있으며 갑작스럽고 빠를 수도 있다. 작고 제한적일 수도 있으며 복잡하고 다면적일 수도 있다. 그럼에도 규모가 다른 각각의 변화에는 어느 정도의 시간이 포함될 것이다.

그래서 각 과정에는 '역사'가 들어 있다. 따라서 '과정'이라는 용어를 우주에서 발생하는 모든 변화에 적용시키는 것은 본질적으로 무의미하다. 적절하고 질서정연하고 과학적인 절차를 현재의 자연환경에 적용해야 한다는 앞서 언급한 제한에 기초해서 가장 적절하게 설명하면, '역사'란 관찰과 측정을 하고 실험(과정)을 수행하는 인간의 활동과 개입을 가리킨다.

이런 입장으로부터, '진화'와 '창조'라는 단어의 사용을 포함하는 최초의 기원 문제는 '선사 시대'를 포함한다는 결론을 내릴 수 있다. 결과적으로 인간의 조상, 지구에서의 생명체의 시작, 우주의 기원 문제는 선사 시대와 관련된 것으로 규정된다.

별, 생물, 인간의 기원에 대해 질문하는 일은 필연적으로 인간 관찰자 이전의 시간에 관심을 집중한다. 그러므로 전문 과학자들의 적절하고 질서정연한 방법과 절차는 선사 시대의 사물 그리고/또는 사건에 적용될 수 없다.

그렇다면 '창조'라는 말은 무엇을 의미하는가? 불필요한 모호함을 피하기 위해 독자는 '창조'가 과정 그리고/또는 최종 산물에 관련된다는 점에 기꺼이 동의해야만 한다. 그러므로 '창조의 과정'은 모호할 수 있다. 따라서 저자들에게는 과정 혹은 산물 중 어느 쪽이 의도된 바인지 분명히 할 책임이 있다.

과정으로서의 '창조'는 창조주의 예술적 재능, 상상력이 풍부한 글, 혹은 창의적 행위의 적용을 가리킬 수 있다. 물론 후자의 경우, 유한하고 제한된 인간이 창조주가 하신 일의 '방식' 혹은 '때'를 연구하거나 아는 것은 영원히 불가능하다.

반대로, 종결된 그리고 최종 산물로서의 '창조'를 연구하는 일은 상당히 실행 가능하다. 적절하고 질서정연한 방법, 반복된 관찰, 실험의 절차, 자연적으로 발생하는 사물 그리고/또는 사건에 대한 설명을 사후에(after-the-fact) 적용하는 것은 전적으로 가능하다. 이것이 전문 과학자들이 할 일이다. 그러나 현재의 자연적 상황의 사전(before-the-fact) 존재에 대한 탐구는 필연적으로 형이상학적 서술이 되므로, 독자들은 원자, 분자, 혹은 유전자에 대한 적절한 과학 이론[1]과 이를 혼동해서는 안 된다.

대진화와 소진화를 구분해야만 할까?

그렇다. 어떤 식으로든 '진화'라는 용어를 사용할 때 필연적으로 수반되는 실제의 그리고 가상의 변화 때문에, 대진화는 소진화와 구분되어야 한다. 이런 개념을 포함하는 특정한 표현 양식 몇 가지는 독자들에게 도움이 될 것이다.

이전에 언급한 것처럼, '진화'라는 말이 어떤 변화의 의미를 전달하기 위해 사용될 때마다 저자는 다른 사람들이 의도된 변화의 규모를 인식하도록 도울 책임이 있다. 다시 말하지만, 저자들은 언제나 의도된 변화의 규모가 제한된 범위의 것인지 혹은 넓은 범위의 것인지를 분명히 해야 한다. 현재의 토론을 위해서 제한된 범위의 변화는 편의상 '소진화'라고 칭하고 반면에 넓은 범위의 변화는 '대진화'라고 칭한다.

또는 이 문제를 다른 식으로 표현하자면, 소진화는 생물의 그룹 **내에서** 일어나는 수평적 변화를 가리키는 가장 정확한 용어이며, 반면에 대진화는 복잡성이 한 단계에서 다른 단계로 변하는, 생물들 **사이의** (가정된) 수직적 변화를 가리키는 가장 정확한 용어다. 대진화의 수직적 변화라는 개념과 연관해서 '가정된'이란 단어를 의도적으로 사용했다. 왜냐하면 이와 같은 개념은 전적으로 가상의 것이고 관찰 불가능하기 때문이다. 적어도 식물군과 동물군에서 복잡성이 한 단계에서 다른 단계로 변하는 생물의 모든 변화와 관련해서는 그렇다. 대조적으로 소진화의 수평적 변화는 현재 살아 있는 동물과 식물을 조사하면 반복적으로 관찰할 수 있다.

이 용어를 더 명확히 하기 위해서 '진화'에 대한 다음의 대조되는 일단의 설명이 독자에게 유용할 것이다.

소진화 규모의 변화(제한된 범위의 변화)는, 식별하기 쉬운 동물 혹은 식물의 분리된 그룹 내에서 거듭 발견되어 왔다. 예를 들면, 한편으로는 개, 고양이, 돼지나 소의 공통 그룹, 다른 한편으로는 사과, 장미, 옥수수나 밀의 공통 그룹 내에서 번식의 기록은 수평적 변화(소진화)가 완전히 증명 가능하다는 진술의 토대가 된다. 게다가 적절히 역사적인 자연의 분명한 연대표는 이런 생물들에게서 여러 세대 동안 관찰된 변화가 오래 축적되었기 때문에 확인 가능하다. 그러므로 제한된 수평적 소진화의 변화는 실재한다.

그러나 식별하기 쉬운 동물과 식물의 분리된 그룹들 사이에서의 대진화 규모의 변화(넓은 범위의 변화)는 탐지되지 않았다. 완전히 분리된 그룹의 생물체 사이에서 (우리가 알고 있는) 교차 번식은 발생하지 않았다. 예를 들면, 생물에서 단세포로부터 다세포 조직으로의 (제안된 혹은 가정된) 변화는 번식 행위에서 관찰되지 않았다. 양서류에서 나온 포유류, 파충류에서 나온 조류, 혹은 유인원 그룹에서 나온 인간 같은 수직적 변화(대진화)는 현재 전혀 관찰되지 않는다. 따라서 이는 선사 시대에 대한 추론된 생각이며, 결국 검증되거나 유전적으로 입증될 수 없는 개념이라는 점이 인정되어야만 한다. 그러므로 넓고 수직적인 대진화의 변화는 상상된 것, 또는 기껏해야 설명되지 않은 기원에 대한 상황적 유사성의 증거에 의해서만 지지되는 것일 뿐이다.

거듭 관찰되는 소진화 규모의 **변화**(제한된 범위의 변화)는 본질적으로 식별하기 쉬운 동물 혹은 식물 그룹의 한계 내에서의 유전적 변이의 **변화다**. 예를 들면, 동백나무, 라일락, 말, 양의 변종들이 실제 번식과 인간에 의한 사육의 번식 기록 다수의 역사 연대표를 따라 입증된다.

그러나 식별하기 쉬운 하나의 그룹이 연속적 혹은 비연속적 방식으로 식별하기 쉬운 다른 그룹의 조상이라고 말할 수 있을 정도의 대진화 규모의 변화(넓은 범위의 변화)가 먼 과거에 제한 없는 수직적 차원에서 발생했다는 견해를 지지하는 반복된 번식 기록은 존재하지 않는다. 예를 들면, 불가사리와 개구리, 도롱뇽과 뱀, 파충류와 조류, 혹은 포유류와 인간 사이에 (우리가 알고 있는) 유전적 연관성이 성립될 수 없다. 서로 분리된 그리고 식별하기 쉬운 동물과 식물 그룹들 사이에는 유전적 연관성이 입증될 수 없다. 다시 말하자면, 관찰 불가능한 대진화의 변화는 선사 시대에 속하는 것으로서 기껏해야 설명되지 않는 기원에 대한 상황적 유사성의 증거 외에 다른 증거가 없다.

그러므로 앞의 모든 논의로부터, 식별하기 쉬운 모든 동물과 식물은 (그것이 살았든 죽었든) 서로 구별되는 별개의 것이라는 포괄적 일반화를 이끌어 낼 수 있다. 조심스럽게 축적된 유전적 데이터에 따르면 소위 '과도기적' 형태는 결코 존재하지 않는다. 식별하기 쉬운 서로 다른 동물과 식물 모두 사이에는 유전적으로 메울 수 없는 기본적 간격이 존재한다. '존재의 거대한 사슬'(great chain of being)이라는 오래된 매력적 개념에는 과학적 타당성이 없다.

시조새 혹은 오리주둥이를 가진 오리너구리가 그런 과도기적 생물체라는 견해는 억지 변론만 펼치는 것이다. 이 동물들은 하나 이상의 분류 그룹의 탐지 가능한 특성을 지닌 생물체에 지나지 않는다. 그러나 이들 각각은 서로 구별되는 생물체이고, 오리너구리는 다른 생물체와는 유전적으로 별개로 분리된다. 오리너구리는 오리너구리 한 쌍의 짝짓기, 즉 수평적 소진화 규모의 변화에 의해서만 생겨날 뿐이다. 그리고 은행, 실러캔스 및 많은 다른 생물체의 '고정된' 즉 바꿀 수 없는 측면들은 제한된 범위의 수평적인 소진화 규모의 변화의 전형

으로서 완전히 설명 가능하다.²

진화와 창조는 필연적으로 상호 배타적인가?

그렇다. 이 용어들의 적절한 정의에 비추어 볼 때 진화와 창조는 필연적으로 상호 배타적이다.

만유의 창조주이신 하나님의 창조적 행위를 의미하는 창조는 초자연적 요소를 분명히 포함하고 필연적으로 수반한다. 모든 유한한 인간은 우주, 지구상의 생명, 혹은 인간의 기원을 완전히 자연주의적 방식으로 설명할 수 없다. 앞에서 진술한 것처럼, 최초의 기원 같은 개념들은 과거에, 선사 시대에 발생한 단일한 사건들이다. 그러므로 반복되는 관찰, 실험, 설명의 방법과 절차를 조심스럽고 적절하게 적용하는 일은 전적으로 불가능하다.

일부 권위자들이 진화와 창조는 상호 배타적이지 않다고 주장하는 것은 사실이다. 그러나 그들은 지적·합리적 조사의 엄정함을 상실할 큰 위험을 무릅쓰고 그렇게 주장하는 것이다. 이런 권위자들은 진화에 대해 말할 때 의도적으로 모호한 표현을 사용한다. 흔히 진화는 어떤 변화를 의미하는 것으로 여겨진다. 그리고 어떤 권위자들은 진화에 대해 말하고 글을 쓰는 관례적 방식에서 '소' 혹은 '대'라는 접두사를 사용하고 싶지 않은 것처럼 보인다. 그래서 대중 매체에서, 심지어는 명망 높은 과학 저널에서 기원의 문제를 다룰 때 대부분의 경우 의미의 혼동이 발생하고 또 가중된다.

'진화'라는 용어를 모호하게 사용하고 '소'와 '대'라는 타당한 접두사를 거듭 사용하지 않은 결과, 흔히 초자연적 개념(하나님의 창조적 행위)이 소위 자연적 개념(사실상 대진화 규모의 변화)과 뒤섞일 뿐만 아니라 유신론이 실제적 무신론과 뒤섞이는 일이 매우 흔히 발생한다. 그리하여 '유신론적 진화'와 '점진적 창조' 같은 모순되고 비논리적인 조합어가 만들어졌다.

진화와 진화론 사이에는 차이가 있는가?

그렇다. 이 두 용어 사이에는 중요한 차이점이 있다.

'진화'라는 용어는 전문 과학자들이 최초의 기원 문제에 대해 형이상학적 표현을 할 때 거듭 사용된다. 앞서 말한 것처럼, 그들은 본질적으로 '대'와 '소'라는 접두사를 일상적으로 사용하지 않는 자연철학자로서 그렇게 한다. 대조적으로 '진화론'이라는 용어는, 모든 실재에 대한 관점을 구성하는 철학 혹은 준거의 틀로서 널리 받아들여지고 사용되는 세계관(*Zeitgeist* 혹은 *Weltanschauung*)에 대한 기준을 가리킨다.

진화가 먼 과거에 일어난 변화(대진화)의 의미를 전달하기 위해 사용될 때, 현재 존재하는 상황이 어떻게 존재하게 되었는지에 대해서는 상상에 의한 내러티브만 제시된다.

1859년 무렵 이후로 비과학자들은 사후적 설명을 (그것이 채택되기를 기대하며) 구체적으로 제시했다. 이와 같은 설명은, 여러 세기 동안 받아들여졌고 하나님이 모든 것의 창조자라는 설명으로서 간결하게 요약되는 전통적·유신론 지향적 세계관에 대한 '과학적' 대체물로 제시되어 왔다.

그리고 이 개념의 필연적 결과는 17세기의 전문적인 과학적 시도의 창시자들(물리학자들과 생물학자들)이 믿었던, 인간이 특별히 하나님의 형상으로 창조되었다는 생각이었다. 그래서 이 창시 과학자들은 그들이 주변의 자연환경을 연구하고 하나님의 창조를 연구하기 위해 그분이 주신 능력을 사용할 수 있다고 믿었다. 이 세계관의 가장 적절한 명칭은 창조론(특수 창조론)이다.

그러나 오늘날 총체적 진화론의 유형은 모든 실재에 대한 우리의 관점을 조직화할 수 있게 해 주는 **유일한** 세계관 혹은 준거 틀이다. 그래서 어떤 천체 물리학자들, 환원주의자(reductionist)인 생화학자들 그리고 생물학적 대진화론자들은 비과학자들(젊은 사람들과 나이든 사람들 모두)에게 총체적 진화론이라는 명칭이 가장 적합한 대체 세계관을 받아들이라고 권장한다. 총체적 진화론은 별(우주)의 진화, 분자(화학) 진화, 유기체(생물) 진화, 인간의(사회의) 진화라는 부제 아래서 폭넓게 설명될 수 있다.

총체적 진화론은 1859년 이후로 인기가 높아진 지배적 세계관이다. 1859년에 찰스 다윈 그리고 그와 같은 입장에 있는 불신자들은 우주를 "하나님과 분리하려는"[3] 20세기의 노력의 한 부분이 된 진화론적 견해를 널리 퍼뜨리기 시작했다. 유감스럽게도 총체적 진화론이라는 세계관은 생물과 무생물에서 발견되는, 설명할 수 없는 기원의 상황적 유사성이라는 증거에 기초를 둔다. 총체적 진화론의 지지자들은 추론이라는 비교 연구법을 배타적으로 행하는 것임에 틀림없다.[4]

어떤 영역에서는 진화가 일어나고 다른 영역에서는 일어나지 않을 수도 있는가?

넓은 범위의 제한 없는 대진화 규모의 변화를 의도하는 것이라면, 우리는 '진화'라는 용어와 연관된 변화의 의미를 주의 깊게 서술해서 이 질문에 '아니요'라고 대답해야 한다.

식별하기 쉬운 동물(혹은 식물) 그룹들 사이에서의 넓은 범위의 무제한적·수직적 변화(대진화)라는 개념은 완전히 상상이거나 추정에서 나온 것이다. 대진화론자들은 상황적 유사성의 증거에 적용되는 비교 연구법에 전적으로 의존한다. 그리고 수직적 대진화의 변화는 관찰된 적이 없고 관찰될 수 없으며 유전학적으로 검증될 수 없다. 게다가 인간이 존재하기 전 먼 과거에 동물들(혹은 식물들) 사이에 대진화가 발생했다는 모든 제안은 유전학의 법칙을 완전히 위반한다. 다른 말로 하자면 생물의 대진화를 지지하는 이들은 사실상 멘델의 법칙과 유전학의 법칙들을 부인하는 것이다. 실제로는 식별하기 쉬운 생물 그룹 일부의 한계 내에서만 유전적 변화가 관찰되고 관찰될 수 있으며 검증될 수 있다.

그리고 사실상 인류의 모든 개인은 신장, 체중, 피부색과 상관없이 식별하기 쉬운 하나의 그룹의 구성원들이다. 인간은 인간일 뿐이다. 그리고 인간은 어떤 식으로도 유전적으로 현재 살아 있는(혹은 이미 죽은) 다른 생물과 유전적으로 관련되어 있지 않다.

인간 그리고 식별하기 쉬운 동물 그룹 사이에 상황적 유사성의 증거가 존재한다는 점은 인정된다. 그러나 이런 상황적 유사성은 전혀 알려지지도 않고 설명되지도 않은 유전적 기원에서 나온 것이다. 어떤 전문 과학자도 인간이 유인원이라는 기원에서 '진화되었다'는 유전적 증거를 제시할 수 없다. 소위 인류 발생론(anthropogenesis)에 대한 토론은, 반복 가능하고 관찰 가능한 유전학적 의미를 지니는 증거가 없는 억지 변론에 지나지 않는다.

모든 번식의 결과로부터 나오는 완전히 입증할 수 있는 단 하나의 과학적 발견은 식별하기 쉬운 각각의 식물 그룹과 식별하기 쉬운 각각의 동물 그룹(인간을 포함한)은 서로 구분되는 별개의 것이라는 점이다. 우리가 알고 있으며 식별하기 쉬운 생물 그룹 모두의 한계 내에서만 유전적 변화가 과학적으로 입증된다.

'유신론적 진화'와 '점진적 창조'는 도움이 되는 개념인가?

이 질문에 대한 대답과 관련된 것은 수십 년 동안 다양한 의미가 이 용어들과 연관되어 왔다는 사실이다. 이 다양성은 이러한 개념들의 지지자들이 제시하는 창조주 하나님의 개입의 정도에 달려 있다.

이 다양성을 여기서 상세히 토론할 수는 없다. 어떤 저자들은 하나님이 만물을 창조하시고 그것들에게 완전한 대진화 규모로 변화할 수 있는 능력을 부여하셨다고 주장한다고 진술하는 것으로 충분하다. 다른 이들은 하나님이 인간에게 영혼을 부여하는 일에만 관련되셨다고 주장하고, 반면에 또 다른 이들은 하나님이 생물과 생활 조건에 주요한 변화가 필요할 때마다 자연환경에 개입하셨다고 주장한다. 후자의 입장은 '임계점 진화'(threshold evolution)라고 알려져 있으며 '점진적 진화'('종교적 진화'라고도 알려져 있다)의 동의어로 사용된다. 이 장의 목적을 위해 남아 있는 담론은 '유신론적 진화'라는 용어에 초점을 맞출 것이다.

'유신론적 진화' 지지자들은 기본적으로 진화론자들이다. 이 주장에 대한 근거는 이 용어의 문법적 구조에서 발견된다. '유신론적'이란 단어가 '진화'라는 단어를 묘사하는 형용사로 사용된다. '유신론적 진화론자'는 고밀도 물질의 폭발, 혹은 생명 물질의 갑작스럽고 자연 발생적인 등장, 혹은 동물 선조로부터의 인간의 등장 같은 소위 자연주의적 개념에 어떤 식으로나 어느 정도로든 하나님을 추가하기를 원한다.

'유신론적 진화'에 대한 믿음은 무신론적 진화에 의존한다. 진화론자가 자신이 창조주이신 하나님을 (자신이 주장한 방식이나 정도에 따라) 추가한 입장을 가지기 위해서는, 소위 자연주의적 현상들의 대진화 규모의 변화를 잠정적으로 분명하게 수용해야 한다. 그렇다면 '유신론적 진화론자'는 일차적으로 진화론자이고, 만물의 창조주이신 하나님의 개입에 대한 개인적 선택에 따라 이차적으로 '유신론적 진화론자'가 된다.

그리하여 '유신론적 진화'는 초자연적 요소와 추정된 자연 현상의 어떤 유형을 결합하려는 시도를 포함하는 혼합적 신념이다. 또한 '점진적 진화론', '임계점 진화', '종교적 진화'도 혼합적 신념이다.

'유신론적 진화론자들'은 확인된 자연법칙과 오래된 사회 법칙 사이에서 암묵적으로 혹은 명시적으로 다음과 같은 유사성을 이끌어 낸다.[5]

자연법칙	사회 법칙
1. 질서에 대한 서술	1. 규범, 금지
2. 의지(선택)를 행사할 수 없는 사물들에 적용된다	2. 선택권을 가진 책임 있는 존재들을 통제한다
3. 도덕적 함축 의미가 없다	3. 사회 법칙을 어기는 사람들의 범죄성을 내포하게 된다
4. 확인되고 발견된다	4. 인간이 통과시키거나 선고한다
5. 주로 평균적 해석 중에서 선택하는 것이다	5. 위반 시 공정하게 처벌하기 위한 기초로서 정확하게 진술된다

분명히 사회 법칙은 규범적인 반면 자연법칙은 서술적이다. 자연법칙은 '왜' 사물이 상호 작용하거나 상호 관련을 맺는지 규정하거나 결정할 수 없다. 자연법칙은 기존 자연환경의 측면들이 어떻게 상호 작용하거나 상호 관련을 맺는지에 대해 사람이 끌어낸 서술일 뿐이다. 자연법칙은 통제하지 않는다. 자연법칙은 서술일 뿐이다.

이 모든 토론으로부터, 독자가 사고할 때 너무 기꺼이 혹은 너무 무비판적으로 모순, 타협과 비일관성을 수용하는(무시하는) 위험성을 피해야 할 필요성이 생겨난다. 꽤 구체적으로 말하면, 모순과 타협과 일관성 없는 사고가 '유신론적 진화론자들'의 공식 표현에 포함된다. '유신론적 진화론자들'은 초자연적인 것에 대한 믿음과 선사 시대의 (추정된) 자연적 현상에 대한 믿음을 섞어 놓았다.

피해야 할 두 번째 위험은 창세기에 나오는 최초의 기원에 관한 (바뀌지 않고 바뀔 수 없는) 진술보다 최초의 기원에 대한 인간의 견해를 선호해서 수용하는 태도다. 바빌로니아의 '창조 서사시'("에누마 엘리시") 같은 고대 신화나 전문 과학자들이 최초의 기원에 관해 형이상학적으로 추측한 내러티브들을 오랜 전통적 권위를 지닌 성경과 동등하게 다루는 경우가 매우 많다. 이 두 번째 위험에는 하나님의 말씀에 대한 인간의 해석과 하나님의 세계에 대한 인간의 관찰 사이의 잠재적 혼동이 수반된다.[6]

기존의 우주에 대한 측정과 서술 사이, 생명 물질과 무생물의 분석과 비교 사이, 인간의 독특한 개념적·상징적 행위에 대한 연구 및 규정 그리고 유인원의 지각에 의한 행위 및 신호에 대한 반응 사이는 명백히 구분되어야 한다.

전문 과학자들은 우주의 크기를 측정하지 못하고, 지구상의 최초 생명체의 출현을 관찰하지 못하고, 지구상의 인간의 출현을 관찰하지 못하고, 우주의 나이를 측정하지 못하고, 지구의 나이를 측정하지 못하고, 암석의 나이도 측정하지 못한다. 시간에 관한 마지막 세 가지 사항에 대해 과학자들은 선사 시대의 어떤 측면에 대한 추산치를 제시할 뿐이다. 선사 시대의 시간과 조건에 대한 그와 같은 모든 진술은 현대 자연 철학자들의 형이상학적 진술이라고 볼 수 있다.

특별히 '유신론적 진화론자들'은 과학자들이 주장하는 방대한 기간에 관해 분명히 겁을 내고 있다. '유신론적 진화론자들'은 또한 화석 자료들의 해석에 대한 시간 척도뿐만 아니라 별의(우주의) 진화에 소요되는 기간과 소위 분자(화학적) 진화와 생물학적 진화에 대한 연대를 무비판적으로 받아들였다.

그러나 선사 시대의 시간에 대한 과학적 측정은 존재하지 않으며, 마치 관찰자가 광범위하게 퇴적된 퇴적물에 대해 과학적 기록을 마런해 놓기라도 한 것 같은 화석에 대한 기록도 존재하지 않는다. 그랜드캐니언에서 가장 대표적으로 드러나는 대규모의 퇴적 과정을 관찰한 사람은 아무도 없다. 선사 시대의 시간 혹은 추정된 화석 기록에 대한 많은 진술은 상상으로 만든 내러티브의 성질을 띤다.

'유신론적 진화'와 '점진적 창조'는 전혀 도움이 되지 않는 개념들이다. 이 개념들은 타협과 모순과 일관성 없는 사고를 포함한다. 이 개념들을 사용하면 독자들은 성경에 기반한 기독교 유신론에 대한 소위 자연주의적(물질주의적) 대체물을 받아들이도록 무비판적으로 유도될 위험에 처할 것이다. 기원 문제와 관련해서 특별히 주목할 가치가 있는 것은 골로새서 2:8의 경고, 열왕기 18:21의 책망, 시편 118:8의 충고다.

결론

'소진화'와 대비해서 '대진화'라는 용어를 일관성 있게 사용해야만 의미의 혼동을 피할 수 있다.

'진화'와 '창조'가 상호 배타적이라는 점을 인식해야만 의미의 혼동을 피할 수 있다.

'진화'와 '진화론' 사이의 차이를 구별해야만 의미의 혼동을 피할 수 있다.

'진화'와 '유전 변이'를 구별해야 의미의 혼동을 피할 수 있다.

'유신론적 진화론자들'(그리고 '점진적 진화론자들')이 시도하는 창조주 하나님을 덧붙이려는 모순, 타협, 비일관성을 피해야만 명확한 설명을 얻을 수 있다.

주

YES

1. W. Countryman, *Biblical Authority or Biblical Tyranny: Scripture and the Christian Pilgrimage* (Philadelphia: Fortress, 1981), p. 10.
2. T. Dobzhansky, "Evolution", in *Encyclopedia Americana* (1979), 10, p. 734.
3. S. J. Gould는 진화를 사실이라고 부르고, 진화 메커니즘에 '이론'이라는 단어를 지정하는 것을 선호한다. 그의 글 "Evolution as Fact and Theory" in *Science and Creationism* (ed. A. Montagu: Oxford: University Press, 1984), pp. 117-225를 참고하라. 그러나 C. Patterson, *Evolution* (London: British Museum, 1978), p. 146를 참고하라. "진화론은…예를 들면 물리학처럼 완전히 과학적이지도 않고 역사처럼 비과학적이지도 않다. 진화론에는 법칙은 없으나 규칙은 있다. 그리고 진화론은 유기체의 특질에 대해 일반적 예측을 한다. 그러므로 진화론은 반증에 열려 있다."
4. 예를 들어, C. Darwin의 *The Origin of Species* 10장 제목은 "On the Imperfection of the Geological Record"이다. 『종의 기원』(십문당).
5. R. Collin, *Evolution* (New York: Hawthorn, 1959), p. 116; C. McGowan, *In the Beginning…A Scientist Shows Why the Creationists Are Wrong* (Buffalo: Prometheus, 1984), pp. 95, 119.
6. Collin, *Evolution*, pp. 57, 92.
7. R. M. Frye, "The Two Books of God", in *Is God a Creationist: The Religious Case Against Creation Science* (ed. Frye; New York: Scribner's, 1983). Frye는 매우 유용한 이 개념을 Francis Bacon을 거쳐 Augustine까지 거슬러 올라간다.
8. A. Heidel, *The Babylonian Genesis* (Chicago: University Press, 1951), p. 129.
9. McGowan, *In the Beginning*, pp. 36-37; P. Luykx, "Mutation", in *Encyclopedia Americana* (1979), 19, p. 680. "여러 세대에 걸쳐, 새로운 유리한 조합이 표준으로 자리 잡을 수 있다. 이런 식으로 새로운 종이 발생할 수 있다."
10. *The Origin of Species* 결론의 마지막 문장.

NO

1. 현시점에서 적절한 과학 이론은 과학자들이 수 세기에 걸쳐 자연환경, 창조, 그들 주변의 모든 것에 대해 발전시켜 온 주의 깊게 형성된 생각의 집합으로 규정되어야 한

다. 적절한 과학 이론의 두드러진 예에는 원자 이론, 속도 분자 이론, 유전자 이론이 있다. 이러한 과학적 이론은 자연환경의 양상에 대한 사전 인식에서 비롯되었다. 각 이론은 가상의 실체[원자, 전자, 분자 또는 유전자(DNA 그리고/또는 RNA), 그리고 이들 각각이 존재한다는 많은 간접 증거가 있다]의 존재, 관계, 활동에 대한 가정의 집합이다. 또한 적절한 과학 이론으로부터 자연환경의 양상에 대한 사전 예측(예상)이 만들어진다. 그런 예측을 직접적으로 혹은 간접적으로 검증하고 또 검증한다. 그리하여 과학 이론의 양상에 대한 확실한 지지(또는 부인)를 얻는다. 적절한 과학 이론과 관련된 방법과 절차의 실행자들은 진화론자들이 의존해야 하는 비교 추론 방법에만 매여 있지 않다.

2. J. N. Moore, *How To Teach Origins (Without ACLU Interference)* (Milford: Mott Media, 1983), pp. 209-210에 실린 '살아 있는 화석'에 대한 논의를 주목하라.

3. N. C. Gillespie, *Charles Darwin and the Problem of Creation* (Chicago: University Press, 1979), p. 15; J. C. Greene, *Science, Ideology, and World View* (Berkeley: University of California, 1981)를 보라.

4. 총체적 진화론은 많은 현대 20세기 '주의'(-ism)들의 기초가 되었다. 일부만 열거해도 과학적 사회주의, 나치 파시즘, 공산주의, 물질주의, 자연주의, 제국주의, 프로이트주의, 행동주의, 세속적 인본주의가 포함될 수 있다.

5. '유신론적 진화론자'의 사고에 명백히 드러난 바 또는 내포된 바는 우주가 자연법칙에 의해 지배되거나 통제된다는 개념을 받아들이는 것이다. 자연법칙(또는 자연의 법칙)은 지난 몇 세기 동안 물리학자들과 생물학자들이 가장 성공적으로 규정했다. 자연법칙이 우주를 지배한다는 관점은 자연환경의 양상들의 상호 작용과 상호 관계에 대한 매우 성공적인 설명에서 발전되었다. 역사적 사건의 분석을 통해 알 수 있듯이, 그 관점은 19세기와 20세기 초에 갈수록 심해진 결정론적 사고의 관점에 기초가 되었다. 그 시대의 많은 주요 사상가들은 이신론자(理神論者)로 알려졌고, 확고부동했던 기독교 유신론자들의 초기 리더십을 대체했다. 따라서 어떤 의미에서 '유신론적 진화'는 기독교 유신론과 자연주의라는 두 가지 관점을 종합하는 방법으로 제안되었다. 이는 타협, 모순, 일관성 없는 사고의 실천이라 할 수 있다.

6. 현대 과학이 기독교 세계관에 기초한다는 사실에 대한 기록 문서를 찾는다면 S. L. Jaki, *The Road to Science and the Ways to God* (Chicago: University Press, 1978); *The Origin of Science and the Science of Its Origin* (South Bend: Regnery/Gateway, 1978); *Science and Creation: From Eternal Cycles to*

Oscillating Universe (New York: Science History Publications, 1974); H. Butterfield, *The Origins of Modern Science* (New York: Bell, 1962); R. R. E. D. Clark, *Science and Christianity—A Partnership* (Mountain View: Pacific Press, 1972); R. Hooykaas, *Religion and the Rise of Modern Science* (Grand Rapids: Eerdmans, 1972); E. M. Klaaren, *Religious Origins of Modern Science* (Grand Rapids: Eerdmans, 1977)를 보라. A. N. Whitehead, *Science and the Modern World* (New York: Macmillan, 1926); J. R. Oppenheimer, "On Science and Culture", *Encounter* (October 1962)는 더 나아가 현대 과학이 유대-기독교 전통에서 성장했다는 확증적 진술을 강조했다.

5

삼위일체 교리가 창세기의 창조 기사에 내포되어 있는가?

YES | 유진 메릴 Eugene H. Merrill
NO | 앨런 하우저 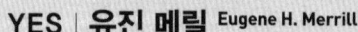Aalan J. Hauser

YES

유진 메릴 Eugene H. Merrill
달라스 신학교 구약학 교수

창세기 1장은 삼위일체 교리를 예견하고 내포한다(물론 이 진리의 완전한 표현은 신약성경과 초기 교회의 신앙 고백에 이르러서야 나타난다). 이 글의 접근법은 이 문제를 세 가지로 검토하는 것이다. (1) 신학적으로, 즉 신약성경과 구약성경이 함께 알려 주는 전체적 성경신학의 관점에서 검토한다. (2) 해석학적으로, 즉 해석의 규범들을 적절히 고려하며 검토한다. 해석의 규범들은 무엇보다도 성경을 문맥 속에서 받아들일 것, 성경을 다른 성경과 비교할 것, 성경을 점진적 계시의 원칙에 기대어 이해할 것을 요구한다. (3) 문법적으로 그리고 주석적으로, 즉 비교 사전학, 어원학, 단어의 용례, 형태와 구문론에 주의 깊은 관심을 가지고 검토한다.

신학적 증거

'성경신학'이라는 용어는 적어도 복음주의자에게는 구약성경과 신약성경의 신적 기원, 공동 저작 및 계획의 결과로서의 기본적 통일성, 그리고 공통된 계시의 흐름(들)—이는 성스러운 역사의 각기 다른 단계에서 개별적으로 인지될 수 있다. 때때로 또는 언제나 나란히 진행되지만 결코 서로 충돌할 수 없다—을 포함하는 특정한 의미를 전달해야 한다.[1]

방금 말한 전제들이 옳다면, 우리는 (물론 언제나 명시적으로는 아닐지라도 혹은 언제나 동일한 형식으로는 아닐지라도) 신약성경 신학의 뿌리가 구약성경에 있을 것이라고 기대할 수 있다. 창조, 죄악론, 구원론, 종말론 등의 개별 교리에 대해서도 이렇게 주장할 수 있다.[2] 이런 주장이 하나님의 활동을 반영하는 가르침들에도 해당된다고 인정한다면 그분의 본성, 그분의 위격, 그분의 존재 자체와 관련되는 가르침들에 대해서는 무엇이라고 말하겠는가? 삼위일체 하나님 자체에 대한 신학에서 기본이 되는 진리의 기원을 신약성경에서만 찾을 수 있다고 상상할 수 있단 말인가?

유추적으로 본다면 이 질문에 대한 대답은 철저한 '아니요'가 될 것이다. 그러나 유추는 증거가 될 수 없다. 이제 성경 자료가 삼위일체 하나님 교리를 가르치는지 보기 위해서는 성경 자료 자체, 특별히 창세기 1장을 검토해야 한다. 이 일은 무엇보다 보편적으로 받아들여지는 해석 원칙과 절차에 세심하게 주의를 기울일 것을 요구한다.

해석학적 증거

하나님이 성부, 성자, 성령의 위격으로 영원히 존재하신다는 삼위일체 교리가 기독교 교회에서 보편적으로 인정되는 근본적 진리라는 점은 부인할 수 없다. 그러나 이는 오로지 신약 시대 이후로 교회가 신약성경이 명시적으로는 아니더라도 함축적으로 가르친 이 진리를 발견해 왔기 때문이다. 예수님은 거듭해서 신성을 주장하셨고,[3] 사도들의 증언이 언제나 이 주장을 지지했다.[4] 마찬가지로, 성령은 하나님에게서 나온 영이실 뿐 아니라 또한 하나님 자신이심이 분명히 확인된다.[5] 마지막으로, 하나의 신적 본질 속에 존재하는 하나님의 삼위격성(tri-personality)을 분명히 진술하는 신약성경의 진술들에서 하나님의

삼일성(tri-unity)에 대한 적어도 잠정적인 표현들이 이미 존재한다.[6]

이 점을 인정한다 할지라도, 우리는 여전히 하나님의 본성에 대한 신약성경의 증언이 구약성경에 뿌리와 줄기를 둔 계시의 충만한 열매임을 보여 주어야만 한다. 신약성경의 계시가 밝아 오기 전까지는 하나님의 본성과 위격에 대해 알려진 바가 없었다는 주장이 이론적으로는 가능할지도 모른다. 그러나 앞에서 제시한 것처럼 이 주장은 개연성이 너무 낮아서 반증할 필요조차 없다. 만일 많은 신학자가 아주 옳게 주장하는 것처럼 하나님 자신이 성경신학의 주요한 주제라고 한다면,[7] 역사 속의 자신의 활동과 구속에 대한 존재론적 기초에 관해 하나님이 거의 혹은 아무것도 말씀하지 않으신다는 것이 과연 가능하다는 말인가? 하나님이 자신의 형상과 모습대로 인간을 창조하시고도 자신의 인격의 관점에서 그것이 무엇을 의미하는지 알려 주시지 않았단 말인가?

이러한 질문들에 대한 탐구는 계시의 특성과 전진을 고려하는 일로 이어진다. 성경 진리가 처음 계시되었을 때는 완전히 발달한 형태로 나타나지 않았다는 점은 어떤 성경 진리에 대해서든 조금만 연구해 보면 꽤 분명해진다. 어떤 교리든 우리는 그것이 서서히, 시간에 걸쳐, 점진적으로 계시되었다는 점을 쉽게 알 수 있다. 성경 역사의 모든 세대는 적어도 점증하는 신적 자기 계시에 참여할 기회를 부여받았다. 태고 때에 단순한 초기 형태로 알려진 진리는 족장들에게는 정교하게 알려졌고, 모세와 시인들과 현자들에게는 더 명확해졌으며, 선지자들에게는 선명하게 그리고 더 상세히 설명되었고, 사도적 교회에게는 완전히 드러났다.

일반적으로 점진적 계시라고 알려진 이 과정은 다음과 같은 연구에 수반되는 근원적인 해석학적 이슈와 관련된다. 그것은 하나님 자신의 본질과 본성의 진리와 같이 중요한 신학적 진리는 계시 자체의 시작에서 기원하며 계시의 최종 증언에서 절정에 이르는 발전적 과정의 한 부분이라는 이슈다. 게르할더스 보스(Geerhardus Vos)[8]와 다른 학자들의 유추를 사용하자면, 진리의 점진적 계시란 그 최종적 표현이 우뚝 솟은 몸통, 웅장한 가지, 아름다운 잎을 지닌 장대한 참나무와 유사한 유기적 과정으로 보아야 한다. 그러나 그런 진리는 참나무처럼 창조 명령에 의해 성숙한 상태에 도달한 것이 아니다. 오히려 이 진리는 자그마한 도토리로부터 시작해서 점진적으로만 거대한 크기까지 자라난다. 이 진리는 보잘것없는 상태에서 시작해서, 단계별로 연속적으로 내용이 추가되면서 확장되어, 마침내 완숙한 표현에 도달한다.

그러나 우리는 도토리를 참나무라고 규정할 수 없고, 참나무가 단지 도토리의 커다란 종류라고 말할 수는 없다. 마찬가지로 우리는 신약성경에 완전히 발달한 형태로 나타난 삼위일체에 대한 가르침을 구약성경에 단지 초기 형태로 내포된 바와 혼동해서는 안 된다. 한편 도토리는 잠재적으로 참나무다. 왜냐하면 최종 산물에는 최초의 씨앗과 근본적으로 이질적인 요소나 그 씨앗에 추가된 요소가 없기 때문이다. 달리 표현하면, 도토리는 참나무의 소우주이고, 참나무는 도토리에 내재된 대우주다.

신학적·해석학적 관점에서 신약성경의 삼위일체 교리는 ('잎이 나고' 성숙한 상태지만) 본질적으로 구약성경에 있는 동일한 교리보다 더

하지도 덜하지도 않고 다르지도 않다. 적어도 우리는 그리스도인 해석자로서 (이후의 신약성경의 계시 없이도 그렇게 인식될 수 있든 없든) 삼위일체의 하나님이란 개념이 구약성경에 잠재적으로 존재했다고 말해야만 한다. 그러므로 구약성경의 본문이 앞에서 제안된 신학적·해석학적 가정들을 지지하는지 살펴보는 일이 필요하다. 만일 삼위일체 하나님에 대한 완전한 계시의 참나무가 신약성경에 있다면, 그리고 신약성경이 구약성경의 주제가 점진적으로 발달한 것이라면, 우리는 앞에서 주장된 가능성이 실제로 존재하는지 보기 위해 구약성경에 나타난 삼위일체 교리의 '도토리들'을 마땅히 해부할 수 있다.

주석적 증거

이 단락에서 따라야 할 절차는 이 주제와 관련된 주요한 본문 몇 개를 검토하는 것 그리고 시간순으로 또 정경에 따라 검토함으로써 방금 제안한 신학적·해석학적 원리들이 존재하는지 보는 일이다. 이 일은 먼저 토론 중인 창세기 1장에 주의를 기울일 것을 요구한다. 하지만 다른 관련 본문들을 숙고한 후에, 창세기 1장에 삼위일체에 대한 진정한 증거가 있는지 결정하기 위해 다시 돌아가서 한 번 더 최종적으로 그 본문을 다룰 것이다.

온갖 주장을 하는 학자들이 이스라엘의 하나님에 대한 가장 보편적인 호칭인 '엘로힘'(*ĕlōhîm*, 하나님)이라는 신적 명칭이 복수형이라는 점에 오랫동안 관심을 가져 왔다. 물론 이 용어는 이름이라기보다는 신을 묘사하는 통칭이다. 그러나 일반적으로 신들을 언급할 때뿐만 아니라 이스라엘의 하나님을 언급할 때 이 복수형을 사용한 것은 의미가 있다.⁹ 사실 고대 근동 세계의 모든 다른 문학에는 이와 유사한 사례가 거의 존재하지 않는다.

유대 전통은 일반적으로 '엘로힘'의 형태를 '장엄함의 복수' 혹은 그와 유사한 것이라고 설명한다.¹⁰ 이러한 설명은 이 단어를 올바른 문법적 방식으로 바라본 것이다. 왜냐하면 문법적으로 복수형이 숫자 외의 무언가를 표현하는 다른 사례들이 있기 때문이다. 구약성경의 하나님은 초월적이시고 무한히 강하시고 거룩하시고 신비로우시기 때문에 그분이 단수형 명사를 포함하는 문법적 제약을 넘어서는 방식으로 묘사되는 것은 아주 적합하다.

일부 학자들은 앞에 나오는 복수형이 이스라엘 신학의 조상들이 다신론자였을 때의 흔적이라고 제시함으로써 이 현상을 설명해 왔다. 비록 종교적 지식이 발전하는 과정에서 이 조상들이 다신론적 견해를 포기했지만, 적어도 이 경우에는 다신론적 용어를 간직했다는 것이다. 그렇다면 '엘로힘'이라는 칭호는 원시 시대의 잔재다. 구약성경에서 문법적 용도가 아닌 복수의 개념을 더 이상 전달하지는 않지만 말이다.¹¹

이와 같은 견해의 주된 문제는 성경 밖의 종교와 문학에서 유사한 사례를 발견할 수 없다는 것이다. 고대 근동 세계의 민족들은 그들의 신들 중 하나를 개인으로서 묘사할 때 복수형을 규칙적으로 유지하지 않았는데, 왜 히브리인들만 그들의 한 하나님을 언급할 때 복수를 폐기하지 못했을까? 이런 이유 그리고 다른 이유들 때문에 이 선택지는 보편적으로 거부되어 왔다.

'엘로힘'이 장엄함의 복수형을 말하는 것이라는 다른 견해도 가능하다. 하지만 이 견해는 그것이 문법적 복수형만을 다루는 한도 안에서 가능하다. 추가로 고려해야 할 사항은 한 존재로서의 하나님을 가리킬 때 이 복수형이 사용되는 문맥이다. 이러한 관계에서 창세기 1장만을 주목하는 것으로 충분하다. 26절에서 본문은 "우리의 형상을 따라 우리의 모양대로 우리가 사람을 만들[자]"라고 말한다. 히브리어 본문은 이 구절에서 복수형의 동사 하나(*naʿăśeh*, '우리가 만들자')와 복수형 어미가 붙은 명사 두 개(*běṣalmēnû*, '우리의 형상을 따라'; *kidmûtēnû*, '우리의 모양대로')로 되어 있다. 주어가 '엘로힘'이기 때문에, 보통 단수로 인식되는 하나님이 적어도 여기서는 문법적으로뿐만 아니라 기능적으로도 복수로 제시된다.

일반적으로 유대 전통은 복수형이 창조 사역에서 천사들의 무리와 함께 상의하시는 하나님으로 해석될 수 있다고 주장한다.[12] 오직 하나님만이 창조하시고 천사들은 피조물로서 하나님과 더불어 창조자가 될 수 없다는 분명한 성경의 확언이 이 해석을 반대한다.

또 다른 의견은 창세기 1:26의 언어는 화자가 사실은 '나'를 의미하는데 겸손하게 '우리'를 사용하는 정중 어법이라는 것이다. 이와 같은 용법은 실제로 현대 서구 문학에서 흔하나, 구약성경의 다른 곳 혹은 고대 근동의 방대한 문학에는 그 증거가 존재하지 않는다.[13] 이곳에서 이 용법이 사용되었다는 주장에는 억지 변론 같은 기미가 있다.

창세기에는 '우리'가 신적 명칭인 '엘로힘'과 함께 쓰이는 다른 구절이 두 개가 있다. 바로 3:22과 11:7이다. 3:22은 범죄한 사람에 대해 "우리 중 하나같이 되었으니"라고 말한다. 즉, 인간은 어떤 의미에서 하나님과 같이 되었다. 분명히 하나님의 탄식은 사람이 천사나 다른 어떤 피조물처럼 되었다는 것이 아니다. 사실 사람이 금지된 과일을 먹으면 '엘로힘'처럼 될 것이라는 말은 사탄의 주장이었다(3:5). 유사하게 인간이 바벨탑을 짓기 시작하자 여호와께서 인간의 자만심을 보기 위해 내려오셔서 거룩한 분노 속에서 "자, 우리가 내려가서 그들의 언어를 혼잡하게 하[자]"라고 선언하신다. 여기서도 여호와께서 천사들이나 다른 어떤 존재의 도움을 언급하신다고 보기는 어렵다. 창조하시고 명령하시고 자신의 창조에 대해 판단하시는 이는 오직 하나님 한 분이시다. 말씀하시는 분, 때때로 문법적으로 복수형 용어로 묘사된 주어로서 말씀하시는 이는 하나님 한 분이시다.

우주의 창조 때에 수면 위에 '운행하시던' 하나님의 영의 역할이 창세기의 신적 위격의 복수성을 추가로 지지한다(1:2). 이 표현이 매우 비유적인 언어라는 점과 영은 분리된 인격체가 아니라 오직 하나님의 연장이라는 점을 인정해야 하겠지만, 앞에서 주장한 것처럼 대명사들의 복수성은 하나님의 영이 적어도 창조 사역에서 '엘로힘'과 함께 일하는 하나님의 한 위격으로 이해될 수 있다는 사실에 실체를 부여할 것이다. 여기서 삼위일체를 볼 수 있다고 하는 것은 증거를 넘어서는 일이 된다. 그러나 이원성의 가능성이 삼위일체 개념을 예비한다는 점은 분명하다.

아마도 구약성경의 모든 구절 중에서 가장 놀라운 구절은 아이러니하게도 하나님의 삼위일체성을 지지하기 위해 거의 인용되지 않는 구절일 것이다. 이 구절은 초기 이스라엘의 고백인 신명기 6:4-5에 나온다. 이 관련 구절은 다음과 같다. "주님은 우리의 하나님이시요, 주님은 오직 한 분뿐이십니다"(새번역). '하나'(히브리어 'eḥād)라는 단어—이 단어는 뉘앙스가 복합적이며 하나부터 다수까지 혹은 하나 안의 다수를 내포한다[14]—는 동사 '야하드'(yāḥad, '연합되다')와 관련된 형용사 형태다.[15] 다른 히브리어 파생어들은 '야하드'(yaḥad, '연합'), '야흐다우'(yaḥdāw, '함께'), '야히드'(yāḥîd, '유일한, 혼자의')가 있다.[16] 그 어근의 진정한 의미는 개별 요소들의 합류에 의해 생긴 통합의 의미임이 분명하다. 그러므로 숫자 '하나'는 하나님께 적용될 때 다른 무엇보다도 원래는 분리된 요소들의 하나됨을 의미할 수 있다.

이 구절에 내포된 의미는 '에하드'가 적어도 어원학적으로는 여호와가 통합적 존재이심을 가르친다는 것이다. 이것은 구약성경에서 이 숫자가 사용될 때마다 개별 요소들의 통합을 염두에 둔다는 말은 아니다. 왜냐하면 단어는 종종 자신의 어원학적 의미를 떠나 의미가 발전하기 때문이다. 그 고백적 성격을 고려할 때 신학적 내용으로 가득 차 있는 신명기 6:4에서, 역사적·어원학적 의미가 고려된다고 추정하는 것은 결코 비합리적인 일이 아니다. 신적 의도, 즉 한편으로는 여호와의 독특함과 유일함을 그리고 다른 한편으로는 삼위일체 하나님의 다위격성(多位格性)을 전달하는, 신학이 가득한 용어를 선택한 점을 고려할 때 특별히 더 그렇다.

관심을 가져야 할 마지막 구약성경 본문은 이사야 48:16이다. 나는 이 구절을 다음과 같이 번역한다. "너희는 내게 가까이 다가와 이 말을 들으라. 처음부터 나는 비밀히 말하지 아니하였다. 그것이 [처음] 있을 때부터 내가 그곳에 있었다. 그리고 이제 주 여호와께서 나를 보내셨다. 그리고 그의 영이 [또한 나를 보내셨다]." 12절부터 시작되는 이 본문의 문맥은 화자를 '처음이요 마지막'으로 소개한다(참고.

계 1:8, 17; 22:13). 그분은 하늘과 땅을 창조하셨고(13절; 참고. 요 1:3; 골 1:16; 히 1:2), 고레스를 부르고 그로 하여금 이스라엘을 바빌론 유수로부터 구원하도록 하셨다(14-15절; 참고. 44:24-45:1). 그리고 16절은 이 화자가 여호와와 성령에 의해 보냄받았다고 제시한다.[17]

이 구절의 언어는 (신약성경에서 인용된 구절들의 언어와 함께) 이 화자를 예수 그리스도라고 분명하게 밝힌다. 하나님의 세 위격의 놀라운 병치 속에서, 우리 주님은 예언적으로 성부와 성령 모두에 의해 보냄받았다고 제시된다. 이 메시아적 구원자의 사명은 구약성경과 신약성경 모두에서 분명하다(사 61:1; 막 9:37; 눅 4:18, 43; 9:48; 10:16; 요 3:17; 6:29, 57; 7:29; 8:42; 10:36; 11:42; 17:3, 8, 18, 21, 23, 25; 20:21; 요일 4:9-10, 14). 우리는 고린도후서 13:13처럼 더 분명한 신학적 문구를 구약성경에서도 바라겠지만, 화자가 삼위일체 하나님을 형성하는 일원이라고 생각하지 않고서는 창조 때부터 하나님과 화자가 공존했다고 생각할 수 있는 방법이 없다.

창세기 1장은 삼위일체 교리를 배아 형태로 포함한다고 앞에서 말한 제안은 (의심의 여지가 거의 없거나 완전히 없는) 이후의 구약성경과 신약성경의 구절들의 관점에서 볼 때 잘 지지되는 것처럼 보인다. 만일 우리에게 창세기 1장만 주어진다면 어떤 방법으로도 그와 같은 주장을 할 수는 없을 것이다. 그러나 신적 계시의 통일성과 신적 위격의 불변성을 진지하게 받아들인다면 창세기 1장에서 (삼위일체 교리의 실재는 아니더라도) 삼위일체 교리가 예비되었음을 부인할 수 없을 것이다.

결론

이 연구는 신약성경의 모든 교리적 진리(삼위일체를 포함한)가 구약성경에서 그 뿌리를 찾을 수 있다는 전제에서 논의를 진행했다. 이 논의의 필연적 결과는 하나님의 본성이 한 시대에서 다음 시대로 넘어가면서 변화를 겪었을 것이라는 생각이나, 혹은 하나님의 본성에 관한 성경의 계시가 창세기 1장을 포함한 최초의 단계에서조차 완전히 침묵할 수 있다거나 침묵했을 것이라는 생각은 상상도 할 수 없다는 것이다.

이런 신학적 가정은 성경의 통일성을 전제로 하고, 점진적 계시라는 해석학적 원리를 수반한다. 그리고 이 가정은 삼위일체에 관한 더 완성된 신약성경의 가르침이 구약성경의 가르침을 명확하게 하고 어떤 경우에든 구약의 가르침과 모순될 수 없다는 기대를 내포한다. 구약성경이 하나님에 대한 삼위일체 개념을 체계적으로 제시하지 않는다는 것은 부인할 수 없다. 그러나 구약성경이 삼위일체를 반대하지 않는다는 점은 분명하다. 사실 존재론적 질문에 관련된 본문들(창 1장을 포함한)은 이스라엘의 주님이 교회가 고백하는 성부 하나님, 성자 하나님, 성령 하나님이시라는 영광스러운 사실을 만장일치로 증언한다.

앨런 하우저 Aalan J. Hauser
애팔래치아 주립대학교 성경학 교수

삼위일체 교리는 창세기 1장에 내포되어 있지 않다. 그러나 논증을 시작하기에 앞서 세 가지를 살펴보고자 한다.

1. 삼위일체 교리가 창세기 1장에 내포되어 있는가의 이슈는 이 교리의 타당성이라는 더 넓은 이슈에는 실질적 영향을 끼치지 않는다. 창세기 1장을 진지하게 받아들이는 유대인들과 그리스도인들은 삼위일체 교리에 관해 완전히 상반된 입장을 취한다. 그들은 창세기 1장의 경계 훨씬 너머에 자리 잡은 전제들, 본문들, 논증들을 기초로 해서 이런 입장들을 취한 것이다. 삼위일체 교리를 주장하거나 부정하는 데 기초가 되는 다른 요인들이 매우 많기 때문에, 그리스도인이 이 교리를 지지하는 동시에 이 교리가 창세기 1장에 내포되어 있음을 부인할 수 있다는 점은 분명하다.

2. 삼위일체 교리는 비교적 '최근의' 교리다. 다시 말해, 이 교리의 본질적 면을 규정하는 과정은 니케아 공의회(325년), 콘스탄티노플 공의회(381년), 칼케돈 공의회(451년) 같은 최근의 주요한 토론을 포함했다. 이 공의회들에서는 세 위격의 동등함, 세 위격 사이의 구분, 성부로부터 성자가 나옴 같은 삼위일체 교리의 기본적 요소들을 분명히 했다. 이 발전된 진술들과 비교하면 신약성경은 분명하지 않은 함축적 방식으로 이 교리를 언급한다고 말할 수 있을 것이다. 즉 요한복음 14장 같은 구절들은, 이후에 초기 교회의 신학자들이 이 교리를 형성할 때 사용하고 확장한 진술들과 개념들을 제시한다.[1]

더욱이 구약성경을 보면 삼위일체에 대한 식별 가능한 언급이 없음이 분명해진다. 오직 교회 공의회가 그 교리를 규정한 후에야, 삼위일체에 대한 암시라고 주장되는 것들을 알아볼 수 있게 되었다. 교회 공의회들 그리고 이 신조들을 형성한 교부들이 제시한 관점 없이 우리가 구약성경에서 삼위일체 교리를 말할 수 있었을 것이라고 상상하기는 어렵다. 다시 말해서, 구약성경에서만 골라낸 구절들을 토대로 삼위일체 교리를 (개략적 형태로라도) 진술하는 일은 가능하지 않을 것이다. 성경 해석의 중요한 원칙은 저자 및 그와 동시대 청중의 관점 및 환경을 후대 해석자들의 관점과 구별하는 일에 언제나 신경 써야 한다는 것이다. 해석자는 저자가 살던 맥락 속에 존재하는 시간적·공간적·사회적·지적 제약을 고려해서, 저자가 생각했을 것이라고 합리적으로 주장할 수 있는 뉘앙스와 의미만을 저자의 말에 부여할 수 있다. 이러한 사실은 나의 세 번째 관찰로 이어진다.

3. **어떤 단어나 구절도 문맥 중립적일 수는 없다.** 말하자면 단어나 구절은 문맥이 없는 특정한 의미나 뉘앙스를 전달하지 않는다. 한 단어만 말하는 경우처럼 아무런 문맥이 주어지지 않는 경우에도, 청자 혹은 독자는 자동적으로 문맥을 제공해서 그것을 그 단어를 이해하기 위한 준거 틀로 활용한다. 대개의 경우에 청자/독자는 화자/저자가 단어나 구절을 사용하는 문맥을 이해할 수 있고, 따라서 적절한 의미가 전달된다. 그러나 어떤 경우에는 문맥이 제공되어도 청자/독자가 그 문맥을 무시하고 자신이 아는 바나 기대하는 바에 더 잘 들어맞는 문맥을 제공한다.[2] 이런 일이 발생할 때 그 단어들에 대한 청자/독자의 이해는 화자/저자가 전달하고자 의도한 의미를 본질적으로 왜곡할 수 있다.

창세기 1장의 '영'이라는 단어의 용도에 대해 내가 아래에서 보여주는 것처럼, 우리는 어떤 단어가 하나의 특정한 본문의 맥락에서 너무 많은 뉘앙스와 함축 의미를 담도록 강요하지 않게 늘 주의해야 한다. 우리가 구약성경 전체에 있는 많은 구절에서 특정한 성경 단어의 용례를 조사할 때는 그 단어가 많은 다른 의미를 지닐 수 있지만, 어느 한 구절이 이 모든 의미를 지닐 수는 없다. 우리는 한 의미가 다른 곳에서 나타나기 때문에 그 의미가 해당 구절에서도 적절할 것이라고 단순하게 생각하는 대신, 어떤 의미가 그 구절에 가장 적합한지 결정하기 위해 검토하는 구절의 기본적 요점과 흐름을 연구해야 한다. 만약 이 해석의 규칙을 따르는 데 주의하지 않는다면, 그 구절에 부여할 수 있는 의미는 거의 없다.

이제 우리는 창세기 1장을 살펴볼 것이다. "땅은 형태가 없고 텅 비었으며 어둠은 깊음의 표면 위에 있었다. 그리고 엄청난 바람이 수면을 요동치게 했다"라는 2절을 생각해 보자. 히브리어 단어 세 개가 이 절을 이해하는 데 열쇠를 제공한다.

이것들 중에서 가장 중요한 단어는 '루아흐'(*rûaḥ*)인데, '루아흐'는 이 단어가 등장하는 구절 수백 개 중에서 우리가 고려하는 구절이 무엇인가에 따라 '바람', '숨', 혹은 '영'[3]으로 해석될 수 있다. 나는 '영'이라는 의미에 대한 토론을 이 글의 뒤로 미루어 놓고 지금은 다른 두 의미에 집중하고자 한다.

'루아흐'라는 단어는 창세기 6:17; 7:15, 22에서처럼 '숨'(새번역)을 의미할 수 있다. 이 구절들에서 이 단어는 모든 육체 가운데 있는 숨을 가리킨다. 이 단어는 또한 시편 18:15; 욥기 4:9에서처럼 하나님의 숨을 가리킬 수 있다. 시편 18:15에서 하나님의 강한 콧김은 적들을 흩어지게 하고 세상을 뒤흔든다. 욥기 4:9에서는 하나님의 콧김이 사악한 자들을 멸망시킨다. 모든 육체의 숨과는 달리, 하나님의 숨은 분명 강력한 힘이다. 그 힘은 우주를 뒤흔들 수 있다. 숨(인간의 숨 같은)과 강한 바람(토네이도나 태풍 같은)의 유추가 '하나님의 숨'이라는 개념과 결합되어 있다.

'루아흐'라는 단어는 흔히 하늘의 사방에서 불어오는 네 바람(렘 49:36; 단 7:2; 11:4; 개역개정 단 11:4에는 "천하 사방"이라고만 번역되어 있다―역주)에서처럼 '바람'을 의미한다. 하나님이 이 바람을 그분의 곳간에서 꺼내어 분배하신다고 한다(시 135:7; 렘 10:13). 민수기 11:31에서 하나님은 바람을 일으켜 메추라기들이 바다를 건너 이스라엘 진영으로 가도록 하신다. 창세기 3:8에서 하나님은 하루 중 시원한(바람이 부는) 때에 동산에서 거니신다. 창세기 8:1에서 하나님은 홍수의 물을 마르게 하기 위해 바람을 불게 하신다. 이 구절들과 수많은 다른 구절에서 '루아흐'는 명백히 하나님이 보내신 바람을 가리킨다.

'영'이 아니라 '바람'이 창세기 1:2에 나오는 '루아흐'에 대한 최선의 번역이다.[4] 1절에서 "태초에 하나님이 천지를 창조하시니라"라는 최초의 포괄적 진술이 나온 후에, 2절은 하나님이 질서와 구조를 부여하시기 전의 이 세상의 혼돈 상태에 초점을 맞춘다. 이 혼돈은 생생한 심상 세 개를 통해 표현된다. (1) 땅이 혼돈하고 공허했다. (2) 물 위에 어둠이 있었다. (3) 수면 위에 어마어마한 바람이 불고 있었다.[5]

바다에서 폭풍을 겪어 본 사람은 누구나 알듯이, 강력한 바람은 바닷물을 격노시킬 수 있고, 그 뒤를 이은 혼돈은 배와 선원 모두를 삼켜 버릴 수 있다(참고. 욘 1-2장). 그리하여 강한 바람의 심상은 2절에 나오는 혼돈의 그림을 완성한다. '루아흐'를 '영'으로 번역해서 하나님의 영을 가리키는 것으로 여기자는 제안은 이 혼돈의 그림을 방해한다. 누군가는 2절 끝에 언급된 하나님의 영이 다가오는 창조 활동의 전조로서 언급된다고 주장할 수도 있다. 그러나 그 말이 옳다면, 우리는 왜 저자가 2절에서 하나님의 영을 언급해 놓고는 창세기 1장 전체에서 다시는 그것을 언급하지 않고 대신 창조주를 단지 '하나님'이라고 일관되게 언급하는지를 의아하게 여겨야 할 것이다.

하나님의 영을 두 번째 언급하지 않는 것은 세상에 질서와 형태를 부여하시는 역동적·창조적 하나님의 심상을 거듭 강조하는 구절에서 심각한 문제가 된다. 만약 하나님의 영이 2절에 나오는 '루아흐'의 진정한 의미라면 하나님의 영에 대한 추가 언급을 기대하는 것이 자연스러워 보인다. 물을 휘젓는 엄청난 바람을 두 번째로 언급하지 않는 것은 그런 문제를 제기하지 않는다. 왜냐하면 2절에 나오는 혼돈의 심상을 혼돈에서 질서를 만드시는 하나님의 다양한 창조 행위에 대한 서문으로 볼 수 있기 때문이다.[6]

2절에서 연구해야 할 두 번째 히브리어 단어는 '하나님(들)'을 의미하는 '엘로힘'이다. 누군가는 이 용어를 '루아흐' 바로 뒤에 사용한 것이 삼위일체의 세 번째 위격을 나타낸다고("하나님의 영") 주장할지도 모르지만, 이런 주장은 두 단어의 의미 범위에 대해 충분히 신중을 기하지 않은 것이다. '루아흐'가 내가 주장하는 대로 '바람'을 의미할 수 있는 것과 마찬가지로 '엘로힘'은 '어마어마한' 혹은 '강력한'을 의미할 수 있다. 그렇다면 '하나님의 바람'은 하나님의 한 부분이나 신적 위격을 나타내는 것이 아니라 하나님이 보내신 강력한 바람을 의미할 것이다.

예를 들면, 여호와의 바람이 광야에서 일어날 때(호 13:15) 땅의 근원과 샘이 곧 마른다. 혹은 욥이 하나님이 자신을 버리셨다고 비난할 때(욥 30:22), 그는 하나님이 자신을 바람 위로 들어 올려 그 바람을 타게 하신 후 그를 폭풍 속에 던져 버리신다고 말한다. 그러므로 창세기 1장의 문맥에서, 특별히 혼돈에 강조점을 둔 2절에서 '어마어마한 바람' 혹은 '하나님의 바람'이라는 번역이 '하나님의 영'이라는 번역보다 더 합리적이다.

2절에서 세 번째로 연구해야 할 히브리어 단어는 이러한 문맥에 입각한 주장을 지지한다. '라하프'(rāḥap)라는 동사는 이 본문 외에는 단지 두 곳에서만 나타난다. 예레미야 23:9에서 이 단어는 예레미야가 하나님이 악한 선지자들에게 보내실 파멸을 깊이 생각할 때 그의 뼈들이 두려움 속에서 떨리는 것을 묘사한다. 신명기 32:11에서 이 동사는 독수리가 새끼 위에서 퍼덕이는 것을 가리킨다. 두 경우에 이 동사는 혼란스러운 움직임을 표현한다. 그러므로 나는 창세기 1:2에서 이 단어를 '뒤흔들었다'라고 번역한다.[7] "하나님의 영은 물 위를 운행하셨다"에서처럼 '운행했다' 혹은 '품었다'라는 번역은, 다른 두 구절에 나오는 이 동사의 용례를 고려할 때 너무 수동적인 번역이다. '뒤흔들었다'라는 번역은 어마어마한 바람 때문에 물이 뒤흔들리는 것을 표현한다. 이 번역은 2절 전체에서 제시하는 혼돈의 그림과 잘 맞아 떨어진다.

2절을 "어마어마한 바람이 수면을 뒤흔들었다"라고 번역하자는 이런 주장을 무시하고 "하나님의 영이 수면 위를 움직이셨다(혹은 운행하셨다)"라고 번역하자고 주장한다 하더라도, '하나님의 영'이 반드시 삼위일체의 세 번째 위격을 가리키는 것이 틀림없다는 결론이 따라오지는 않는다. 삼위일체 교리가 교회의 핵심적 가르침으로 세밀하게 발달한 2천 년에 가까운 기독교 역사를 겪은 후인 현대의 맥락에서, 대부분의 독자들은 거의 자동적으로 '하나님의 영'이 성령을 가리킨다고 이해한다. 이전에 언급한 것처럼, 사람들은 자신에게 익숙한 용어나 표현을 문맥 속에 넣어서 읽는 경향이 있다. 그러나 구약성경에서 '하나님의 영'이라는 표현을 자세히 연구해 보면 그와 같은 번역을 지지하지 않는다.

구약성경에서 '하나님의 영'의 사용을 간략하게 검토해 보자. 이 표현의 뒷부분인 '…의 영/마음'은 히브리어에서 사람 혹은 하나님의 동력이나 역동적 힘을 나타내기 위해 소유격과 관련된 단어 형태(construct state)에서 흔히 사용된다. 역대하 36:22에는 "여호와께서 바사의 고레스왕의 마음을 감동시키시매" 그가 이스라엘의 하나님을 예배하는 자들이 여호와의 성전을 재건하도록 허용하는 공포를 내렸다는(참고. 스 1:1) 말이 나온다. 역대상 5:26에서 하나님은 "앗수르 왕 불의 마음 곧 앗수르 왕 디글랏빌레셀의 마음"(NIV)을 일으키시어 이스라엘 지파의 일부를 사로잡아 가도록 하신다.

이 사례들에서 '…의 영/마음'은 그 사람으로부터 분리된 어떤 존재가 아니라 그 사람의 활발하고 강력한 힘을 나타낸다(또한 창 45:27; 왕하 2:15; 삼상 30:12; 학 1:14을 참고하라). 왜 우리는 '…의 영/마음'이라는 표현의 대상이 하나님일 때는 이와 다르다고 생각해야 하는가? 사사기 14:6에서 "여호와의 영이 삼손에게 강하게 임하니" 삼손이 사자를 찢었다는 말을 들을 때, 이 말은 성령이 삼손을 붙잡으셨다는 의미인가? 여기서 의미하는 바는 그보다는 하나님의 힘이 삼손에게 임해서 그에게 힘을 주었다는 것이다(다른 예를 들면 삿 6:34; 11:29을 보라). 개인에게 영향을 미치시는 성부에게서, 삼위일체 하나님 안에 있는 분리된 위격에 대한 힌트는 찾아볼 수 없다. 이 점은 누군가가 하나님의 영에 사로잡힌다는 내용의 많은 구약성경 본문에서 일관되게 적용된다(예를 들면 왕하 2:16; 삼상 10:6; 11:6을 보라).

창세기 1:2에 대한 나의 분석을 요약해 보겠다. 논의 중인 단어들은 "어마어마한 바람이 수면을 뒤흔들었다"라고 번역하는 것이 최선이다. 왜냐하면 이 번역이 직접적 문맥에 가장 잘 들어맞기 때문이다. 그러나 '하나님의 영'이라고 번역한다 할지라도 구약성경에 나오는 '하나님의 영'의 용례에 대한 자세한 조사가 보여 주는 것처럼 이것이 자동적으로 '성령'을 의미하지는 않는다.

이제 때때로 삼위일체를 함축하는 것으로 여겨지는 또 다른 구절인 창세기 1:26로 가 보자. "하나님이 이르시되 우리의 형상을 따라 우리의 모양대로 우리가 사람을 만들고…" 여기서 삼위일체의 전조를 보는 사람들은 '우리가 만들고'라는 표현과 두 번 나오는 복수형 대명사의 소유격 형태인 '우리의'를 흔히 언급한다. 그러나 어느 구절이 번역될 때 흔히 그러해야 하는 것처럼 원어의 미묘함과 뉘앙스를 잘못 해석하지 않도록 주의해야 한다. 이 구절을 이해하는 열쇠는 하나님에 해당하는 단어인 '엘로힘'이다. 이 히브리어 단어는 복수형이다(단수형은 'el 혹은 'elōah다). 복수형의 사용이 특이한 것은 아니다. 왜냐하면 구약성경에는 복수형 명사인 '엘로힘'이 오직 한 분 하나님을 의미할 때 사용되는 경우가 많기 때문이다.

예를 들면 창세기 20:13에서 아브라함은 그랄 왕 아비멜렉에게

"하나님이 나를 내 아버지의 집을 떠나 두루 다니게 하실 때에…"라고 말한다. 하나님을 가리키는 히브리어 단어는 복수형이다. 하지만 더 중요한 것은 '다니게 하다'라는 의미의 동사 '히투'(*hit'û*)가 히브리어의 3인칭 복수형으로 되어 있다는 점이다. 이 구절은 분명히 한 분 하나님만을 나타내는 것을 의도하지만 복수형 명사의 사용이 동사도 복수형으로 만든 것이다.

이런 용례는 창세기 35:7에도 해당된다. 이 구절에서 야곱은 제단을 쌓고 그곳을 "엘벧엘이라 불렀으니 이는…하나님이 거기서 그에게 나타나셨[기]" 때문이다. 또다시 하나님의 복수형인 '엘로힘'이 나오고 또다시 3인칭 복수형의 히브리어 동사(*niglû*, '나타났다')가 나온다. 이 구절이 삼위일체를 언급한다고 주장하는 경우는 일반적이지 않다. 그렇다면 왜 어떤 이들은 창세기 1:26이 삼위일체를 언급한다고 주장하는가? 창세기 1:26의 히브리어 본문에서 유일한 차이는, '엘로힘'이라는 명사와 '나아세'(*na'ăśeh*, '우리가 만들자')라는 동사의 복수형이 '첼렘'(*ṣelem*, '형상')과 '데무트'(*dĕmût*, '모양')라는 두 명사로까지 확장되어, 이 두 명사가 복수형 접미사인 '-누'(*-nû*, '우리의')를 가진다는 점이다.

여기서 어떤 구절을 읽을 때 그 구절의 배경이 되는 문맥의 사례가 또다시 등장한다. 창세기 1:26을 구약성경에서 일반적인 문법적 용례의 맥락에서 읽으면, 복수형들이 사용되었다 하더라도 이 구절이 오직 한 명의 화자를 의미하며 삼위일체 개념에 대한 함축적 의미가 없다는 점은 아주 분명하다.[8] 반면에 이 구절을 기독교 신학의 맥락에서 읽는다면 복수형은 삼위일체를 가리킨다고 주장하는 것이 누군가에는 합리적으로 보일 수 있다. 그러나 복수형의 사용에 관한 문법 사항에 대한 판단을 잠시 유보한다 할지라도 복수형 명사, 복수형 동사, 복수형의 소유격 대명사들이 사용된 점이 그 자체로는 삼위일체를 나타내지 않는다는 점을 주목하는 것이 중요하다. 복수형은 단지 둘 혹은 그 이상을 나타낼 뿐이며, 셋을 특정하는 그 무엇도 그 안에 존재하지 않는다.

또 다른 사례가 복수형을 설명할 수 있다. 구약성경은 수많은 천상의 존재가 하나님 앞에 나오는 천상 회의(예를 들면 왕상 22장; 욥 1장)의 개념을 자주 제시한다. 그래서 창세기 1:26을 하나님이 천상 회의에서 말씀하시는 것으로 설명할 수도 있다. 하나님에 대한 복수형 명사의 빈번한 사용이 창세기 1:26에 나오는 복수형에 대한 적절한 설명이 되지 못한다면, 앞에서 설명한 것처럼 구약성경 자체의 맥락에 기초해서 복수형이 삼위일체에 대한 언급이 아니라 천상 회의에 대한 언급이라고 설명함으로써 더 나은 주장을 할 수 있다. 그리하여 삼위일체 개념을 이 구절에 주입하고 해당 구절의 복수형들이 구약성경의 다른 곳들에 나오는 유사한 용례들과 어긋나는 뜻과 함축적 의미를 지닌다고 이해할 경우에만 이 복수형들을 삼위일체의 서로 다른 위격을 가리키는 것으로 볼 수 있다고 우리는 결론을 내린다.

삼위일체 교리가 창세기 1장에 함축되어 있지 않다는 이러한 논증에 비추어 볼 때, 우리는 창조 때에 말씀(성자)이 계셨다고 언급하는 요한복음 1장; 골로새서 1장; 히브리서 1장 같은 구절들을 어떻게 이해해야 할까?[9] 우리가 창세기 1장의 구절들에 대해 토론한 것이 이 신약성경 구절들이 선포한 바를 무효화시키는가?

우리는 창세기 1:2이 성자에 대해 언급하지 않고 따라서 신약성경의 이 세 본문을 토론하는 것과는 무관하다는 점에 주목하는 데서부터 시작할 수 있다.[10] 그러나 신약성경 구절들에 대한 창세기 1장의 관계에 관한 근본적 질문은 더 깊은 곳에 자리 잡고 있으며 해석의 적절한 방법의 문제를 중심으로 삼는다.

많은 사람은 기독교회가 공언하는 신조나 가르침 그리고/또는 신약성경에서 기술하는 신조나 가르침이 구약성경에 미리 나타나 있을 것이라고 가정하고 행동하는 것처럼 보인다. 하나님 한 분만을 예배해야 한다는 요구처럼 어떤 경우에는 구약의 가르침과 기독교에서 두드러지는 이후의 가르침 사이에 직접적 연관성을 볼 수 있다는 점은 사실이다. 그러나 다른 많은 경우에 구약성경이 신약성경의 가르침을 명백하게 예견하고 기술하는지는 분명하지 않다.

예를 들면, 그리스도인들은 나중에 구약성경을 보면서 예수님이 그리스도이심을 가리키는 것으로 이해할 수 있는 많은 구절을 발견하는 반면에, 구약성경의 이 구절들은 그 자체로는 나사렛 예수가 그리스도가 될 분이심을 명확하게 그리고 배타적으로 가리키는 정보를 제공하지 않는다. 만약 구약 저자들이 예수님의 때와 사역에 대한 분명한 그림을 가지고 있었다면 그들은 구약성경에서 예수님의 이름을 언급했어야 한다. 그러나 구약성경에는 예수님의 이름이 언급되지 않는다. 예수님의 성육신은 특별하며 어떤 면에서는 예측되지 않은 사건이다. 예수님의 제자들(그들은 모두 유대인이어서 아마도 구약성경에 대한 기본 지식을 가지고 있었을 것이다)은 예수님의 지상 사역이 끝나고 오순절이 되어서야 그분이 누구신지 이해하기 시작했다.[11]

그리스도인들이 하나님이 인간 역사의 적절한 시기에 예수님 안에서 자신을 드러내기로 선택하셨다고 주장하는 것은 자연스러운 일이다(갈 4:4). 그러나 그 이전에 그리고 심지어는 예수님의 사역 기간에도, 죽으시고 다시 일어나실 그리스도로서의 나사렛 예수의 소명은 분명하지 않았다.[12]

왜 이러한 점이 삼위일체 교리에서는 다를 것이라고 가정해야만 하는가? 그리스도인이 하나님이 그분이 적절하다고 여기셨던 때에 삼위일체 교리를 우리에게 계시하기로 선택하셨다고, 그 이전에는 덜 구체적인 방식으로 자신을 계시하기로 선택하셨다고 믿는 것은 완전히 합리적인 것으로 보인다. 초기 교회 시기 이전에는 누구도 삼위일체 교리를 명백하게 직접적으로 말하도록 인도받지 않았지만, 이것이 이후의 교리의 타당성을 손상시킨다고 볼 필요는 없다. 그러나 창세기 1장 같은 구약성경의 특정 구절을 검토할 때 우리는 저자의 기본적 의도와 의미를, 이후의 세대들이 과거를 해석하고 그것을 자신들의 준거 틀과 조화시키는 수단으로 사용한 개념 및 신조와 구분하기 위해 주의해야만 한다. 우리는 창세기 1장에 삼위일체에 대한 분명한 언급이 없다는 점 때문에 구약성경으로 하여금 그것이 말하지 않는 바를 말하도록 강요하려는 유혹에 빠지지 않게 주의해야 한다.

창세기 1장에 대한 이 연구는 삼위일체 개념이 저자나 그가 의도한 청중의 마음속에 존재할 수 없었다는 점을 보여 주었다. 이 구절을 해석하려고 시도하는 사람은 누구나 구약성경에 나오는 문법의 일반적 사항 및 단어의 용례와 더불어 이 구절이 쓰인 문맥과 시대를 고려해야만 한다. 무엇보다도 해석자는 구약성경에서 분명하게 보이는 관점 및 신념 그리고 신약성경과 이후의 기독교 해석자들에게서 분명하게 보이는 관점 및 신념 사이의 상당한 간격에 민감해야만 한다.

주

YES

1. 성경신학의 본질에 관한 이 생각과 다른 생각에 대해서는 G. F. Hasel, *Old Testament Theology: Basic Issues in the Current Debate* (rev. ed.; Grand Rapids: Eerdmans, 1982), pp. 169-183를 보라.
2. 이것은 구약과 신약의 관계에 대한 연속성/불연속성 관점과 관련된다. 이 문제는 D. L. Baker의 *Two Testaments: One Bible* (Downers Grove: InterVarsity, 1977)에서 충분히 조사했다.
3. 참고. 마 26:63-64; 요 10:30; 14:9; 17:11, 22.
4. 참고. 빌 2:6; 골 1:15; 히 1:3.
5. 행 5:3-4; 고전 3:16; 6:19; 12:4-5; 히 9:14.
6. 마 28:19; 고후 13:13; 벧전 1:2.
7. 예를 들면 Hasel, *Theology*, p. 140와 주121에서 주목하는 학자들의 입장을 보라. 나는 다소 좁은 이해(즉, 하나님의 주권과 그분의 왕국)를 고수하나, 이것이 다음의 주장에 영향을 주지는 않는다.
8. G. Vos, *Biblical Theology* (Grand Rapids: Eerdmans, 1954), pp. 15-17.
9. H. Ringgren, "*ĕlōhîm*", in *Theological Dictionary of the Old Testament* (ed. G. J. Botterweck and H. Ringgren; Grand Rapids: Eerdmans, 1974), 1, pp. 267-284를 보라.
10. E. Kautzsch and A. E. Cowley, *Gesenius' Hebrew Grammar* (Oxford: Clarendon, 1957) sec. 124g N2.
11. W. O. E. Oesterley and T. H. Robinson, *Hebrew Religion: Its Origin and Development* (New York: Macmillan, 1937), p. 127.
12. J. Skinner, *Genesis* (New York: Scribner's, 1910), p. 31에서 인용한 Ibn Ezra와 Rashi 등도 같은 입장이다.
13. *Gesenius*, sec. 124g N2. Gesenius는 이것을 "자가 토의의 복수형"이라고 기술한다.

C. Westermann, *Genesis 1-11: A Commentary* (Minneapolis: Augsburg, 1984), p. 145에서 이 견해를 수용한다. 이 복수형의 사용을 지지하기 위해 두 학자가 인용한 유일한 본문은 사 6:8이다. 이 구절은, 특별히 소위 삼성송(三聖訟, "거룩하다 거룩하다 거룩하다")에 비추어 볼 때, 삼위일체 하나님의 복수성을 지지하는 데 쉽게 사용될 수 있다.

14. H. Wolf, "*eḥād*", in *Theological Wordbook of the Old Testament* (ed. R. L. Harris, G. L. Archer, Jr., and B. K. Waltke; Chicago: Moody, 1980), p. 30.
15. 기본 어근은 아마도 *ḥd* (아람어 *ḥd*에서처럼)일 것이다. 여기에 어두음 '알레프' (*aleph*)를 접두사로 붙인 것이다. 틀림없이 *ḥad*의 명사 유래어인 아람어 동사 *yaḥēd*가 '결합시키다'라는 의미이므로, 유추에 의해 히브리어 동사 *yāḥad*도 *eḥād*의 명사 유래어이고 따라서 어원학적으로, 분리된 요소를 통합된 전체로 결합시킨다는 의미를 지닌다고 주장할 수 있을 것이다. F. Brown, S. R. Driver and C. A. Briggs, *A Hebrew and English Lexicon of the Old Testament* (Oxford: Clarendon, 1962), p. 402를 보라.
16. 같은 책, pp. 402-403.
17. 이 절에 대해 제안된 번역은 시의 평행법에 들어맞고 따라서 2행 연구(couplet)의 두 번째 행의 생략을 보충한다. "그리고 그의 성령이 [또한 나를 보내셨다]." 여호와 하나님과 더불어 성령이 화자를 보낸 주체다. N. Snaith, *The Distinctive Ideas of the Old Testament* (London: Epworth, 1960), p. 158를 보라.

NO

1. 교회가 그리스도의 본성, 그분의 인격과 사역, 성부의 성자에 대한 관계 등에 대해 초기 기독교 저자들이 제시한 입장 중 많은 수를 결국 이단적인 것으로 보게 되었지만, 신약성경 자체가 이 비정통적 입장들을 구체적으로 그리고 명백하게 배제한 것이 아니다. 후에 그 가르침이 비정통적이라고 선언된 많은 저자는 특정한 신약성경 구절이 자신의 견해를 지지한다고 주장했고, 때로는 유창하게 자신들의 주장을 지지하는 논의를 펼쳤다. 만약 신약성경이 삼위일체 교리를 매우 분명하게 기술해서 공의회에서 결국 설명한 입장 외의 다른 입장이 자동적으로 배제되었다면 그들은 그렇게 하지 않았을 것이다. 모든 것을 감안할 때 우리는 대부분의 이단자들이 의도적으로 신약성경의 가르침을 왜곡한 악한 사람이 아니었다는 점을 기억하는 것이 좋다. 그들 중 많은 이는, 교회가 (이유는 알 수 없지만) 결국 잘못된 것으로 판단한 신학적 입장

을 지지했던 신실하고 선한 의도를 가진 해석자들이었다.

2. 서로 다른 사람들이 같은 말을 다른 맥락에서 이해하는 방식에 대한 훌륭한 예가 막 15:33-36에 있다. 이 구절에서 복음서 저자는 죽어가는 예수님이 "엘로이 엘로이 레마 사박다니?"("나의 하나님 나의 하나님, 어찌하여 나를 버리셨습니까?", 새번역)라고 크게 소리 지르신 말씀을 인용한다. 기독교 청중을 위해 글을 쓴 복음서 저자는 예수님의 말씀을 시 22편에 묘사된 고통받는 영혼의 표현으로 이해하도록 독자들을 이끈다. 그러나 십자가 곁에 서 있던 사람들은 예수님이 로마에 반란을 계획했던 메시아적 혁명가이며 여전히 엘리야(유대인 공동체는 메시아가 오기 바로 직전에 엘리야가 올 것이라고 생각했다)에게 도움을 기대하고 있다고 결론을 내린 의심의 맥락에서 같은 말을 이해했다. [엘리야(Elijah)의 이름의 축약형인 엘리(Eli)는, 히브리어로 '나의 하나님'을 의미하는데, 엘로이(Eloi)와 매우 비슷하게 들린다. 그러므로 곁에 있던 사람들은 예수님의 말을 하나님이 자신을 버렸다는 외침으로 혹은 마지막 순간에 엘리아에게 도움을 간청하는 것("엘리아여, 엘리아여, 왜 나를 버렸습니까?")으로 이해할 수 있었다.] 그리하여 같은 말이 그 말을 다른 의미의 맥락 속에 둔 사람들에 의해 두 가지 다른 방식으로 이해되었다.

3. R. Young, *Analytical Concordance to the Bible* (Grand Rapids: Eerdmans, 1970), pp. 114, 924, 1057를 보라. 또한 Index-Lexicon to the Old Testament, p. 41를 보라.

4. *rûaḥ*를 '영'으로 해석해야 하는지 아니면 '바람'으로 해석해야 하는지에 대한 토론은 오랜 역사를 지닌다. 많은 초기 교부들은 '영'을 선호했다. Tertullian은 계속 생각이 바뀌었다. Ephraem과 Theodoret는 '바람'을 선호했다. W. H. McClellan, "The Meaning of Ruaḥ 'Elohim in Genesis 1, 2", *Biblica* 15 (1936), pp. 519-520를 보라. H. M. Orlinsky, "The Plain Meaning of RUAH in Gen. 1,2", *Jewish Quarterly Review* 48, pp. 174-180는 '바람'에 찬성하는 다수의 주석가들(Saadia, Ibn Ezra, Rashbam)을 인용하고, 또한 탈굼 옹켈로스(Targum Onqelos)와 70인경이 '바람'을 선호한다고 인용한다(히브리어 성경이 명확하지 않은 것처럼 70인경도 명확하지 않다는 McClellan, p. 519에 반대하며).

5. 창 1장의 혼돈의 이미지에 대한 von Rad의 논의를 보라. *Genesis: A Commentary* (Philadelphia: Westminster, 1961), pp. 47-48.

6. U. Cassuto, A *Commentary on the Book of Genesis: Part I* (Jerusalem: Magnes, 1961), p. 24는 '강한 바람'을 번역으로 제시하는 주석가들의 주장을 일축한다.

Cassuto는 그런 바람이 아래의 물로부터 위의 물을 분리시키거나(6-7절) 혹은 아래의 물을 땅으로부터 분리시킨(9-10절) 힘으로 이해되어야 한다고 추정하는데 이는 잘못된 것이다. 내가 제시한 것처럼 이 바람은 2절에 기술된 혼돈의 요소로서 이해되어야 한다.

7. 어원이 같은 우가리트어에 대한 논의는 E. A. Speiser, *Genesis: Introduction, Translation, and Notes* (Garden City: Doubleday, 1964), p. 5를 보라. 또한 von Rad, *Genesis*, p. 47를 보라.
8. Speiser는 26절의 첫 부분을 다음과 같이 번역한다. "그리고 나서 하나님이 말씀하셨다, '나는 내 형상대로 내 모양을 따라 사람을 만들 것이다.'" 그는 히브리어 복수형들의 적절한 의미를 전달하기 위해 영어의 단수 형태로 번역했다(*Genesis*, pp. 4, 7).
9. 이 구절에서 삼위일체 교리가 분명하게 설명되지 않는다는 점을 주목하라. 단지 이후에 기독교 교리로 통합된 개별적 진술과 개념이 있을 뿐이다.
10. 우리는 또한 그것은 (논증만을 위해 복수형은 하나님이 한 위격 이상이라는 점을 가리킨다는 생각을 품는다면) 창 1:26의 복수형 명사와 동사로부터 창 1장의 말씀(Word)에 대한 명확하게 선언된 언급으로 상당히 비약하는 것이라는 점을 주목해야 한다.
11. 예수님에 대한 제자들의 오해의 예를 보려면 막 8:27-33; 마 26:51-54; 눅 24:1-27; 마 11:2-3을 보라.
12. 유대인들은 성경을 잘못 해석해서 예수님을 그리스도(메시아)로 인지하는 데 실패한 것이 아니다. 오히려 구약성경은 해석에 충분히 열려 있어서, 유대 공동체는 그리스도에 대해 기독교가 채택하게 된 것과는 매우 다른 기대를 가지고 있었다.

6

가인의 제물은 피의 희생 제물이 아니어서 하나님께 거절당했는가?

YES | 허셸 홉스 Herschel H. Hobbs
NO | 조엘 헤크 Joel D. Heck

YES

허셀 홉스 Herschel H. Hobbs
제일침례교회(오클라호마) 원로 목사

"주[야웨, 여호와]께서 아벨과 그의 제물은 존중하셨다[호의적으로 보셨다]. 그러나 가인과 그의 제물은 존중하지 아니하셨다[호의적으로 보지 않으셨다]"(창 4:4-5, KJV).

여호와는 아벨과 그의 제물은 호의적으로 보셨으나(혹은 받으셨으나), 가인과 그의 제물은 호의적으로 보지 않으셨다(혹은 거절하셨다). 왜 이 두 가지 경우의 일이 일어났는가? 우리는 알 수 없다. 그러나 가인과 아벨은 알았다. 각 경우의 이유는 서로 연관되어 있으나, 대조를 이룬다.

해석자들은 여호와께서 두 제물에 보이신 다른 반응에 대해 다양한 견해를 주장한다. 성경은 그 이유를 제시하지 않는다. 헨튼 데이비스(G. Henton Davies)는 서로 다른 주요 견해를 다음과 같이 요약했다.

> 하나님의 편애는 (a) 두 형제 속에 있는 마음의 성향 차이 때문일 수 있다. (b) 제물의 재료 즉 열매가 아닌 고기와 기름 때문일 수 있다. (c) 제사를 드린 방식―단순히 첫 소산[본문은 첫 소산이 아니라 소산이라고만 말한다]을 드리는 방식과 첫 새끼를 희생 제물로 즉 죽인 후 드리는 방식―때문일 수 있다. 이것은 피의 의식만이 용인되었음을 의미한다.[1]

조지 리빙스턴(George Livingstone)은 마음의 성향에 관해서 "가인은 누군가에게 뒤지는 것을 받아들일 수 없었다"라고 말한다.[2] 클라이드 프란시스코(Clyde Francisco)는 마음의 성향에 대해 논평하면서 다음과 같이 말한다.

아벨의 제물에서 **첫 새끼**에 대한 언급에 귀중한 단서가 나타나 있다. 구약성경에는 농산물에 대해 사용된 '첫 열매'라는 ('첫 새끼'에 상응하는) 표현이 있다.…가인을 언급하면서 이 상응 용어가 없다는 점이 눈에 띈다.…아벨의 최선과는 대조되게 가인은 그저 하나님께 무언가를 가져왔다. [탈무드가 가르치는 것처럼] 그것의 품질이 떨어지는 것이 문제가 아니었다. 그것은 그의 **최선**이 아니었다.

가인은 한 해 농사의 성공에 대해 하나님께 감사했다. 그는 하나님의 도우심에 대해 감사하고자 했다. 그래서 그는 하나님께 선물을 가져왔다. 아벨은 하나님께 자신의 최선을 드리면서…자신이 하나님을 전적으로 의존함을, 자신이 하나님께 빚지고 있음을 증명했다. 가인은 하나님이 자신을 위해 봉사하신 것에 대해 감사했다. 아벨은 자신이 하나님께 봉사하는 종이라고 고백했다.[3]

이러한 언급들을 볼 때 인용된 학자들 대부분이 데이비스의 부분적 목록에서 두 번째 견해가 아닌 다른 견해를 주장한다는 점이 분명해진다. 그러나 어떤 견해를 고수하는 사람들의 수를 세는 행위는 (인상적이긴 하지만) 다른 견해들을 배제하지는 않는다. 견해들은 단순 계산이 아니라 평가의 대상이다. 이 글의 목적은 '피의 희생 제물'이 여호와께서 가인과 그의 제물을 거절하신 기초라는 주장을 간략하게 제시하는 것이다.

앞에서 주목한 것처럼, 창세기 기사 자체 내에서 하나님이 가인과 그의 제물을 거절하신 이유는 분명하지 않다. 그래서 우리는 추정하거나 다른 성경 구절들에 비추어서 해석하고자 노력할 수 있을 뿐이다.

아벨의 제물에 대한 분명한 진술 하나는 히브리서 11:4에 나온다. "믿음으로 아벨은 가인보다 더 나은 제사를 하나님께 드림으로 의로운 자라 하시는 증거를 얻었으니 하나님이 그 예물에 대하여 증언하심이라. 그가 죽었으나 그 믿음으로써 지금도 말하느니라." 죽었지만 여전히 "그는 계속 말한다(lalei)." 그가 미래 세대들에게 믿음의 유효성에 대해 계속 말하고 있음이 분명하다. 이 구절은 지금 우리가 다루는 문제에 대해서도 말하고 있지 않을까? 최고의 성경 해석자는 성경 자체다. 그러나 물론 인간이 성경의 해석을 해석하려고 할 때, 인간의 연약함이라는 요소가 등장한다. 이런 이유 때문에 양심적인 해석자들은 서로 다른 결론에 도달하곤 한다.

아벨은 "믿음으로" 가인보다(para) "더 나은 제사"를 드렸다. A. T. 로버트슨(Robertson)은 "문자적으로는 '더 많은 제사'(polys의 비교급, 많은)"라고 말한다.[4] 이 표현은 분명히 양이 더 많은 것이 아니라 질이 더 좋은 것을 의미한다. 이런 이유 때문에 아벨은 자신에 관해서 '의롭다'(einai dikaios)는 '증거를 얻었다'(emartyrēthē, 수동태). 아른트(Arndt)와 깅그리치(Gingrich)는 "하나님의 주권을 침해하지 않고 그분의 법을 지킨다"라는 종교적 의미를 가지는 구약성경의 '의롭다'라는 개념의 예로 히브리서 11:4을 인용한다.[5]

그런데 아벨은 이 모든 것을 '믿음'으로 했다. 무엇에 대한 혹은 누구에 대한 믿음인가? 명백히 그것은 하나님의 주권과 법에 대한 믿음이다. 하나님의 주권은 그분이 그분 밖의 누군가의 조언이나 동의 없이 그분 안에서 그리고 그분의 자비로운 의지와 목적 안에서 행동하실 수 있음을 의미한다. 이것은 우리를 다시 창세기 기사로 이끌어 간다.

영적 의미에서 하나님의 주권의 첫 사례는 금단의 열매와 관련해서 여호와께서 나타내신 의지다. 아담과 하와는 그들의 불순종을 통해 처음으로 자신들이 벌거벗었음을 깨닫는다. 그들은 자신들을 가리고자 땅의 소산인 나뭇잎으로 치마를 만든다. 죄를 지은 다음에 벌거벗음에 대한 인식이 나타났기 때문에, 이 둘 사이에는 직접적 인과 관계가 존재한다. 그러므로 그들의 치마에서 그들의 죄를 가리려는 노력을 살펴볼 이유가 있다.

결국 여호와께서 "가죽옷을" 지어 "그들을 입히[셨다]." 이 말은 이 부부의 죄를 덮기 위한 죄 없는 희생물의 죽음(원한다면, 피의 희생 제물이라고 표현할 수도 있다)을 암시한다. 어떤 동물이 그 희생물이었는지 우리는 알지 못한다.

아벨과 가인의 경우에 어떤 해석자들은 죄가 그들의 제물과 관련되지 않았다고 생각한다. 사실 성경은 이를 열린 질문으로 남겨 놓는다. 본문이 침묵하는 바를 근거로 주장을 펼치는 것은 논리에서 가장 취약한 주장이다. 그래서 이런 입장은 불확실한 토대에 의존한다. 오직 성경이 제물의 특성이 무엇이었는지 말하지 않기 때문에, 성경이 이렇게 말했을 것이라고 더 구체적으로 말하는 행위는 정당화될 수는 없다. 또한 나중에 모세 율법에서 규정된 다양한 제물에 기초해서 교의적으로 주장을 펼칠 수도 없다.[6] 도널드 그레이 반하우스(Donald Grey Barnhouse)는 다음과 같이 옳게 말했다. "나중에 하나님은 땅의 소산을 요구하셨다.…그러나 피가 첫 번째로 와야 한다."[7]

그러나 창세기 3:7, 21에 비추어 볼 때 어떤 제안들은 유효하다. 지금까지의 성경 기록과 관련된 한, 죄를 위한 피의 희생 제물 외의 다른 제물에 대한 암시가 없다.[8] 이 외의 다른 제물을 보는 것은 이 이야기를 이후에 진전된 일로 채색하는 것이다. 또한 아담과 하와가 자신들의 경험을 아들들에게 말하는 것은 전적으로 가능하다. 글로 된 기록이 있기 전에, 고대인들은 구두로 자신들의 역사를 한 세대에서 다음 세대로 전달했다. 혹시라도 우리가 고려 중인 상황에서 이런 일이 일어나지 않았다 하더라도, 여호와께서 이 형제에게 동물 제사에 대한 자신의 뜻을 직접 계시하셨을 수도 있다.

어떤 방법으로 그 지식이 그들에게 전달되었든 우리는 그들이 이것을 알고 있었다고 추정할 수 있다. "믿음으로" 아벨은 여호와 하나님의 주권적 명령에 순종했다. 양치기로서 그는 "양의 첫 새끼와 그 기름"을 가져왔다. 그것이 반드시 양 떼에서 최초로 태어난 새끼여야 하는 것은 아니었다. 이것은 이스라엘이 이집트로부터 구원받은 것과 관련되어 있다. 분명히 그것은 양 떼에서 가장 좋은 것이었다. 게다가 제물은 "그 기름"을 포함했다. 나중에 여호와 하나님은 모세에게 희생 동물의 모든 기름이 그분께 속했다는 사실을 계시하신다. 그것은 하나님께 드리는 제물로서 불태워졌다.[9] 기름은 동물의 가장 값진 부분으로 하나님께 속했다. 분명히 아벨은 하나님이 모세에게 계시하시기 오래전에 이것을 알았다(이것도 계시에 의해 이루어졌을까?). 이러한 것들을 알았기 때문에 '의로운' 아벨은 하나님께 절대적으로 순종했다.

우리는 가인도 자기 동생이 알던 것과 똑같은 지식을 알고 있었다고 추정할 수 있다. 그러나 창세기에 나오는 그의 모습은 고집불통인 사람이다. 그도 제물을 가져왔을 것이다. 그러나 여호와 하나님이 무엇이라고 말씀하셨든 혹은 그의 동생이 무엇을 했든, 그는 자신이 선택한 제물을 드렸을 것이다. 그는 자신의 의지가 하나님의 주권과 대적하게 했다. 그는 오늘날 '피비린내 나는' 종교를 싫어한다고 말하는 사람들과 같았다. 그러나 여호와는 그것을 좋아하신다. 그리고 그분 혼자만이 그것을 요구하신다. 인간은 자유롭게 선택할 수 있다. 그러나 자신의 선택에 대한 책임도 져야 한다.

동시에 반하우스는 다음과 같이 옳게 말했다.

> 우리는 무턱대고 가인을 상스러운 사람으로 생각해서는 안 된다. 오히려 잘 닦아 윤이 나는 과일이 피의 희생 제물보다 더 미적이라고 생각하고, 거룩함이 지닌 아름다움보다는 아름다움이 지닌 거룩함을 생각하기 원하는 교양 있는 신사로 여겨야 한다. 나는, 흠잡을 데 없이 차려입은 남자가 예수 그리스도의 육체적 부활이 부인되는 교회 예배에 참석한 후에 부활절 행진을 하며 뉴욕 5번가를 따라 걸어가는 모습을 볼 때 가인을 떠올린다.[10]

가인은 자신이 농부로서 야채와 과일을 재배한다고 말했다. 만약 그것이 그에게 충분히 좋다면 그것은 여호와 하나님께 충분히 좋왔다. 가인이 질 낮은 제물을 가져왔다고 생각할 필요는 없다. '맏물'(firstling)이라는 말이 나타나지 않는다는 사실은 그가 좋은 것이긴 하지만 반드시 가장 좋은 것은 아닌 제물을 가져왔다는 점을 함축한다.

어떤 사람들은 가인이 농부여서 양 떼가 없었기에 대신 자신이 가진 것을 가져왔다고 주장한다. 맞는 말이다. 그러나 가인은 자기 농산물의 일부를 아벨의 양 중 한 마리와 교환할 수도 있었다. 그는 그냥 그렇게 하지 않았다.

비극적 사실은 그의 제물이 거절당했다는 것이다. 인간 이성에게 최선으로 보이는 것이 하나님의 계시와 충돌한다면 그것은 무익하다. 하나님의 뜻에도 불구하고 자기 방식으로 행하기를 선택하는 대부분의 사람들처럼, 그는 그 결과가 자기 책임이라고 여기지 않았다. 실제로 그는 바로 여호와 하나님께 책임을 돌렸다. 그리고 동생에게 분노를 표출했다.

요약하자면 창세기는 그 이름이 함축하는 대로 시작의 책이다. 창세기는 모든 것—물질적인 것과 영적인 것 둘 다—의 기원에 대해 말한다.[11] 창세기는 하나님의 형상을 따른 인간의 창조에 대해 말한다. 창세기는 인간의 죄와 그 결과에 대해 말한다. **원시 복음**(Protevangelium, 창 3:15)은 "여자의 후손"이 고난을 통해 뱀, 즉 사탄에 대해 승리할 것을 말한다. '가죽옷'은 아무 죄도 없는 희생자(Victim)가 인간의 죄를 위해 희생하는 것에 대해 희미하게 말한다. '가죽옷'은 (비록 그렇게 불리지는 않지만) 아벨의 제물에서 묘사되는 희생 제물에 대해 말한다. 피는 새로운 시작을 제시한다. 여러 대에 걸쳐 여호와 하나님은 한 사람 아브라함을 선택하신다. 아브라함은 하나님의 구원의 목적을 이룰 통로가 될 것이었다.

창세기 너머에 출애굽, 제사장 국가, 그리고 "장차 올 좋은 일의 그림자"(히 10:1)일 뿐인 희생 제도가 자리 잡고 있다. '그림자'의 실체는 예수 그리스도시다. 그분은 모두를 대신해서 자신의 생명, 자신의 피를 희생 제물로 드리셨다. 그분은 자신을 구주로 믿는 모든 사람의 구주시다.

영원으로부터 흘러나와 아벨의 용납된 희생 제물 안에서 묘사된 것은 영원하신 하나님의 구원의 목표다. 히브리서 저자는 "피 흘림이 없은즉 사함이 없느니라"라고 썼을 때(히 9:22) 영원한 진리를 말한 것이다. 가인과 그의 제물처럼, 하나님은 그 외의 다른 모든 것을 거절하신다.

조엘 헤크 Joel D. Heck
콘코디아 대학교(텍사스) 신학 교수

왜 하나님은 아벨의 제물은 받으셨는데 가인의 제물은 거절하셨는가?(창 4:3-5) 가인은 곡물 희생 제물을 가져온 반면 아벨은 피의 희생 제물을 가져왔기 때문인가? 두 사람 다 피의 희생 제물을 드리기로 되어 있었는데 가인이 그 요구 사항을 무시했거나 거절했기 때문인가? 아니면 가인의 제물을 거절하신 데는 다른 이유가 있었는가? 이 글은 문제가 된 것은 피의 제사가 아니었다고 주장한다. 가인의 제물은 그의 태도 때문에 거절당했다. 그의 태도가 그의 제물을 받아들일 수 없는 것으로 만들었다.

피가 존재하느냐 아니냐가 핵심 요소라고 주장하는 주요 그룹 두 곳의 사람들이 있다. 첫째로, 창세기 4:1-16에 나오는 가인과 아벨의 이야기를 직접적 역사로 읽지 않는 학자들 일부에게는 피가 쟁점이다. 그들에게 이 이야기는 신화, 전설, 민담 혹은 그와 유사한 무언가다.[1]

둘째로, 피의 희생 제물이 쟁점이라고 생각하는 다른 많은 사람—이들은 대부분 평신도다—이 있다. 이러한 관점의 대표로 헨리 모리스(Henry Morris)를 들 수 있다.[2]

이 쟁점에 대한 연구는 본문에 대한 주의 깊은 읽기, 즉 진술되지 않은 정보를 추정하지도 않고 진술된 정보를 무시하지도 않는 읽기를 포함해야 한다. 본문이 그 자신을 위해 말해야 한다. 우리는 이제 창세기 4:2b-7을 살펴볼 것이다. 왜냐하면 바로 이 구절들이 우리가 다루는 문제의 핵심에 대해 말하기 때문이다.

창세기 기사

1. "아벨은 양 치는 자였고 가인은 농사하는 자였더라"(4:2b).[3] 1-2a절에서 가인과 아벨의 출생을 알린 다음에 저자는 그들의 직업을 열거한다. 어떤 사람들은 아담의 죄 때문에 하나님이 땅을 저주하신 이후에(3:17-19)[4] 아벨이 땅을 경작하는 일을 그만두었다고 제안해 왔지만, 그들이 각자의 직업을 선택한 이유는 나와 있지 않다. 한 직업이 다른 직업보다 열등하다는 암시는 없다.[5] 사실 카일(Keil)과 델리

치(Delitzsch)가 지적했듯이, 이 두 직업은 서로 완전히 분리될 수는 없다.[6]

두 직업이 등장한 것은 사실상 땅이 저주를 받은 일의 자연스러운 결과였다. 이 두 직업은 그저 2:15에서 아담에게 주어진 일을 나눈 것이다.[7] 동물은 더 이상 인간과 잘 협력하지 않을 것이고(2:19-20; 3:21을 보라), 땅은 쉽게 작물을 내지 않을 것이다(2:15; 3:17-19, 23을 보라). 동물과 땅을 돌볼 사람들이 필요하다.

두 형제의 이름이 나오는 순서도 우월함이나 열등함을 암시하지 않는다. 1-5절에서 둘의 이름이 번갈아(혹은 교차 대구로) 등장하는 순서(가인, 아벨; 아벨, 가인; 가인, 아벨; 아벨, 가인)[8]는 분명히 문학적 효과를 위한 것인데, 각 형제에게 첫 번째 자리를 두 번씩 주어 저자의 입장에서 어느 한 사람에 대한 선호가 없었음을 제시한다.

이 이야기를 역사로 보지 않는 학자들은 목축 생활 방식과 농경 생활 방식, 유목 생활 방식과 정착 생활 방식 사이의 경쟁 관계를 이 이야기에 집어넣어 읽는 경향이 있다.[9] 그들은 이 이야기의 목적이 목양자와 농부가 왜 사이좋게 지내지 못하는지를 설명하기 위한 것이라고 말한다. 이러한 관점은 이 이야기가 하나님이 드러내신 진리가 아니라 문화적 갈등으로부터 만들어졌다고 추정한다. 본문 자체에 이런 해석을 요구하는 증거가 없다는 점은 분명하다.

어떤 사람들은 하나님이 가인을 거절하신 것은 유목·목축 생활이 정착·농경 생활보다 우월함을 보여 주려는 것이었다고 말하는 데로 나아간다.[10] 그들은 창세기 3장 저자가 목축업을 편애해서, 하나님이 피의 희생 제물을 선호하시는 모습을 묘사한 이 이야기를 통해 자신의 선호를 전달했다고 말하곤 한다.[11] 이와 같은 해석은 본문에 없는 내용을 본문에 주입해서 읽는 잘못을 저지른 것이다. 더 심각한 것은 이러한 해석은 창세기 4장이 역사가 아니라는 오해에 시달리게 된다는 점이다.

속죄('덮음')가 피를 흘릴 것을 요구했기 때문에 아벨의 직업 선택이 희생 제물에 적합한 양의 유용성과 관계가 있다고 생각하는 이들이 있다. 그들은 아담과 하와를 위해 '덮개' 혹은 옷을 제공하기 위해 동물의 피가 흘려지는 3:21과 이런 생각을 관련시킨다.[12] 그다음에 그들은 4:2b-7을 가인과 아벨의 죄를 속죄하기 위해 행해진 희생, 즉 피 흘림을 요구했던 희생의 이야기로 읽는다. 가인은 동물의 피를 드리지 않았기 때문에 하나님께 죄를 지었다. 그러나 본문은 이 구절이나 다른 어떤 곳에서도 이렇게 말하지 않는다. 게다가 3:21에서 하나님이 아담과 하와에게 옷을 입히시는 기사와 4:2b-7에 나오는 가인의 희생 제물 이야기 사이에는 아무런 연관성이 없다.

2절에서 두 직업이 언급된 것은 단지 가인과 아벨이 왜 각자의 희생 제물을 가져왔는지 설명하기 위한 배경을 제공하려는 것이다. 그들은 각자의 직업에 적절한 희생 제물을 가져왔다.

2. "**세월이 지난 후에 가인은 땅의 소산으로 제물을 삼아 여호와께 드렸고**"(3절). 대부분의 주석가들은 이 구절의 시작 문구가 그들 각자의 직업이 시작된 후에 흘러간 불명확한 길이의 시간을 가리킨다는 점에 동의한다. 이 제사가 첫 번째 희생 제사였는지는 본문에서 결정할 수 없다.

"땅의 소산"이란 표현은 무엇을 의도하는가? 많은 이가 본문의 문맥이 가인이 가장 좋은 과일을 가져왔다고 제안한다고 주장한다. 아벨이 자기 양 떼에서 가장 좋은 것, 즉 맏배나 첫배를 가져왔다고 분명하게 진술되었기 때문에, 가인도 마찬가지였을 것이라고 추정하는 것이다.[13] 게다가 그들은 3절에서 가인의 헌물에 사용된, '제물'에 해당하는 히브리어 단어 '민하'(*minḥâ*)가 4b-5a절에서 가인의 제물과 아벨의 제물 둘 다에 사용된다고 말하는데 이는 옳다. 많은 랍비 저작은 이에 반대해서, (어떤 경우에는 아마씨를 제물로 특정하면서) 가인이 가장 좋지 않은 종류의 농작물을 가져왔다고 말한다.[14] 랍비들이 옳은 것일까?

'제물'을 뜻하는 '민하'가 반드시 피의 희생 제물을 가리키지 않는다는 점은 분명하다. 이 단어는 예를 들어 민수기 16:15; 사사기 6:18; 사무엘상 2:17에서 '헌물, 예물, 제사'의 일반적 의미로 쓰였다. 이 단어는 이 구절에서도 똑같은 의미로 쓰였다.[15] 나중에 소제(grain offering)와 피의 제사 둘 다 모세의 율법에서 받아들여졌다. 가인과 아벨의 때에도 동일한 상황이었다는 점에 놀랄 이유가 없다.

그러나 중요한 점은 "소산의 일부"(3절)라는 표현과 "첫 새끼들의 일부"(4절, 이상 NIV)라는 표현 사이의 대조다. 후자의 표현이 양떼의 가장 좋은 것을 언급하는 반면, 전자의 표현은 일반적인 것을 언급한다.

3. "아벨은 자기도 양의 첫 새끼와 그 기름으로 드렸더니 여호와께서 아벨과 그의 제물은 받으셨으나 가인과 그의 제물은 받지 아니하신지라"(4-5b절). RSV는 이 구절을 더 문자적으로 번역한다. "아벨은 자기 양의 첫 새끼들을, 그리고 그것들의 기름 부위를 가져왔다. 그리고

여호와께서 아벨과 그의 제물을 존중하셨다."[16] "그리고 그것들의 기름 부위를"이라는 부가적 표현이 아벨이 드린 제물의 성격을 강조한다는 점을 주목하라. 기름 부위는 나중에 동물의 가장 좋은 부위로 여겨졌는데 여기서도 아마 그렇게 여겨진 것 같다. 지방 부위에 대한 언급은 동물이 죽임당했다는 짐을 분명히 하고 또한 아벨이 드린 제물의 성격을 강조한다. 내 견해로, 부가적 표현은 두 희생 제물의 차이에 독자의 주의를 끌기 위한 것이다.[17] E. A. 스파이저(Speiser)는 이 표현이 아벨이 아낌없이 드린 제물과 가인이 최소한으로 드린 예물 사이의 분명한 대조를 제시한다고 기록한다.[18] 앞서 지적한 것처럼 만일 창세기 4장 저자가 가인과 아벨이 각자의 생활 방식에 적합한 희생 제물을 가져왔음을 보여 주고자 했다면, 가인의 희생 제물이 거절당한 것은 피의 희생 제물이 없어서가 아니라, 희생 제물의 좋지 못한 품질에 반영된 가인의 태도 때문일 것이다.[19]

가인의 희생 제물이 거절당한 것에 대한 주요 설명 세 가지가 있다. 어떤 학자들은 하나님에게서 그 이유를 찾을 수 있다고 주장한다. 가인은 잘못한 것이 없다. 그의 희생 제물은 아벨의 것과 질이 같았기 때문이다.[20] 그들은 사실상 가인의 희생 제물이 거절당한 이유가 주어지지 않았으므로 우리는 이 거절의 이유를 하나님의 주권적 의지에 돌려야 한다고 말하곤 한다.

이 견해의 변형 하나는 해당 본문이 하나님의 거절은 그분이 선호하시는 바(혹은 창세기를 전적으로 인간의 작품으로 간주한다면 어떤 사람들이 선호하는 바)의 표현이라고 설명한다고 본다. 즉 하나님은 농부보다는 목자를, 정착한 농업 전문가보다는 유목민을, 경작되어야 하는 것보다는 자연스럽게 자라는 것을 선호하신다는 것이다.[21] 그러나 창세기 27:27은 하나님이 동물들과 그 관리인들에게만큼이나 땅과 그 산물에게 복을 주셨다는 사실을 보여 준다. 게다가 이런 해석은 하나님을 비뚤어진 시선으로 보는 관점을 우리에게 제시한다. 하나님은 편애하는 모습을 보이지 않으신다(행 10:34).

　게르하르트 폰라트의 견해에 따르면, 이 이야기는 하나님이 피의 희생 제물을 선호하신다는 점을 보여 준다. 그러나 폰라트는 가인의 행동 혹은 태도가 그가 거절당한 일과 관련이 있다는 점을 부인한다. 그는 받아들임과 거절을 전적으로 하나님의 자유 의지 안에 두고 사람에게서는 제거한다.[22] 클라우스 베스터만도 유사하게 기록한다. "그것은 변할 수 없는 무언가에 대해 말한다. 그 일은 그냥 일어난다."[23] 비록 보통은 구체적으로 진술되지 않지만, 이 견해를 취하는 많은 이는 여기서 이스라엘과 유다, 즉 북왕국과 남왕국(주전 931년에 국가가 분리된 후) 사이의 경쟁 관계를 본다. 북왕국은 주로 곡물 재배 농부들로 구성되었고, 남왕국은 주로 목자들로 구성되었다. 어느 경우든 그 이유는 하나님에게서 찾아야 한다.

　두 번째 주요 설명은 거절의 이유가 가인의 태도에 있다는 것이다. 이 견해는 주요 변형 두 개가 있다. 첫 번째 설명은 가인의 죄악된 태도가 그로 하여금 요구된 피의 희생 제물을 가져오지 못하게 했다는 것이다. 또 다른 설명은 가인의 죄악된 태도(자만심—아마도 맏아들의 지위에 대한)가 그의 작물 중 가장 좋은 것을 가져오지 못하게 했다는 것이다.[24] 베스터만은 첫 번째 주요 설명을 선호하면서도, 원시 문화에서 첫 결실의 희생 제물이 지니는 커다란 중요성을 지적한다.[25] 이 중요성은 창세기 4장의 이슈가 첫 결실을 포함한다는 견해를 지지한다.

분명히 성경 전체를 지배하는 메시지 중 하나는 하나님이 겉모습에 불과한 것은 기뻐하지 않으신다는 것이다. 그분은 마음의 신실한 태도를 바라신다. 사실 어떤 이들은 호세아 6:6이 구약성경의 예언적 메시지 전체를 요약한다고 제안해 왔다. "나는 인애를 원하고 제사를 원하지 아니하며 번제보다 하나님을 아는 것을 원하노라." 신약성경의 증언도 이러한 관점을 지지하는데 이 부분은 나중에 살펴볼 것이다.

세 번째 주요 관점은 본문이 침묵한다는 관점이다. 하나님의 받아들임과 거절에 대한 어떤 이유도 주어지지 않는다. 왜냐하면 이는 저자의 관심사가 아니기 때문이다. 저자의 관심사는 거절의 이유가 아니라 하나님의 거절에 대한 가인의 반응이다.[26]

피의 희생 제물과의 연관성을 주장한 사람은 모리스다. 그는 하나님이 가인과 아벨에게 "하나님께 나아가기 위한 필요조건으로 대리적 희생 제물의 필요성에 대해 알려 주셨다"라고 제안한다.[27] 모리스는 계속해서 여호와 하나님이 어떤 동물들을 죽여서 아담과 하와를 위해 가죽옷을 만드실 때(3:21) 이 지시가 주어졌다고 주장한다. 가인은 전에는 아벨에게 양을 샀지만, 자기 동생에게 이렇게 의존하는 것을 분하게 여겼고 반항했고 이번에는 필요한 것을 사지 않기로 했다. 대신 그는 땅의 소산을 가져왔다.[28]

그러나 2:2b-7 본문은 그 어디서도 하나님이 이 대목에서 대리적 희생 제물을 요구하셨다거나 이 제물이 죄를 대속하기 위한 희생 제물이라거나 가인이 이전에 아벨에게 양을 샀었다거나 심지어 가인과 아벨이 이전에 희생 제물을 드렸었다고 말하지 않는다. 게다가 3:21

은 희생 제물에 대해 말하지 않는다. 단지 가죽으로 옷을 지으셨다고 말할 뿐이다. 하나님이 이미 죽은 동물의 가죽을 사용하셨을 수도 있다. 심지어 타락의 결과로 동물 세계에서 첫 번째로 죽은 것들의 가죽을 사용하셨을 수도 있다. 그러나 하나님 혹은 사람이 가죽을 얻기 위해 동물을 죽였을 수도 있음을 인정한다 해도, 동물을 죽인 것이 하나님께 드릴 희생 제물과 관계가 있다는 암시는 없다.

가인이 자신의 희생 제물이 거절당했음을 어떻게 알게 되었는지에 대해서는 그다지 말할 필요가 없다. 어떤 이들은 불이 아벨의 제물은 태워 버렸으나 가인의 제물은 태우지 않았다고 주장한다.[29] 어떤 이들은 아벨의 제물에서 연기가 솟아올랐다고 말한다.[30] 어떤 이들은 희생 제물 자체에 눈에 보이는 표적이 있었다고 말한다.[31] 어떤 이들은 아벨은 그 후에 번성했지만 가인은 그러지 못했다고 말한다.[32] 어떤 이들은 하나님이 오직 아벨이 제물을 드린 곳에 나타나셨다고 말하나, 본문은 가인과 아벨이 제물을 드린 장소가 동일하다고 말한다.[33] 그러나 이 모든 추측 끝에 우리는 본문이 그저 아무 말도 하지 않는다는 점을 인정해야 한다. 우리가 무엇이 사실인지 아는 것이 특별히 이 에세이의 목적에 중요한 것도 아니다.

가인이 거절당한 이유와 관련된 또 다른 증거는 4b절과 5a절의 표현이다. 여호와 하나님은 "아벨과 그의 제물"은 호의적으로 보셨으나, "가인과 그의 제물"은 부정적으로 보셨다. 하나님은 먼저 아벨을 향하시고 그다음에 그의 제물을 향하셨다. 사람과 그가 드린 제물 사이에는 깊은 관계가 있다. 이 점은 더 나아가 한 개인의 태도가 결정적 요소임을 추가로 보여 준다.[34]

4. "가인이 몹시 분하여 안색이 변하니 여호와께서 가인에게 이르시되 네가 분하여함은 어찌 됨이며 안색이 변함은 어찌 됨이냐?"(5b-6절) 여호와 하나님의 거절에 대한 가인의 반응이 우리에게 추가 정보를 제공하는가? 가인이 화를 내는 반응이 그가 희생 제물을 드릴 때 잘못된 사고방식을 가지고 있었음을 나타낸다고 말하는 사람들이 있다.[35] 루폴드(Leupold)는 가인의 시선이 아래를 향한 것이 그가 하나님의 눈을 바라보기를 원하지 않았다는 의미라고 생각한다(만약 하나님이 사람의 눈에 보이는 모습으로 그에게 나타나셨다면).[36]

반면에, 가인의 반응은 정상적이었고 희생 제물에 대한 그의 태도가 나빴음을 의미하지 않는다고 진술하는 사람들이 있다.[37]

인간의 경험에 비추어 보면 화를 내는 모습과 시선이 아래를 향하는 것은 이전에 지은 죄나 다른 사람으로부터 부당한 비난을 받은 결과일 수 있다. 그리고 가인의 반응이 희생 제물을 드릴 때 그의 태도가 부적절했음을 반드시 내포하는 것은 아니지만 가인과 아벨의 이야기 전체의 맥락은 가인의 태도가 부적절하다는 방향을 가리킨다. 4장의 가장 중요한 메시지 중 하나는 죄를 고백하지 않고 용서받지 않으면 그것이 더 큰 죄로 이어질 수 있다는 것이다. 가인의 죄악된 태도는 낮은 품질의 희생 제물로 이어졌고, 이것은 여호와 하나님이 희생 제물을 거절하신 후에 (회개가 아닌) 분노로 이어졌다. 그리고 이 분노는 살인으로 이어졌다.

이 구절에서 하나님은 창세기 3장에서 아담과 하와에게 행하셨던 것처럼 행하시신다. 두 장 모두에서 하나님은 죄지은 사람에게 질문을 하신다(3:9, "네가 어디에 있느냐?"; 4:6, "네가 분하여함은 어쩜이뇨?"). 이는 정보를 얻기 위해서가 아니라(그분은 이미 어디에 있는지, 왜 화를 내는지 아셨다) 죄를 지은 사람을 회개로 이끌고 하나님의 은혜의 자리로 회복시키기 위해서다.[38]

5. "네가 선을 행하면 어찌 낯을 들지 못하겠느냐? 선을 행하지 아니하면 죄가 문에 엎드려 있느니라. 죄가 너를 원하나 너는 죄를 다스릴지니라"(7절). 이 절의 정확한 번역과 그 의미를 주제로 해서 많은 토론이 이루어졌다. 사실 어느 구약성경학자는 이 구절이 창세기 전체에서 가장 모호한 구절이라고 한다.[39] 나는 이 절의 각 단어나 구에 대한 다양한 관점을 여기서 설명하지는 않을 것이다. 대신 이 구절에 대한 나의 이해, 대부분의 주석가들과 NIV의 번역에 일치하는 이해를 제시하겠다.

여기서 하나님은 가인에게 계속해서 말씀하시면서, 그가 불만족한 원인이 그 자신 안에 있다고 이야기해 주신다. 문제는 가인의 태도다.[40] 이 구절은 피의 희생 제물 이슈에 대해 말하지 않는다. 모리스가 제안했듯이, 불량한 태도가 피가 없는 희생 제물로 이어진 것인지, 아니면 불량한 태도가 가장 좋은 제물을 가져오지 않는 행위로 이어진 것인지 우리는 이 구절을 보고 알 수가 없다. 중요한 점은 가인이 잘못된 것으로부터 돌이켜서 옳은 것을 행함으로써 (미래의 희생 제사에서든 그가 미래에 하나님과 맺게 될 관계 전반에서든) 하나님으로부터 소외되는 것을 막을 수 있었다는 뜻이다.[41]

죄는 먹이를 덮쳐 통제하고 더 큰 파멸로 이끌려고 준비하며 웅크리고 있는 위험한 동물로 그려진다. 그러나 마지막 절(節, clause)이 제시하듯이 가인은 이 문제를 정복할 수 있었다. 만약 가인이 자신의 불만에 머물기로 선택한다면 그는 더 심각한 문제들로 치닫게 될 것이었다. 전에 말한 것처럼, (아벨의 살해 이야기를 말하는) 이어지는 구절들은 4장 저자의 주된 목적이 하나의 죄가 또 다른 죄로 이어지는 문제를 지적하고 그 문제의 싹을 자르는 일의 중요성을 제시하는 것이었음을 암시한다.

S. R. 드라이버(Driver)는 4장을 "죄를 짓는 성향이 한층 더 악화된 형태로 한 세대에서 다음 세대로 전달되는 놀라운 사례"라고 부른다.[42] 죄의 문제는 처음에는 남편과 아내에게 영향을 미쳤지만 이제는 형제 관계에도 영향을 미치게 되었다.[43]

신약성경의 증거

신약성경은 가인과 아벨의 이야기에 대해 무엇이라고 말하는가? 비록 피의 희생 제물이냐 첫 결실이냐를 결정하도록 도와주지는 않지만 앞에서 표명한 견해를 지지하는 특별한 구절 두 개가 있다. 히브리서 11:4에서 저자는 다음과 같이 진술한다. "믿음으로 아벨은 가인보다 더 나은 제사를 하나님께 드림으로 의로운 자라 하시는 증거를 얻었으니 하나님이 그 예물에 대하여 증언하심이라." 여기서 영감받은 저자는 아벨의 태도가 믿음의 태도였다고 그리고 바로 이 믿음이 그의 희생 제물을 가인의 것보다 더 좋은 것으로 만들었다고 우리에게 말한다.

또 다른 구절은 요한1서 3:12이다. "가인같이 하지 말라. 그는 악한 자에게 속하여 그 아우를 죽였으니 어떤 이유로 죽였느냐? 자기의 행위는 악하고 아우의 행위는 의로움이라." 대부분의 주석가들은 살인으로 이어진 가인의 악한 행위들이 그가 희생 제물을 드리는 것과 관련되어 있다는 점에 동의한다. 가인은 그의 희생 제물이 거절당하게 만든 근본적인 도덕적 문제를 지니고 있었다.

결론

우리가 신약성경에서 얻는 그림은 구약성경 본문 자체의 설명에서 이끌어 낸 결론과 일치한다. 가인의 죄악된 태도가 그의 희생 제물의 낮은 품질에 반영되었기 때문에 하나님은 그 제물을 거절하셨다. 현대인의 경험에서 흔히 볼 수 있듯이, 나쁜 태도와 나쁜 행동은 서로 통했다. 그러나 그것은 하나는 피의 희생 제물이고 다른 하나는 그렇지 않은 경우의 문제가 아니었다. 동생과 달리, 가인은 농산물 중에서 가장 좋은 것을 가져오지 않았다. 왜냐하면 그는 하나님에 대한 믿음의 태도로 희생 제물에 접근하지 않았기 때문이다.

주

YES

1. G. H. Davies in *The Broadman Bible Commentary* (Nashville: Broadman, 1969), 1, p. 144.
2. G. H. Livingston in *The Beacon Bible Commentary* (Kansas City: Beacon Hill, 1969), 1, p. 49.
3. C. T. Francisco in *The Broadman Bible Commentary* (rev. ed.; Nashville: Broadman, 1973), 1, p. 133. 더 많은 설명을 찾는다면 O. Evans in *The International Standard Bible Encyclopedia* (Grand Rapids: Eerdmans, 1949), 1, p. 5를 보라. 또한 1, pp. 538-539를 보라.
4. A. T. Robertson, *Word Pictures in the New Testament* (Nashville: Broadman,

1932), 5, p. 419. 또한 W. F. Arndt and F. W. Gingrich, *A Greek-English Lexicon of the New Testament* (Chicago: University Press, 1957), p. 695를 보라.
5. Arndt and Gingrich, *Greek-English Lexicon*, p. 194.
6. 레 19:24.
7. D. G. Barnhouse, *Genesis* (Grand Rapids: Zondervan, 1970), 1, pp. 30-31.
8. 창세기는 실제 역사의 기록이며 나중에 기록되어 모세의 법에 규정된 예배의 제물을 반영하는 것이 아니라 정경에 실린 순서대로 기록되었다는 것이 나의 입장이다.
9. 출 29:13, 22; 레 4:8-9.
10. Barnhouse, *Genesis*, 1, p. 37.
11. H. H. Hobbs, *The Origin of All Things* (Waco: Word, 1975)를 보라.

NO

1. 예를 들면 A. Ehrenzweig, "Kain und Lamech", *Zeitschrift für die Alttestamentliche Wissenschaft* 35 (1915), pp. 1-11; H. Gressmann, "Sage und Geschichte in den Patriarchenerzählungen", *Zeitschrift für die Alttestamentliche Wissenschaft* 30 (1910), p. 34; O. Gruppe, "Kain", *Zeitschrift für die Alttestamentliche Wissenschaft* 39 (1921), p. 71; H. Gunkel, *The Book of Genesis* (1904), p. 43; G. von Rad, *Genesis* (2nd ed.; Philadelphia: Westminster, 1973), p. 104; H. Weinheimer, "Zu Genesis Kap. 2 und Kap. 4", *Zeitschrift für die Alttestamentliche Wissenschaft* 32 (1912), p. 38.
2. H. M. Morris, *The Genesis Record* (Grand Rapids: Baker, 1976), pp. 135-137.
3. 별도로 표기하지 않은 경우, 구절 전체를 인용할 때는 New International Version을 사용했다.
4. A. ben Isaiah and B. Sharfman, *The Pentateuch and Rashi's Commentary on Genesis* (Brooklyn: S. S. & R., 1949), p. 38에 따르면 Rashi가 그렇게 제안했다.
5. U. Cassuto, *A Commentary on the Book of Genesis, Part I: From Adam to Noah, Genesis I-VI 8* (Jerusalem: Magnes, 1978), p. 203; F. Delitzsch, *A New Commentary on Genesis* (Edinburgh: T. and T. Clark, 1899), 1, p. 179; D. Kidner, *Genesis: An Introduction and Commentary* (Downers Grove: InterVarsity, 1967), p. 74; C. F. Keil and F. Delitzsch. *The Pentateuch* (Grand Rapids: Eerdmans, n.d.), 1, p. 109; H. C. Leupold, *Exposition of Genesis* (Grand Rapids:

Baker, 1942), 1, p. 192; Morris, *Genesis Record*, p. 135; C. Westermann, *Genesis 1-11: A Commentary* (Minneapolis: Augsburg, 1984), p. 294.
6. Keil and Delitzsch, *Pentateuch*, 1, p. 109.
7. W. Brueggemann, *Genesis* (Atlanta: John Knox, 1982), pp. 55-56.
8. Westermann, *Genesis 1-11*, p. 294.
9. 예를 들면 C. R. Brown, *The Story Books of the Early Hebrews* (Boston: Pilgrim, 1919), p. 9. 이 점에 관해서는 Kidner, Genesis, p. 74를 보라. A. Bentzen은 가인과 아벨에 관한 이야기를 기원 전설(etiological legend), 즉 훗날의 현상(이 경우는 목자들과 농부들 사이의 적대감)의 존재를 설명하기 위해 편집된 이야기라고 부른다[*Introduction to the Old Testament* (Copenhagen: G. E. C. Gad, 1948), 1, p. 237. L. M. Hopfe, "A History of the Interpretation of Genesis 4:1-16 and its Relevance for Biblical Hermeneutics" (미출간 박사 논문; Ann Arbor: University Microfilms, 1965), p. 116에 인용됨]. B. Vawter에게 이 이야기는 역사가 아니고 목자들과 농부들 사이의 적대감을 설명하는 것도 아니다. 이 이야기는 사람은 죄를 경계해야 한다는 종교적 메시지를 전달하는 의도를 담고 있다[*A Path Through Genesis* (New York: Sheed & ward, 1956), p. 72].
10. I. Hunt, *The Book of Genesis: Part 1 with a Commentary* (New York: Paulist, 1960), p. 18; B. Vawter, *On Genesis: A New Reading* (Garden City: Doubleday, 1977), p. 94; E. A. Speiser, *Genesis* (2nd ed.; Garden City: Doubleday, 1964), p. 31; Weinheimer, "Zu Genesis", pp. 33-40.
11. 이 장(章)을 J문서(야웨 문서)에 배치한 사실[예. S. R. Driver, *The Book of Genesis* (New York: Edwin S. Gorham, 1904, pp. 44-75]은, 성서비평학자들이 주전 931년의 분열 후에 남왕국이 하나님의 진정한 백성이라는 주장을 퍼뜨리려는 목적에서 북이스라엘 왕국의 관점과 대조되는 남유다 왕국의 관점에서 이 장이 쓰인 것으로 본다는 점을 시사한다.
12. J. P. Lange, *Genesis* (Grand Rapids: Zondervan, 1960), 1, p. 255, Delitzsch와 Hofmann에 대한 내용; Morris, *Genesis Record*, p. 135.
13. O. Procksch, *Die Genesis* (2nd and 3rd ed.; Leipzig: A. Deicherische, 1924), p. 46; J. Skinner, *Genesis* (2nd ed.; Edinburgh: T. and T. Clark, 1930), p. 104; Cassuto, *Commentary*, p. 205에 따르면 Gunkel과 대부분의 주석가들.
14. 위(僞)-요나단 탈굼(Targum of Pseudo-Jonathan)에는 다음과 같이 적혀 있다.

"얼마 후 니산월 14일에 가인은 땅의 소산인 아마씨, 즉 첫 열매의 제물을 여호와께 가져왔다." 또한 Cassuto, *Commentary*, p. 205; ben Isaiah and Sharfman, *Pentateuch*, p. 38; Brueggemann, *Genesis*, pp. 132, 137를 보라.

15. Westermann, *Genesis 1-11*, p. 295; Leupold, *Exposition*, p. 194; Delitzsch, *New Commentary*, p. 180; G. Ch. Aalders, *Genesis* (Grand Rapids: Zondervan, 1981), 1, p. 120; Kidner, *Genesis*, p. 75; Skinner, *Genesis*, pp. 103-104.

16. Proksch는 *Die Genesis*, pp. 44-45에서 *ûmēḥelbêhen*라는 단어에 다른 방식으로 구두점을 찍어 "그것들의 우유로부터"(*ûmēḥalabhen*)라고 읽는다. 그러나 "첫 새끼와 우유"는 어울리지 않는 짝이다.

17. 다음의 학자들도 같은 입장이다. M. G. Kline, "Genesis", in *New Bible Commentary* (3rd ed.; Grand Rapids: Eerdmans, 1970, p. 86; Lange, *Genesis*, p. 256; Cassuto, *Commentary*, p. 205-206; Jewish Publication Society of America (JPSA) translation; J. H. Hertz, ed., *The Pentateuch and Haftorahs* (1st ed.; London: Soncino, 1975), p. 14. 대표적인 중세 유대 해석자인 M. Maimonides (1135-1204)는 다음과 같이 기록했다. "만약 모든 종류의 것이 소재로 드리는 데에 적합하다면, 왜 현자들은 그것들의 질을 평가하는가? 어느 것이 가장 좋은 것이고 어느 것들의 가치가 같으며 어느 것이 가장 가치가 떨어지는지 알도록 하기 위함이다. 보라, 토라에서 다음과 같이 말한다. 그리고 아벨, 그도 또한 양 떼의 첫 새끼와 그 기름을 가져왔다. 그리고 여호와께서 아벨과 그의 제물을 존중하셨다"[*The Code of Maimonides: Book Eight, The Book of Temple Service* (New Haven: Yale University, 1957), pp. 8, 10].

18. Speiser, *Genesis*, p. 30.

19. 히브리어 *gam-hû'*는 모호한 표현이다. 이것은 가인과 아벨의 대조 혹은 유사성을 나타낼 수 있다. 각 측의 대표적 견해를 참조하려면 Leupold, *Genesis*, pp. 195-196; M. Luther, *Lectures on Genesis: Chapters 1-5* (ed. J. Pelikan; St. Louis: Concordia, 1958), 1, p. 251를 보라.

20. J. Goldin, "The Youngest Son or Where Does Genesis 38 Belong?", *Journal of Biblical Literature* 96 (1977), p. 33 n. 36; Brueggemann, *Genesis*, p. 56; von Rad, *Genesis*, p. 104; Vawter, *On Genesis*, p. 95; Westermann, *Genesis 1-11*, p. 296.

21. Josephus는 이 견해의 지지자로서 "아벨은…미덕에 주의를 기울였다. 그는 양치기의 삶을 살았다. 반대로, 가인은 완전히 부패했고 이익에만 관심이 있었다. 그

는 땅을 경작할 생각을 한 첫 번째 사람이었다"(*Antiquities* 1.52). 또한 Goldin, "Youngest Son", pp. 32-33 n. 36; Gruppe, "Kain", p. 71; Leupold, *Exposition*, p. 195에 따르면 Gunkel; Gressmann, "Sage", p. 27; Skinner, *Genesis*, pp. 105-106; Weinheimer, "Zu Genesis", p. 38; S. Levin, "The More Savory Offering: A Key to the Problem Gen 4:3-5", *Journal of Biblical Literature* 98 (1979), p. 85; E. König, *Die Genesis* (Gütersloh: C. Bertelsmann, 1919), p. 276에 따르면 Ehrlich; R. H. Pfeiffer, *Introduction to the Old Testament* (New York: Harper, 1941), p. 162를 보라.

22. Von Rad. *Genesis*, p. 104.
23. Westermann, *Genesis 1-11*, p. 296.
24. Keil and Delitzsch, *Pentateuch* 1, p. 111에 따르면 Oehler; Goldin, "Youngest Son", pp. 32-33 n. 36에 따르면 Philo와 일부 랍비 저술; Kline, "Genesis", p. 86; Hertz, *Pentateuch*, p. 14; JPSA translation; Cassuto, *Commentary*, p. 205; Lange, *Genesis*, p. 256; Leupold, *Exposition*, p. 196; Driver, *Genesis*, pp. 64-65; Luther, *Genesis*, 1, p. 250; Delitzsch, *New Commentary*, p. 181; Kidner, *Genesis*, p. 75; Procksch, *Die Genesis*, p. 47에 따르면 Dillmann; Keil and Delitzsch, *Pentateuch*, 1, p. 110. 다른 변형들이 존재한다. Halevy는 땅이 아담의 죄로 인해 저주를 받았기 때문에 가인은 손해를 볼 위치에 있었다고 제안한다. Jacob과 Tuch와 다른 학자들은 동물 희생 제물의 객관적 가치가 식물 제물보다 크기 때문에 가인은 잘못된 선택을 했다고 주장했다(Cassuto, *Commentary*, p. 207; Skinner, *Genesis*, p. 105). Aalders, *Genesis*, pp. 120-121에 따르면, 고대 유대의 한 해석은 가인이 적절한 의식을 준수하지 않았다고 해석한다. 이 견해는 모세 율법의 시기를 에덴에서의 사건 직후로 앞당겨야 성립한다. 저자가 이전의 이야기를 이어받아 편집했다고 말하는, 편집 재작업에 의존하는 설명은 만족스러운 해결책을 제시하지 못하고 해결하는 문제보다 더 많은 문제를 만들어 낸다. 예를 들어 M. S. Enslin, "Cain and Prometheus", *Journal of Biblical Literature* 86 (1967), p. 88를 보라. Origen과 Chrysostom 같은 일부 초기 교부들(Hopfe, "A History", pp. 86-87, 90)과 이후의 Venerable Bede(673-735)(Hopfe, "A History", p. 100)는 가인의 태도를 문제 삼으나, 그 태도가 첫 수확물을 드리지 못하게 했거나 피의 희생 제물을 드리지 못하게 했는지는 말하지 않는다.
25. Westermann, *Genesis 1-11*, p. 295.

26. R. Davidson, *Genesis 1-11* (Cambridge: University Press, 1973), p. 52; A. J. Hauser, "Linguistic and Thematic Links Between Genesis 4:1-16 and Genesis 2-3", *Journal of the Evangelical Theological Society* 23 (1980), p. 300.

27. Morris, *Genesis Record*, pp. 136-137. von Rad는 피의 희생 제사를 하나님께 더 만족스러운 것으로 보지만, 가인의 태도를 비난하지는 않는다. 그것은 전적으로 사람과는 관계없이, 하나님의 자유로운 뜻 안에서 드러난 거절이었다(*Genesis*, p. 104). 피의 희생 제사의 접근법에 대한 다른 지지자들에 대해 찾으려면 주1을 보라. Philo(주전 49-주후 20)와 Josephus(주후 37-100)의 견해는 초기 기독교와 이후의 유대 주석가들에게 영향력이 있었다. Philo는 창 4장을 풍유적으로 읽었다. Josephus도 마찬가지로 정상적인 문법적 의미로 본문을 설명하지 않았다(Hopfe, "A History", pp. 46-54). 위-요나단 탈굼의 해석이 부분적으로 이러한 견해의 기원을 설명해 준다. 이 탈굼은 제사를 원시적 유월절 축제로 이해하기 때문이다. 이 탈굼은 제사가 유월절 축제 때인 니산월 14일에 일어났다고 진술한다. Hopfe는 "A History", p. 28에서 같은 입장을 보인다. 그러나 Hopfe는 계속해서 유대 주석가들은 종종 "문장, 구, 단어를 그것들이 위치한 문맥이나 역사적 사건에 대한 관심 없이"(p. 43) 해석한다고 경고한다. 다른 말로 해서, 그들은 이따금씩 본문을 제멋대로 다루었다.

28. Morris, *Genesis Record*, pp. 136-137. Lange, *Genesis*, p. 256에 따르면, Morris는 이 책에서 그보다 한 세기 전의 J. C. K. von Hofmann이 그의 책 *Scripture Proofs*에서 진술한 많은 주장을 반복한다고 한다.

29. 예를 들면, ben Isaiah and Sharfman, *Pentateuch*, p. 38; Luther, *Genesis*, 1, p. 252; Jerome, Rashi (1105), Ibn Ezra (c. 1167), Theodotion, late haggadic Midrashim, J. Gerhard, F. Delitzsch.

30. Skinner, *Genesis*, pp. 104-105에 따르면 Ewald, Strack; Westermann, *Genesis 1-11*, p. 297에 따르면 Bertholet.

31. Von Rad, *Genesis*, p. 105; Cassuto, *Commentary*, p. 207에 따르면 Gunkel.

32. Skinner, *Genesis*, pp. 104-105에 따르면 Calvin; Westermann, *Genesis 1-11*, p. 297에 따르면 Brock-Utne, Cassuto, Ehrlich.

33. König, *Die Genesis*, p. 275에 따르면 Knobel, Vilmar; Lange, *Genesis*, p. 256에 따르면 Schumann; Cassuto, *Commentary*, p. 207에 따르면 Skinner, Jacob.

34. Luther, *Genesis*, 1, p. 257; Leupold, *Exposition*, p. 196; König, *Die Genesis*, p. 276.

35. Driver, *Genesis*, pp. 64-65; Westermann, *Genesis 1-11*, pp. 297-298에 따르면

Dillmann.

36. Leupold, *Exposition*, p. 198. 불행히도 어떤 진영에서는 가인의 낙심한 얼굴의 원인을 사탄의 계보에 돌린다. 위-요나단 탈굼(4:2)에 따르면, 가인은 사마엘(즉 사탄)에 의해 잉태되었고, 반면에 아벨은 아담에 의해 잉태되었다[J. Bowker, *The Targums and Rabbinic Literature* (Cambridge: University Press, 1969), p. 132; E. Levine, "Syriac Version of Genesis 4:1-16", *Vetus Testamentum* 26 (1976), p. 73].
37. Skinner, *Genesis*, p. 106; Westermann, *Genesis 1-11*, p. 298.
38. Westermann, *Genesis 1-11*, p. 299; von Rad, *Genesis*, p. 105; Driver, *Genesis*, p. 65; Delitzsch, *New Commentary*, p. 181; Aalders, *Genesis*, pp. 121-122; Kidner, *Genesis*, p. 75; J. J. Davis, *Paradise to Prison* (Grand Rapids: Baker, 1975), p. 99; Cassuto, *Commentary*, p. 208; Leupold, *Exposition*, p. 199.
39. Procksch, *Die Genesis*, p. 47.
40. Davidson, *Genesis 1-11*, p. 52.
41. '들다'라는 뜻의 *śĕ'ēt*라는 단어가 얼굴 표정을 펴는 것(웃음?), 하나님의 시야에 드는 것, 혹은 용서 중 어느 것을 가리키든지 그 결과는 같다. 올바른 태도 그리고, 틀림없이, 이전의 악한 태도에 대한 회개의 결과로 하나님과 화해하는 것이다. Menahem ben Yashar은 *śĕ'ēt*가 맏아들의 특별한 지위와 위엄을 가리킨다는 매력적 해석을 제시한다. 그는 7a절을 다음과 같이 해석하는 것 같다. "네가 옳은 일을 행하면 맏아들의 권리가 너의 것이지 않겠느냐?" 그의 논증 전체를 보려면 U. Woller, "Zu Gen 4:7", *Zeitschrift für die Alttestamentlich Wissenschaft* 91 (1979), p. 436의 관점에서 "Zu Gen 4:7", *Zeitschrift für die Alttestamentliche Wissenschaft* 94 (1982), pp. 635-637를 보라.
42. Driver, *Genesis*, p. 62.
43. 또다시, *rôbēṣ*(웅크린)가 일부 학자들이 제안하는 것처럼 (실제의 또는 가상의) 악마를 가리키든지 혹은 웅크리고 기다리는 굶주린 야수를 뜻하는 은유이든지, 결과는 같다. 그것은 죄가 가인을 파괴할 잠재력을 가지고 있다는 것이다. 나는 후자의 견해를 선호한다.

7

아담과 하와 이전에 사람들이 있었는가?

YES | 웨이드 시포드 H. Wade Seaford, Jr.
NO | 조지 쿠펠트 George Kufeldt

YES

웨이드 시포드 H. Wade Seaford, Jr.
디킨슨 대학 인류학 및 사회학 교수

호기심 많은 프랑스인이 주변 농장들에서 수집된 괴이한 형태의 돌들에 매혹되었다. 분명히 이 돌들은 그 지역 장인들이 만든 것은 아니었고, 이사크 드라페이레르(Isaac de la Peyrere)는 자신이 구할 수 있는 문헌에서 이런 바위 형태의 그림을 본 적이 없었다. 대답은 분명해 보였다. 이 돌들은 아담 이전에 살았던 사람들이 만들었음에 틀림없었다. 1596년에 위그노 가문에서 태어난 라페이레르는 성경 지식이 풍부했다. 그는 이 지식을 사용해서 가장 비정통적인 방식으로 창세기를 해석했다. 아담은 첫 번째 인간이 아니라 첫 번째 유대인이었다. 로마서 5:13이 "죄가 율법 있기 전에도 세상에 있었으나 율법이 없었을 때에는 죄를 죄로 여기지 아니하였느니라"라고 말하기 때문에, 아담과 하와 이전에 살았던 사람들(죄가 있는 사람들)이 많이 있었음에 틀림없다. 그들은 창세기 1장에 그 기원이 서술된 이방인들이었다. 1655년에 라페이레르는 『아담 이전의 인류』(*Praeadamitae*)에서 그의 견해를 발표했다. 비록 그 책이 같은 해에 5판까지 나오고 한 기독교 분파의 토대가 되었지만, 가톨릭과 유대교와 개신교의 권위자들은 그 책을 비판했고, 그 책을 공개적으로 불태우라는 명령이 내려졌다. 라페이레르 자신은 간신히 종교 재판을 피했다.[1] 아담 이전의 인류는 분명히 인기가 없었다.

거의 두 세기가 지났지만 여론의 분위기는 그다지 변하지 않았다. 이번에 (오늘날 우리가 구석기 시대 도구들로 알고 있는) 이 신비로운 돌들에 매료된 사람은 프랑스의 세관원 자크 부세르 드페르트(Jacques Boucher de Perthes)였다(이 돌들은 프랑스의 퇴적물 속에 다량 존재했다). 그는 지식인들에게 이 돌들이 아주 오래된 문화의 증거임을 설득하려고 노력했으나 성공하지 못했다. 영국에서는 이보다 수십 년 전에 존 프리어(John Frere)가 동일한 생각을 퍼뜨리려고 했지만 결과는 마찬가지로 실망스러웠다.

또 한 세기 가량이 지나갔다. 비록 내가 대중의 열렬한 수용이나 과학계의 즉각적 거절을 예견하지는 않지만, 아담과 하와 이전에 인간이 존재했다는 주장에 여전히 동의하지 않으려는 사람들이 있다. '과학적 창조론자'(scientific creationist) 운동의 방대한 문헌이 이를 증명한다.

내가 "아담과 하와 이전에 존재했다"라고 말할 때 이는 잠정적으로 창세기의 처음 장들을 문자적으로 해석하는 것이다. 즉, 최초의 부부 한 쌍이 창조 이야기에서 서술된 생태적·문화적 배경에서 실제로 살았다고 추정한다. 이 배경을 먼저 생각해 보자.

창세기 1:11-4:20의 성경 기사를 잘 살펴보면 셋째 날에 하나님은 땅에게 씨 맺는 채소와 열매 맺는 나무를 내라고 명령하신다. 이것들은 인간이 소비할 식량을 제공하기 위한 것이었다(1:29; 2:8-9, 16). 그 전에는 땅이 식량을 내지 못했다. 비도 내리지 않고 "땅을 갈"(2:5) 사람도 없었기 때문이다. 그러므로 사람은 "동산[을]…경작하며 지키게"(2:15) 할 목적으로 창조되었다. 경작된 식물은 아담과 그 배우자의 식료품 저장실에 식량을 공급했다.

인간의 생존에 필요한 또 다른 영역이 있었다. 아담은 외로운 존재였고 씨와 과일만 먹었기 때문에, 하나님은 (창 1장의 여섯째 날에) 흙으로부터 다양한 야생 동물과 가축과 새를 만드셔서 아담에게 데려와 이름을 짓게 하셨다(2:18-20). 뱀은 자신의 악랄한 행위 때문에 특별한 취급을 받아 야생 동물 및 가축과 구별되었다(3:14). 뱀은 "들짐승 중에 가장 간교하니"라고 묘사되었다(3:1).[2]

가정 경제에 다행스럽게도, 아담과 하와의 자손은 서로를 보완했다. 가인은 아버지의 직업인 땅을 경작하는 일을 계속했고, 반면에 아벨은 가축에게 풀을 먹였다. 그러나 이 적절한 배합은 결국 무너져 목축자와 경작자 사이의 치명적 불화로 이어졌다(4:8-11). 경작자 가인은 아벨을 살해한 결과로 추방되어 방랑하는 존재가 되었다(이는 분명 그의 직업에 불리했다). 이후의 에서와 같이 가인은 일종의 일시적 유예 조치를 어렵사리 얻어낸다. 가인의 경우에 이는 여권과 같은 형태로서 그가 여정에서 만난 사람들이 그에게 가할 응분의 위해로부터 그를 보호한다(4:12-15).

분명히 이 이야기의 저자는 주변에 다른 사람들이 있음을 암시하는 데 주저하지 않는다. 현대의 익살꾼들이 이 문제를 수수께끼로 삼는 것은 그 의사소통 과정에서 나타나는 문화적 부조화를 보여 준다. 최초의 저자(들)에게 이 문제는 내러티브를 진행하는 데 중요하지 않았던 것으로 보인다.

아담의 아들의 시대에 세상에 사람들이 살고 있었다는 사실이 중요하지 않다는 점을 강조하기라도 하는 것처럼, 본문은 갑자기 가인이 아내를 얻었다는 사실을 말한다. 결혼 때문이었든, 아니면 무익한 방랑 생활 때문이었든 가인은 마침내 정착해서 도시를 건설하는 일에 착수했다. 도시[3] 프로젝트를 시작한 지 여섯 세대가 지나지 않아서 음악과 야금술(철물 제작을 포함한, 4:17-22) 등 문명의 편의를 이용할 수 있었다.

선사 시대와 문명의 초기 발달기의 학생들에게는 이와 같은 생태적·문화적 배경이 잘 알려져 있다.[4] 땅을 경작하고 가축을 키우는 시기는 1만 년 전 이후의 시대를 암시할 것이다. 그 시기에 근동에서 식량 생산이 널리 이루어지게 되었다. 그러나 식물과 동물을 길들이는 기술은 이보다 두 배 이전의 시기에 알려졌다는 증거가 존재한다. 재배 및 사육으로 얻는 식량은 주전 3300년에 문명과 도시화의 경제적 토대였다. 구리 야금술은 주전 7세기부터, 청동(구리 합금)은 주전 4세기부터, 철은 주전 2세기부터 알려졌다.

내가 지금까지 그린 그림은 새로운 것이 아니다. 예를 들면 해럴드 린셀(Harold Lindsell)은 이렇게 말한다.

거의 세 세기 동안 받아들여진 성경 연대표는 아담의 생애가 대략 주전 4004년에 시작되었다는 가정에 근거를 두었다. 이 연대표는 17세기에 어셔 대주교가 계산한 것이었다. 탄소 연대 측정법을 포함한 최신 과학의 발달은 어셔의 연대표를 성립 불가능하게 만들었다. 많은 학자는 창세기 5장과 11장의 족보 목록에 상당한 시간 공백을 허용하는 성경 본문 해석을 받아들여서 어셔가 제안한 것보다 훨씬 더 긴 인간 역사를 받아들인다. 청동은 주전 3300-3000년이 되어서야 보편화되었다. 이 구절에 따르면 아담의 8대손인 두발가인은 **구리와 쇠로 여러 가지 기구를 만드는 자**였다. 과학적 데이터와 더불어 이 점이 성경 연대

표에 엄청난 간격들이 있음을 분명하게 보여 준다.[5]

도시 발생의 주된 촉매제 중 하나는 경제와 인구의 영향력이었다. 약 1만 년 전에 전 세계의 인구는 5백만 명에 도달했을 것으로 추산되며, 주전 4000년이 되었을 즈음에는 그 수가 대략 86,500,000명으로 뛰었다.[6] 가인은 현상금 사냥꾼들과 마주치는 것을 두려워할 이유가 충분했다. 그리고 아내를 찾을 때 그는 여러 처녀 중에서 선택할 수 있었음에 틀림없다. 전직 농부인 가인은 도시의 부동산에 투자했고 이는 그에게 또다시 안정된 수입을 확보해 주었을 것이다.

인정받는 고고학 지식에 비교할 때 창세기 1:11-4:20에 포함된 생태적·문화적 데이터는 이 사건들을 1만 년 전과 2천 년 전 사이 어딘가에 둔다. 철 야금술을 언급하는 기사는 아무리 일러도 주전 두 번째 밀레니엄에 기록되었을 것이고 경작 및 사육을 통해 얻은 식량처럼 더 이른 시기에서 기원한 요소들도 포함된 것이 분명하다. 그러나 가령 철 야금술이 아담으로부터 여덟 세대 내에 일어난다 할지라도, 린셀의 간격들 중 하나를 사용해서 아담을 신석기 시대가 시작될 때(이때로부터 몇천 년 전 또는 몇천 년 후)에 살았던 인물로 볼 수 있다. 이 경우 그 시기는 대략 1만 년 전쯤이 될 것이다.

그러나 만일 생태학적·문화적 배경을 문자적으로 해석하면, 아담과 하와가 최초의 인간들이라는 말은 어떤 의미를 가지게 되는가? 린셀은 "모든 인생은 아담과 하와로부터 파생된다"라고[7] 분명하게 말한다. 그리고 미국 성인의 절반이 이렇게 믿는다.[8] 만약 그것이 사실이라면, (미개한 시작으로부터 세련된 두발가인 시대로의 확실한 점증적 발전을 포함하는) 2백만 년에 걸친 인류 문화의 증거는 어떻게 되는가? 신석기 시대가 시작될 무렵 5백만 명의 인구를 보유했던 구세계(Old World)의 문화는 문자적 아담의 시대에 이미 융성한 상태였다.

여기서 우리는 난관에 직면한다. 배경을 문자적으로 받아들이면 전통적인 태고의 주인공들이 첫 번째 부부라는 점을 문자적으로 받아들일 수 없다. 이 문제를 해결하기 위해서는 신석기 시대의 아담과 하와를, 그들보다 먼저 인간이 무대—창세기 저자는 그 배경을 전혀 알지 못했던 무대—에 등장한 시기를 가리키는 우화적 인물로 해석해야만 한다.

언뜻 보기에는 이런 묘책이 신학과 고고학을 조화시키는 것처럼 보일 것이다. 그러나 우리는 아직 난관에서 빠져나오지 못했다. 문자적이든 우화적이든 한 쌍의 부부가 이전의 인구와 전혀 관련이 없는 완전히 새로운 종을 만들어 낼 수 있을까? 그러한 사건은 언제 발생했을까? 린셀에게 동의하는 사람들은 분명하게 대답할 것이다. "물론 태초에 발생했다." 그러나 인류가 인구 집단이 아닌 적이 있는가? 최초의 한 쌍 대 인구 집단의 문제를 숙고하기 위해 고생물학 기록을 살펴보자. 그리고 그와 연관된 질문을 살펴보자. "인간은 언제 인간이 되었는가?"

인간이 창조 이야기의 배경인 신석기/철기 시대보다 수천 년 전에 지구에 거주했다는 강력하고도 압도적인 증거가 있다. 적어도 신석기 시대에 이르기까지 150만 년 동안 생존 방식은 수렵과 채집이었다. 분명히 인간은 (기록에 따르면 아담이 그렇게 했듯이) 나무에서 열매를 따 먹었다. 그러나 경작하는 식물이나 사육하는 동물은 없었다. 사낭이 단백질을 얻는 주된 원천이었다. 성읍은 없었고 도시는 더더구나 없었다. 그리고 인간은 적어도 한 측면에서는 가인처럼 떠돌아다니는 존재였다. 신석기 시대의 아담과 하와 이전에 살았던 이들을 '사람들'(people)이라고 부를 수 있을까?

인간으로 가는 방향에서 다른 호미노이드(hominoid)[9]들과 구별되는 생명 형태들에 대한 최초의 증거로 거슬러 올라가면, 우리는 5백만 년 전에 등장해서 3백만 년이라는 믿기 힘든 시간 동안 존속한 아프리카의 오스트랄로피테신(australopithecine)을 마주치게 된다. 발견된 조각 수천 개로 판단할 때, 오스트랄로피테신은 발의 형태, 무릎, 넓적다리의 각도, 골반 구조, 척추 만곡과 두개저(頭蓋低)가 시사하듯이 늘 뒷다리로 걸었음이 분명하다. 그들의 치아는 인간의 것이었지만, 그들의 두개골은 (우리의 관점에서 볼 때) 염려스러울 정도로 작았다. 이 사실과 그들의 돌출된 얼굴 때문에 어떤 이들은 그들이 인간이었다는 점을 의심한다.

사실 이러한 문제들을 다루는 데 익숙한 학자 중 많은 이가 1924년에 발견된 이후로 적어도 20년 동안 오스트랄로피테신을 유인원이라고(비록 흥미로운 유인원이긴 하지만) 불렀다.[10] 오스트랄로피테신은 이제 우리와 같은 속(屬)은 아니지만 우리와 같은 생물학적 과(科)에 속한다. 오스트랄로피테신에 대해 알려진 사실 중 하나는 이들이 아프리카의 다양한 지역에 집단으로 존재했다는 것이다.

2백만 년 전에 경외할 만한 오스트랄로피테신 집단 대부분이 '호모 하빌리스'(*Homo habilis*)에 의해 대체되었다. 두뇌의 용량이 473밀리리터에서 710밀리리터로 커졌고 그에 따라 머리 형태가 인간과 유사해졌다. 의도적으로 쪼아 낸 석기들이 적어도 2백만 년 된 퇴적물에서 발견되기 때문에, '하빌리스'가 이 석기들을 만들었다고 추정한다. 두개골이 더 큰 점을 제외하고 '하빌리스'가 후기 오스트랄로피테신과 완전히 다른지 여부는 아직 확립되지 않았다.

이들이 '인간 집단'이었는가? 만약 오스트랄로피테신이 인간이 아니었다면(어쨌든 보통 인간의 두뇌 용량이 473밀리리터인 경우는 없다), 이 첫 번째 도구 제작자들이 인간이라는 지위를 요구할 수 있을까? 만약 이들이 사람이라면, 이들이 한 남자와 한 여자로 갑자기 등장해서(혹은 창조되어) 아프리카의 인구를 낳았다는 증거가 있는가? 이와 같은 사건은 생물학적 환상일 뿐만 아니라, 이들이 시간과 형태에서 오스트랄로피테신과 밀접한 관계를 가진다는 점은 이 일이 불가능하다는 것을 입증한다. 이들은 인간이었는가? 아니면 우리는 더 나은 존재가 나타나기를 기다려야 하는가?

170만 년 전이 되었을 즈음에 아프리카에는 인간속에 속하는 또 다른 종이 거주했다. 이들은 '에렉투스'(*erectus*)라고 불렸다. 이 다부진 '아담 이전의 존재'는 능숙한 사냥꾼이 되었다. 불 및 편리한 문명의 도구 덕분에 그들은 아프리카, 아시아, 유럽, 인도네시아 등 구세계의 대부분에 거주했다. 틀림없이 그(그녀일 가능성이 더 높다)는 열매를 땄다. 그러나 그가 이름 지어야 할 야생 동물들만 존재했고 아담이 씨름했던 가축 종류는 아무것도 없었다. '호모 에렉투스'의 머리 크기는 946밀리리터의 두뇌를 담기에 충분할 정도로 컸으며, 평균적으로 첫 도구 제작자였던 '호모 하빌리스'보다 더 컸다. 그리고 그중 큰 것들은 현대의 '호모 사피엔스'(*Homo sapiens*) 중에서 작은 축에 속하는 머리와 크기가 비슷하다.

상상력을 크게 발휘해 보면, '에렉투스'가 (아마도 코끼리 사냥과 연관된) 의식을 행했다는 미약한 증거가 있다. 만약 그렇다면 '에렉투스'는 이전의 존재들과는 달리 (적어도 그 증거와 관련해서는) 종교적 존재였다. 틀림없이 '에렉투스'들은 '사람들'이었다! 프랑스의 문학 천재인 아나톨 프랑스(Anatole France, 그는 예외적으로 머리가 작았다)처럼 두뇌 크기가 작고 사냥을 위한 마법을 사용했을 것으로 보이는 '호모 에렉투스'들은 '사람들'의 최고 후보다.

그러나 누가 사람이고 누가 사람이 아닌지 결정하려는 일을 신중하게 진행하기 위해서, '에렉투스'는 내가 보아 온 사람들과 같은 모습이 아니고 그의 두개골은 내가 조사한 현대인의 두개골과 같지 않다는 점을 언급해야겠다. 얼굴이 앞으로 돌출해서 코가 우리보다 더 납작해 보였다. 턱은 두드러진 곳이 없었다. 이마에 해당하는 부분이 사실상 없는 경우도 있었고, (할리우드의 기준으로 보면) 기괴하게 튀어나온 이마는 공포 영화에 어울리는 모습이었다.

폭넓게 흩어져 있던 '호모 에렉투스' 집단은 '사람들'이었는가? 만약 그렇다면 그들은 단 한 쌍의 인간 부부에게서 생겨날 수 있었을까? 그럴 가능성은 거의 없다. 그들은 이전의 존재들과 너무나도 유사했다. 그들은 백만 년의 존재 기간에 걸쳐 백만 명까지 증가한 것으로 추정된다.[11] 다른 무엇보다도 그들에게 인간의 지위를 부여할 수 있는 발달상의 사건이 약 5만 년 전 그들이 지상에서 지낸 시간의 끝 무렵에 일어났다. '에렉투스' 집단의 일부가 더욱더 '호모 사피엔스'를 닮았던 것이다. 사실 이 후기 집단들이 후기 '에렉투스'인지 아니면 초기 '사피엔스'인지는 논의의 대상이었다. 만일 이 후기 집단들이 사람이라면, 아마도 누군가는 그 이전 집단들은 사람이 아니라고 말할 것이다. 만일 그렇다면, 어디에서 변이가 발생했는가? 언제 인간이 시작되었는가? 아마도 우리가 사람들에 대해 말하기 시작하려면 진정한 '호모 사피엔스'를 기다려야만 할 것이다.

모든 '호모 사피엔스'가 인간이라는 점은 분명하다. 그러나 판단을 너무 서두르지는 말자. 만일 우리가 외관을 주된 기준으로 삼는다면, 초기 '호모 사피엔스'는 신석기 시대 사람들과 그다지 닮지 않았다. 그들은 지나치게 크지는 않지만 여전히 울퉁불퉁한 두개골을 지니고 있었다. 그러나 그들 중 일부는 턱끝(chin button)이 발달하여 '에렉투스'보다 더 품위 있는 모습이었다(현대의 기준으로 보면). 아프리카, 유럽, 중국과 인도네시아에 걸쳐 분포한 이 먼 친척들은 이전 존재들의 흔적을 지녔다. 하지만 우리는 그들이 우리의 속과 종에 속한다고 주장해야만 한다. 그들은 여전히 수렵자이자 채집자였다는 점을 주목해야만 한다. 그들은 식량을 재배하지 않았다.

약 75,000년 전에 이 거친 '에렉투스'의 두뇌가 큰 버전이 유럽과 서남아시아에서 등장했다. 이들은 악명 높은 네안데르탈인이었다. 네안데르탈인이 공룡을 애완동물로 보유하지 않았다는 점을 분명히 해야 한다. 왜냐하면 공룡은 원시 오스트랄로피테신도 등장하기 전인 6,500만 년 전에 멸종했기 때문이다. 이 네안데르탈인은 영리해서 비교적 고도의 기술을 발달시켰고 사랑하는 이들을 매장하는 데 신경을 썼다. 이들이 진정으로 인간이었다는 점은 부정될 수 없다. 인간이 지구상에 갑자기 등장하지는 않았다.

공식적으로 '호모 사피엔스 네안데르탈렌시스'(*Homo sapiens neanderthalensis*)라고 불리는 네안데르탈인의 속(屬)은 2백만 년 전의 '호모 하빌리스'로 거슬러 올라간다. 그들은 식량을 재배하지 않았으나, 종교 의식을 행한 지적 사냥꾼들이었다. 네안데르탈인은 '사람들'이었음에 틀림없다.

4만 년 전이 되었을 때 초기 현대 인류가 마침내 자리를 잡았다. 비록 그들은 여전히 선대로부터 물려받은 해부학적 특징을 보여 주는 건장한 사냥꾼이었지만, 당신과 내가 속한 속, 종, 아종(亞種)에 속하는 완전한 '호모 사피엔스 사피엔스'(*Homo sapiens sapiens*)로 간주될 수 있다. 흥분되게도 이들의 일부가 갈릴리 바다의 해안, 말하자면 에덴동산으로부터 지척에 나타났다. 그러나 문자적으로 해석한 창세기의 아담과 하와는 그들 중에 속하지 않았다. 신석기 시대는 이때로부터 25,000년 후에 시작되었다.

아담과 하와 이전에 사람들이 있었는가? 창세기 1:11-4:20의 생태적·문화적 배경을 문자적으로 이해하면, 그 대답은 '그렇다'여야만 한다. 이 사람들은 언제 '사람들'이 되었는가? 유감스럽지만 현재로서는 당신이 기대하는 답을 줄 수가 없다. 그러나 당신이 핀 끝에 얼마나 많은 천사가 설 수 있는지를 나에게 말해 줄 수 있다면 나도 대답을 준비할 것이다! 한 가지는 분명하다. 이러한 인간 형태 그리고/또는 인간을 닮은 형태들은 아마도 서로 관련되었을 연속적 인간 집단들에서 발생했다.[12]

우리는 창세기 기사를, 인간이 하나님으로부터 소외된 일과 하나님의 구속의 목적을 말하기 위해서 사람들(예를 들면 모세)이 자신들에게 익숙한 생태적·문화적 배경을 사용해서 쓴 비유적 이야기로 이해할 수 있을까? 아담과 하와가 전 인류의 상징적 조상이라고 주장하기 원한다면, 우리는 그들이 창세기 본문이 그들을 둔 배경보다 수천 년 혹은 수백만 년 전에 발생한 사건을 나타낸다고 생각해야만 한다.

문자적 해석 중심의 주석가들에게는 불행하게도, 만약 창세기의 배경이 인류의 시작 연대를 잘못 기술했다면 창세기 주인공들의 상징적인 생물학적 업적도 마찬가지로 문자적으로 해석될 수 없다. 고생물학 기록은 한 집단이 존재하기 위해서는 언제나 다른 집단이 선행한다는 점을 철저하게 입증해서, 한 쌍의 인간이 인간의 종 전체를 낳았다는 생각을 상상도 할 수 없는 것으로 만든다.

창조 이야기에 대한 문자적 해석은 과학 지식에 익숙한 현대 그리스도인들이 극복할 수 없는 문제들을 만들어 낸다. 인류는 창세기의 시작 장들에 묘사된 생태적·문화적 배경에서 시작하지 않았다. 문자적으로 이해되는 대로 아담과 하와 이전에 많은 인간 집단이 있었다. 오직 비유적 해석에 따라야만 신학이 고고학, 생화학, 생물학, 고생물학과 충돌하지 않을 수 있다.

내가 타임 워프를 통해 창세기 저자(들)와 만나게 되었다고 상상해 보자. 아담과 하와는 언제 살았습니까?", "그들 이전에 사람들이 살았니까?", "인류의 시조가 실제로 있었습니까?" 같은 질문을 던진다면, 정말로 용기를 내어 이 질문들을 한다면, 모세는 비통한 표정으로 말할 것이다. "너는 내 요점을 이해하지 못했구나!" 그리고 나는 내 마음의 눈으로 그 비통함을 보게 될 것이다.

NO

조지 쿠펠트 George Kufeldt
앤더슨 대학교 신학대학원 구약학 교수

이 질문을 하기 위해서 우리는 창세기 1장과 2장에 나오는 성경의 창조 기사가 온 인류의 조상이 된 최초의 인간 부부 한 쌍, 즉 남자 한 명과 여자 한 명을 가리킨다고 추정해야만 한다. 2장을 최초의 인간 부부의 창조를 서술하는 것으로 받아들일 수 있지만, 2장의 실제 목적은 하나님이 의도하신 인간 사회에서의 남성과 여성의 상호 보완성과 평등을 보여 주는 것으로 보인다. 1장과 다른 창조 순서(남자, 동물, 그다음에 여자)는 2장이 인간의 기원이 아니라 인간의 사회 성적(socio-sexual) 관계의 근거에 주로 초점을 맞춘다는 점을 강조하는 것처럼 보인다.

그러나 1장의 인간 창조 기사는 1:27에서 보는 바와 같이 매우 다르다. "하나님이 자기 형상 곧 하나님의 형상대로 사람('ādām)을 창조하시되 남자와 여자를 창조하시고." 문제가 되는 것은 히브리어 용어 '아담'('ādām)의 의의와 의미. 여기서 그 의미가 사람의 이름이 아니라는 점은 분명하다. 왜냐하면 이 단어는 정관사를 지녔기 때문이다. '그' 아담. 본문이 하나님이 남자와 여자인 '그' 아담을 창조하셨다고 말하기에, '아담'은 집합 명사로 이해될 수 있고, '인류, 인간'과 비슷한 무언가로 해석될 수 있다. 사실 창세기 2:5["땅('ādāmâ)을 갈 사람('ādām)도 없었으므로"]에 나타나는 명백한 말장난은 '아담'을 역시 성의 구분 없는 땅의 주민으로 해석한다. 신학적으로, '아담'은 '모든 남자/모든 여자'다.

본문을 있는 그대로 받아들이면, 하나님이 '그' 아담을 남녀 한 쌍으로 창조하셨는지 남녀 여러 쌍으로 창조하셨는지의 문제를 완전히 열어 둔다. 본문은 단순히 하나님이 인류를 창조하셨다고 말한다. 우리는 하나님이 단지 인간 남녀 한 쌍을 만드셨고 이들이 모든 인류, 즉 '아담 인류'의 조상이 되었다는 개념을 창세기 1장에 과도하게 부여하고 있음에 틀림없다. 우리는 인류의 기원이 신앙 없는 과학자들에게만큼이나 성경을 믿는 사람들에게도 신비라는 점을 고백하지 않을 수 없다. 다만 신자는 그 방식은 모르지만 그 기원이 누구인지는 안다.

그러나 만약 인류가 한 사람 아담으로 시작되었다는 해석을 받아들인다면, 아담 인류의 조상이 등장하기 전에 존재했던 상황에 대해 이론을 세우는 방향으로 나아가기는 어렵다. 약 150년 전에 전통적 창조 연대와 상충하는 것처럼 보이는 지질학의 발달과 유해 화석의 발견에 반응해서 이런 이론화가 본격적으로 시작되었다. 전통적 창조 연대에 따르면 창조는 주전 4004년에 일어났는데, 이는 아일랜드의 대주교 제임스 어셔(James Ussher, 1581-1656)가 족보를 계산한 결과였다. 그는 성경 전체의 연대표를 산출했고, 이러한 연대들은 여러 세기에 걸쳐 영어 성경에 게재된 이후로 사실상 정경과 같은 권위를 인정받았다.

지질학의 계속된 발달이 우주의 시작 연대를 과거로 밀어낸 결과 주전 4004년이 창조 연대가 되기는 불가능해졌다. 그 결과 성경을 연구하는 학생들과 신자들은 창세기와 지질학 사이의 모순을 인정해야 하는 상황에 맞닥뜨렸다. 그리하여 "(i) 지질학을 완전히 전복시키거나 혹은 (ii) 창세기를 다르게 해석하고자 한다."[1]

지질학과 창세기를 조화시키려는 첫 번째 이론은 지질학적 누층과 유해 화석은 성경에 기록된 격변적 홍수의 결과라고 말한다. 그러나 지질학 연구가 계속되면서 지구 표면 모든 곳에 있는 엄청난 암석 누층들이 단 1년간 지속된 홍수로는 합리적으로 설명될 수 없음이 드러났다. 지질학자들은 이와 같은 누층들은 (수백만 년은 아닐지라도) 수천 년의 지질학적 변화와 형성 후에야 가능했을 것이라고 결론지었다. 지질학과 지질학자들은 더 많은 시간을 필요로 했다. 그러나 창세기 기사 범위 안에서 어떻게 더 많은 시간을 찾을 수 있을까?

'간격 이론'[2]이라고 알려진 이론을 통해 한 가지 대답이 나왔다. 간격 이론은 오늘날까지도 복음주의 사고에 널리 퍼져 있다. 이 이론은 창세기 1:1이 창조를 서술하고, 뒤이어 대파멸(1:2)—루시퍼의 반란과 그 결과로 루시퍼와 땅이 심판받은 결과—이 뒤따랐다고 말한다. 파멸 혹은 간격은 수백만 년 동안 지속되었다. 그 기간에 땅은 방치되었고 다양한 지질학적 구조물이 이때 형성되었다. 최종적으로 주전 4004년경의 어느 시점에 하나님이 창세기 1:3-31에 서술된 대로 하루가 문자적 24시간으로 된 육 일 동안 지구를 재창조하셨다. 이 이론에 따르면, "창세기 1장은 최초의 창조, 심판과 파괴, 그리고 그 후의 재창조를 포함한다."[3]

이 이론을 완전히 수용하는 C. I. 스코필드(Scofield)는 대파멸의 심판 혹은 간격에 대해 다음과 같이 적었다. "소멸된 것은 동물이었는데, 그 흔적이 화석으로 남아 있다. 화석을 원시 창조에 속했던 것으로 보내 버리면 창세기의 우주 발생론과 과학 사이에는 어떤 충돌도

남지 않는다."⁴

대파멸 혹은 간격 이론에 따르면, 창세기 1:1은 인류의 창조를 포함한 최초의 창조를 서술한다. 루시퍼의 반란에 뒤이어 땅이 파괴되면서, 최초의 인류도 소멸되었다. 이 이론에 따르면, 하나님이 우리가 현재 알고 있는 세상[인간 혹은 '아담'(1:27)을 포함한]을 창조하셨을 때 (1:3-31), 최초의 그러나 이제는 파괴된 인류는 '아담 이전의 인류'로 자리매김하게 된다.

성경을 진지하게 연구하는 모든 이들에게는 성경이 '아담 이전의 인류'를 전혀 염두에 두지 않는다는 점이 분명할 것이다. 이 견해는 성경이 과학 교과서가 아니어서 과학과의 조화를 요구하지 않는다는 점을 잊고 성경과 과학을 조화시키려는, 진실되지만 완전히 잘못 판단한 노력에서 나온 결과다.

아담 이전의 인류라는 개념은 원죄 교리를 위협하는가?

앞에서 토론한 것처럼 성경이나 과학에는 아담 이전의 인류라는 이론에 대한 토대가 없기 때문에, 이 문제는 그 자체로 무효가 된다. 구약에서, 특별히 창세기 3장에서 원죄 교리를 실제로 가르치는가 하는 관련 문제를 다룰 때 이 문제의 타당성은 더 낮아진다. 우선 원죄 교리는 우리 모두의 조상이 된 아담과 하와라는 개념을 받아들이는지 여부에 따라 유효하기도 하고 무효하기도 하다. 사도 바울은 원죄 교리를 자세히 설명하면서, 자신의 주장 전체의 근거를 이 개념에 둔다 (롬 5:14; 고전 15:22, 45; 딤전 2:13-14을 보라).

그러나 바울은 자신의 논의에서 '원죄'라는 용어를 사용하기를 피할 뿐만 아니라 그리스도가 가져오신 구속을 강조하는 만큼 죄(원죄 혹은 다른 죄)를 강조하지도 않는다. 그는 재빨리 그리고 난호하게 죄인으로부터 구세주께로 넘어간다. 출산 과정을 통해 이 타락한 본성을 전달함으로써 자신의 죄로 전 인류를 죄에 이르게 한 문자적 아담과 하와라는 개념을 받아들인다 하더라도, 여전히 다음의 질문을 해야 한다. "아담의 죄 때문에 내가 죄를 짓는다면, 왜 아담은 죄를 지었을까?" 결국 원죄 개념은 이전에 아담에게 죄가 없던 상태를 포함한다. 반면 그의 후손들은 타락한 본성을 가지고 태어난다.

다른 한편으로 만약 문자적 아담과 하와라는 개념을 거부하면 원죄 교리는 무효하다. 그러나 이것이 여전히 이 세상과 인간 속에 죄가 있다는 사실을 무효화하지는 않으며 그럴 필요도 없다. 죄의 증거는 우리 주변 곳곳에 그리고 우리 안에 있다. 창세기 3장에 나오는 동산의 이야기가 인간의 죄성을 최초의 아담에게 돌리는 데 사용될 수 없다면, 이 이야기의 의의는 무엇인가? 이 이야기를 모든 죄(인류의 역사 속에서 저질러진 모든 죄의 근원, 과정, 결과에 대한 묘사)의 이야기로 여길 때, 이 이야기는 우리의 모든 알리바이를 빼앗아 가고 우리에게 우리의 모든 죄에 대한 개인적 책임을 직접 대면시킨다. 이후의 모든 인류를 타락시키는 원죄에 대한 이야기 대신, 동산의 이야기는 그저 죄는 본래 인간 조건에 속한 것이며, 따라서 우리 모두는 선택에 의해 죄인이 된 것이라고 말할 뿐이다. 동물 중에서 인간만이 죄를 지을 수 있다. 인간은 영적 존재이기 때문이다. 인류는 인간적이고 영적이기 때문에, '하나님과 같이 되고자' 하는 욕구는 인류에게 고유한 것이다.

아담 인류를 제외한 다른 인간들은 인류를 위한 하나님의 계획 바깥에 있는가?

다시 한번 말하지만, 이 질문에 대한 가능한 대답들은 인류의 기원에 관한 전제들에 달려 있다. 만일 타락해서 이 죄의 흔적을 모든 후손에게 전달한 문자적 아담과 하와를 사실이라고 생각한다면, 특별히 사도 바울이 서술한 대로 하나님의 구속의 계획은 아담과 하와의 후손들에게만 적용된다고 보는 편이 논리적일 것이다. 존재했을지도 모르는 다른 인간들은 다른 행성에 존재해야만 하고, 따라서 지구에 있는 인류, 성경이 염두에 두는 유일한 인류와는 유전적 관계가 없을 것이다.

더욱이, '아담과 무관한'(non-Adamic) 외계 인류는 정의상 타락 이전의 아담처럼 죄가 없고 순결하다고 추정해야만 할 것이다. 물론 이 외계 인류에게 그들만의 타락한 '아담'이 있었다고 추정하지 않는다면 말이다. 만약 그들에게 그들만의 아담이 있었을 경우, 그들은 구원에 관한 성경적 조건과 약속 아래에 들어가게 될 것이고 "세상"(요 3:16)의 한 부분이 될 것이다. (요 3:16에서 *kosmos*라는 용어가 신약성경의 사람들에게 알려진 세상만을 포함하고 따라서 거주 장소로서의 다른 행성들은 배제한다고 주장하는 사람들은 신약성경이 극동이나 서구에 대해서는 알지 못했다는 점을 깨달아야 한다.)

다른 한편, 만일 어떤 외계 인류가 어떤 종류의 '아담의 타락'에 의해서도 더러워지지 않았다 해도, 우리 인간의 경험과 역사에 기초해서, 이 인류도 인간이기 때문에 아마도 범죄했을 것이라고 추정해야 한다는 점에는 변함이 없다. 이 외계 인간은 '하나님과 같이 되고자' 하는 욕구에 굴복했음에 틀림없을 것이다. 왜냐하면 죄는 인간 조건에 속한 것이기 때문이다. 범죄한 외계 인간 모두는 하나님에 의해 창조되었고 그분의 세상의 한 부분이므로, 죄에 대한 하나님의 심판과 죄로부터 구원하시려는 하나님의 계획 아래 들어온다고 여겨야만 한다.

가인은 어디서 아내를 얻었는가?

이 질문은 성경에 관해서 가장 빈번하게 묻는 질문이다. 이 질문은 '아담'을 온 인류의 조상이 된 (문자 그대로) 최초의 인간으로 해석하는 전통에서 생겨난 것임에 틀림없다. 그렇다면 가인은 최초의 인간 부부가 낳은 아들 중 한 명이며, 따라서 매우 제한된 인간 사회의 구성원으로 여겨진다. 아직 하나의 가정만 존재하기 때문이다. 이런 상황에서 가인은 어디에서 아내를 얻을 수 있었을까? 움베르토 카수토는 매우 직접적인 대답을 제시한다. "물론 그의 자매들 중 하나를 의미한다(4절, '아담은…자녀들을 낳았으며'). 탈무드 시대부터 우리 시대까지 모든 주석가가 이 설명을 제시했다."[5] 본문은 왜 이 설명을 생략했을까? J. H. 헤르츠(Hertz)는 다음과 같이 견해를 밝힌다. "남매간의 결혼은 원시 시대에 꽤 일반적이었다. 하지만 히브리인들은 그것을 매우 혐오스럽게 여겨서(참고. 레 18:9) 성경은 이 구절에 나타난 아내의 정체를 언급하지 않는다."[6]

그러나 만약 우리가 "가인의 내러티브가 대표적 의미를 지닌다"[7]라는 것과 "'사람'은 아담과 하와만이 아니라 가인과 아벨이기도 하다"[8]라는 것을 받아들인다면, 가인의 아내가 어디서 왔는지에 대한 문제는 중요하지 않게 된다. 가인은 공동체 혹은 사회 관계에서 '사람'을 대표한다. 에덴동산에서의 이야기(창 3장)가 모든 남녀의 모든 죄 이야기인 것처럼, 가인이 동생 아벨을 살해한 이야기는 "죄가 인간에 대한 지배력을 얻는 방식을 보여 주는 전형적 예를 제시한다. 그리고 그 과정에 대한 심리적 분석(7-8절)은 매우 완전하다."[9] 가인을 공동체 혹은 사회관계에 속한 '사람'으로 해석함으로써, 우리는 가인이 사실은 한 민족이나 부족—예를 들어 모세의 장인 이드로가 속한 부족인 겐족—이라는 무익한 추측을 하지 않게 된다. 더 중요하게는, 모든 남녀로서의 가인 속에 있는 자신을 인식함으로써 우리는 죄의 유혹이 지니는 미묘함을 경계하게 된다. 저 흉측한 죄의 행위들은 우리의 태도와 생각에서 기원한다.

'나를 만나는 자마다 나를 죽일 것'이라는 가인의 두려움을 설명하는 최선의 방법은 무엇인가?

이 문제는 가인의 아내의 정체에 관한 앞의 문제와 다소 유사하다. 이 이야기를 문자적으로 받아들인다면 그곳에 누가 존재할 수 있었단 말인가? 드라이버(Driver)는 이렇게 언급한다. "현존하는 창세기에 따르면, 어느 누구도 존재할 수 없었다는 점은 분명하다. 그러나 화자(혹은 편집자)는 분명 이 모순을 의식하지 못한다."[10] 만일 이 이야기를 문자적으로 받아들이면, 많은 추측성 대답이 제안될 수 있고 또 제안될 수 있었을 것이다. 야생 동물들, 여전히 존재했을지도 모르는 '아담 이전의 인류', 혹은 그 이름을 알 수 없는 최초 가족의 다른 구성원들(창 5:4). 그러나 이 모든 대답은, 가인의 두려움이 인간관계를 훼손하고 자신의 죄에 대해 어떤 종류의 보복을 받을 만하다는 점을 깨달은 인간에게 공통되는 죄책감의 표시라는 점을 이해하지 못한다.

"그가 전혀 반성하지 않는 태도로 말하기"[11] 때문에, 그는 대부분의 사람들이 다른 사람에게 지은 죄의 실재를 깨달을 때 느끼는 죄책감과 공포를 분명히 보여 준다. '누구든', '바깥에 있는 사람들'은 다른 사람을 상해한 후 공포에 시달리고 죄책감에 빠진 사람의 마음속에 우선적으로 존재한다. 그러므로 그의 공포가 이후에 현실화되지 않을지라도 그 사람에게 그들은 매우 생생한 존재가 된다.

왜 가인은 자신과 아내와 아들을 위해 도시를 세우려 했는가?(창 4:17)

가인이 도시를 건설한 이야기는 창세기 1-11장에 서술된 계속되는 태고의 사건들의 한 부분이다. 카수토의 언급에 따르면 이스라엘의 이웃들은 문화의 발달을 자신들이 섬기는 신들의 공로로 돌렸다. 토라는 이처럼 과거의 슈퍼맨들을 신격화하는 일을 격렬하게 반대한다. 토라는 "인간의 문화는 오직 필멸자들, 나머지 인간들과 결코 다르지 않은 평범한 인간들이 만든 것이라고 가르친다."[12] 이 입장은 분명히 가인에게도 적용된다. 가인을 첫 번째 도시의 건설자로 규정함으로써, 성경 저자는 "도시들의 건설은 그 자체의 역사 이전에 그리고 그 역사 바깥에서 발생한 일이며…이스라엘도 그 조상들도 도시의 건설에 참여하지 않았다"는 점을 강조하는 것일 수 있다.[13]

이 말은 이스라엘 전통이 도시와 도시 문화를 본질적으로 악하고 죄에 물든 것으로 보았다는 의미가 아니다. 예레미야 35장에서 레갑 사람들은 소수지만 강한 목소리를 낸다. 그 이유만으로도 그들을 주목할 가치가 있다. 사실 이스라엘 역사는 도시와 문명의 발달이 인간 역사의 긍정적 측면이라는 견해를 암시하는 것 같다. 하나님이 예루살렘성을 그분이 거하실 곳으로 선택하시지 않았는가?

태고 이야기의 한 부분인 가인은 또한 인간 문화와 그 발달을 예시하는 듯하다. 가인이 어디서 아내를 얻었는가 그리고 그가 누구를 두려워했는가 하는 문제에서처럼, 성경 저자는 어떤 모순이나 누락되었을 수 있는 세부 사항을 의식하지 않는다. 그는 단지 그가 알던 대로의 도시를 머리에 떠올렸다. 가인을 첫 번째 도시의 건설자로 그리고 그의 후손들을 도시 문화의 다양한 분야의 창시자들로 규정하려는 관심 가운데(창 4:20-22), 성경 저자는 분명히 우리에게 발생하는 문제를 간과했다. 세 사람이 도시를 만들지는 못한다. 가인을 공동체 혹은 사회적 관계에 있는 '사람'으로 바라볼 때, 가인이 자신과 아내와 아들을 위해 도시를 건설했다는 생각이 완벽하게 들어맞는다.

구약성경은 근본적으로 기본적 사회 단위인 아버지와 어머니와 아이로 구성된 가족을 강조한다. 어떤 도시든 그것은 기본적 사회 단위인 가족이 증식한 것이다. 이에 대해 도시, 전형적 도시의 건설자로서 최초 단계의 인간 문화를 예시로 보여 주는 가인보다 더 좋은 상징이 어디 있겠는가?

주

YES

1. "Preadamites", *Encyclopaedia Britannica* (1962), pp. 18, 425; I. Robinson, "Isaac de la Peyrere and the Recall of the Jews", *Jewish Social Studies* 40 (1978), pp. 117-130; B. G. Campbell, *Humankind Emerging* (Boston: Little, Brown, 1985).
2. 흥미로운 대립 집합은 이 장들의 구조의 한 부분이다. 하나님과 뱀, 뱀과 들짐승, 들짐승과 가축, 농업과 목축업, 허용된 열매와 금지된 열매, 무죄와 유죄. 남자와 여자는

이 모든 대립과 뚜렷한 대조를 이룬다. 그들은 "한 몸"(창 2:24b)이었다.
3. 고고학 기록에서, 도시화와 문명(주4를 보라)은 같은 특성의 일부분이다. 성경 기사도 이 둘이 연대적으로 다르다고 말하지 않는다. 여섯 번째 세대가 예술에 능숙하게 되었다는 것은 예술이 그 시기 전까지 존재하지 않았다는 말이 아니다.
4. 인류학자에게 문명은 인류 역사에서 식량 생산의 출현 후에 수천 년이 지나 발생한 사회 문화적·인구학적 현상이다. 문명의 특성의 예로는 사회의 계층화, 직업의 전문화, 관료제, 많은 인구수, 거대한 건축, 관개 시설이 있다. 이러한 특성 중 일부는 어떤 경우에는 존재하지 않을 수도 있다.
5. Note on Gen. 4:22 in *Harper Study Bible* (ed. H. Lindsell; New York: Harper, 1964), p. 11.
6. E. S. Deevey, Jr., "The Human Population", *Scientific American* 203/3 (1960), pp. 195-204.
7. 같은 책, 5 footnote.
8. "The Christianity Today-Gallup Poll: An Overview", *Christianity Today* (1979), p. 14.
9. 호미노이드는 인간상과(人間上科) 분류 범주에 속한다. 이것은 영장류의 상과로서 여기에는 긴팔원숭이과(Hylobatidae), 오랑우탄과(Pongidae, 최근의 생화학적 증거에 기초해서 일부 학자들은 오랑우탄과를 별도의 집단으로 구별하기를 선호한다), 인간과(Hominidae), 이렇게 세 과를 포함한다. 오스트랄로피테신과 인간속의 모든 직계 후손종(예를 들어 '에렉투스'와 '사피엔스')은 인간과 범주에 속하고, 유인원은 처음 둘(혹은 셋)에 속한다.
10. 생명 형태를 구분하는 절차인 분류학은 끊임없이 축적되는 증거에 의존한다. 1924년에 인간과를 기술하는 기준은 중간 과정의 오스트랄로피테신이 드러내는 혼합된 특징을 포함하지 않았다. 그전까지 어느 누구도 그런 생물이 존재한다는 사실을 알지 못했기 때문이다. 유인원 같은 특성에 비해 인간적 특성이 지니는 우위를 지적하는 데는 몇십 년이 걸렸다. 초기 상황은 제한된 수의 유해로 인해 더 어두웠다. 예를 들어, 두 발 보행에 대한 해부학적 증거가 존재했지만 확정적이지는 않았다.
11. Deevey, "Human Population", p. 196.
12. 화석 기록은 대략 지난 25만 년 동안 인류가, 과(科)였든(오스트랄로피테쿠스 시절처럼) 속(屬)이었든('호모 하빌리스' 시기 이후로) 종(種)이었든, 항상 하나의 생물학적 단위였다는 것을 보여 준다. 내가 이해하기로 창조 이야기는 인류의 통일성에 관한

이야기이기도 하다. 관련 없는 두 창조물, 즉 아담 이전의 인류와 아담 인류라는 개념은 생물학적으로 옹호될 수 없다. 인간 출현의 원인이 되는 고생물학적 사건들은 너무 특이하고 불안정해서 그 과정이 두 번 발생했을 것이라고 생각할 수 없다. 이런 이유 때문에, 지구와 같은 환경을 만들 수 있는 많은 행성이 우주 전역에 확실히 존재함에도 불구하고, '호모 사피엔스'가 다른 곳에 존재할 수 있다는 생각은 상상하기 어렵다. 그러나 우주는 매우 거대하고 내 지성은 매우 작으며 창조주의 방식은 "헤아릴 수 없다"(롬 11:33, RSV).

주

1. B. Ramm, *The Christian View of Science and Scripture* (Grand Rapids: Eerdmans, 1955), p. 177.
2. 같은 책, p. 195. Ramm은 간격 이론의 역사를 훌륭하게 조사하고 그 단점들도 알려 준다.
3. 같은 책, pp. 197-198.
4. *The Scofield Reference Bible* (ed. C. I. Scofield; New York: Oxford University, 1917), p. 4.
5. U. Cassuto, *A Commentary on the Book of Genesis, Part I: From Adam to Noah. Genesis I-VI 8* (Jerusalem: Magnes, 1961), p. 229.
6. J. H. Hertz, *The Pentateuch and Haftorahs: Hebrew Text, English Translation and Commentary* (London: Soncino, 1952), p. 15.
7. S. R. Driver, *The Book of Genesis* (3rd ed.; London: Methuen, 1904), p. 68.
8. C. Westermann, *Genesis 1-11: A Commentary* (Minneapolis: Augsburg, 1984), p. 318.
9. Driver, *Book of Genesis*, p. 68.
10. 같은 책, p. 67.
11. Westermann, *Genesis 1-11*, p. 311.
12. Cassuto, *Commentary*, p. 230.
13. Westermann, *Genesis 1-11*, p. 327.

8

홍수 이전에는 사람들이 수백 살까지 살았는가?

YES | 제임스 볼랜드 James A. Borland
NO | 드웨인 크리스텐슨 Duane L. Christensen

YES

제임스 볼랜드 James A. Borland
리버티 대학교 미국 복음주의 성경학 및 신학 교수

사람의 나이를 지속적으로 관찰하는 것은 거의 보편적인 인간의 특질이다. 80대인 사람들은 존경을 받고, 100살이 넘은 몇 안 되는 사람들은 대개 뉴스에 나온다. 이따금 우리는 100살을 상당히 넘은 티베트 사람이나 인도 사람 혹은 어떤 사람에 대해 읽는다. 나는 115세의 나이에 여전히 설교를 하는 침례교 설교자인 제임스 에이커(James Aker)를 안다. 그러나 이들은 예외적이다. 비록 의학 기술이 발달함에 따라 사망률이 서서히 떨어지고 있지만, 일반 남녀들은 여전히 70대를 살아서 넘기기를 기대하기 어렵다. 시편 90:10에 나오는 모세의 금언이 진실되게 울려 퍼진다. "우리의 연수가 칠십이요 강건하면 팔십이라도 그 연수의 자랑은 수고와 슬픔뿐이요 신속히 가니 우리가 날아가나이다".

그러나 성경은 인간이 비교적 단명하는 현재 상황에서 다소 주목할 만한 예외들을 기록한다. 이스라엘의 네 족장(아브라함, 이삭, 야곱과 요셉)은 각각 175살, 180살, 147살, 110살을 살았다(창 25:7; 35:28; 47:28; 50:26). 아론, 모세, 여호수아는 123살, 120살, 110살에 도달했다(민 33:39; 신 34:7; 수 24:29). 그러나 이 나이들은 아브라함을 소개하는 창세기 11장에 나오는 아브라함의 많은 조상의 나이만큼 놀랍지는 않다. 노아의 홍수가 있은 지 2년 뒤에 노아의 첫 번째 손자가 태어났다. 창세기 11:12-32은 아르박삿이 438년을 살았다고 기록한다. 반면에 아브라함의 아버지 데라에 이르기까지 등장하는 그의 후손 일곱

명은 평균 280년을 살았다.[1]

성경이 대홍수 이전의 사람들이 아브라함과 가까운 조상들보다 훨씬 더 많은 나이까지 살았다고 기록할 때 유사한 대조가 나타난다. 창세기 5장에는 777살(라멕)에서 969살(므두셀라) 사이에 사망한 사람 아홉 명이 언급되어 있다. 그들의 평균 나이는 912살이었다. 어떤 독자는 여기 실린 나이들이 본문에 언급된 사람들의 정확한 나이, 문자 그대로의 나이인지를 의심한다. 이 이야기들은 진정한 역사, 의도적 변조, 본문 전승에서 우연히 일어난 실수, 아니면 단순한 전설 중 무엇을 반영하는가?

홍수 이전의 시대는 그저 전설인가?

한 학자는 창세기에 대한 그의 두꺼운 주석에서 창세기 5장에 대한 모든 언급을 생략하고 아담의 아들 셋(창 4:25-26; 5:3-6)을 "아람 부족의 영웅"과 연결시킨다.[2] 웨스트민스터의 전 학장인 H. E. 라일(Ryle)은 이 이야기들을 "원시 사회 전통의 영역"에서 나온 "인기 있는 전설"이라고 칭했다.[3] 더 최근에 영국의 한 교수는 "다른 많은 민족처럼 히브리인들도 비정상적으로 긴 수명 기간은 대홍수 이전의 시절에 살았던 중요한 인물들의 속성으로 보아야 한다고 믿었다"[4]라고 결론지었다. 유대인 주석가 움베르토 카수토도 홍수 이전의 시대를 '민담'이라고 언급했다.[5] 클라이드 프란시스코는 "분명히 성경 저자들은 그들이 받은 계보에 추가하거나 그것에서 빼지" 않았으나 그들의 자료가 "이야기를 다시 말하는 과정에서" 다소 오염되었을 가능성이 있다고 주장한다.[6] 화이트로우(Whitelaw)와 랑게(Lange) 둘 다 주목했듯이,

이 견해는 또한 지난 시대의 다소 자유주의적인 학자들 사이에서 인기가 있었다.[7]

그러나 어떤 중대한 증거도 성경 저자가 창세기 5장과 11장의 내러티브들에서 진지한 역사적 사실 외의 무언가를 기록하려고 했다고 제시하지 않는다. 그것이 이스라엘 왕이 즉위했을 때와 사망했을 때의 나이든 누가가 예수님의 나이를 세 번에 걸쳐 주목하는 내용(팔 일, 2:21; 열두 살, 2:42; 삼십 세, 3:23)이든 개인들의 나이를 기록한 다른 성경 사례들에 대해서도 같은 말을 할 수 있다.

홍수 전의 시대는 본문 전승 과정에서 일어난 실수였는가?

셋의 가계에서 나이가 많은 점에 관한 또 다른 입장은 우리가 가진 이 최초 기록이 문서 전승 과정에서 일어난 실수의 결과라는 것이다.[8] 히브리어 마소라 본문(Hebrew Masoretic Text, MT), 사마리아어 모세오경(Samaritan Pentateuch, SP), 헬라어 70인경(Greek Septuagint, LXX)에서 발견되는 숫자들의 차이를 고려하는 일부 학자들이 이 입장을 취한다. 다음의 표가 보여 주듯이 실제로 숫자들이 다르다.

	홍수 이전 시대의 아들 출생 때의 나이				홍수 이후 시대의 아들 출생 때의 나이		
	MT	SP	LXX		MT	SP	LXX
아담	130	130	230	셈(홍수 후)	2	2	2
셋	105	105	205	아르박삿	35	135	135
에노스	90	90	190	가이난(LXX와 눅 3:36에서만)			130
게난	70	70	170		-	-	

	홍수 이전 시대의 아들 출생 때의 나이				홍수 이후 시대의 아들 출생 때의 나이		
	MT	SP	LXX		MT	SP	LXX
마할랄렐	65	65	165	셀라	30	130	130
야렛	162	62	162	에벨	34	134	134
에녹	65	65	165	벨렉	30	130	130
므두셀라	187	67	187	르우	32	132	132
라멕	182	53	188	스룩	30	130	130
노아	500	500	500	나홀	29	79	79
홍수까지의 연수	100	100	100	데라	70	70	70
총 연수	1656	1307	2262	총 연수	292	942	1072

그러나 이와 같은 차이는 몇 가지 방식으로 설명할 수 있다. 70인경과 사마리아어 모세오경은 둘 다 마소라 본문과 구별되는데, 그 방식이 각각 다르다. 본문을 바꾸는 일에서 각자가 따랐던 특정한 원칙에 기초해서 이러한 차이가 발생한 것으로 보인다.

창세기 5장과 11장에서 사마리아어 모세오경과 70인경을 마소라 본문과 주의 깊게 비교하면, 이들의 차이에서 일반적 경향 몇 가지를 발견할 수 있다. "히브리어 성경과 비교했을 때 아담부터 홍수까지의 간격은 사마리아어 본문에서는 349년이 **짧아졌고**, 70인경에서는 [606년이] **길어졌다**.…홍수부터 아브람까지의 간격은 두 본문 모두에서 길어졌는데"[7] 사마리아어 본문에서는 650년이, 70인경에서는 780년이 길어졌다. 사마리아어 모세오경의 전반적 결과는 아담에서부터 아브라함까지의 간격을 홍수를 기준으로 다소 균등하게 나누는 것이었다.

또 다른 일반적 경향은 홍수 전과 홍수 후의 사람들이 아버지가 된 나이를 균등하게 하고, 아담의 뒤를 이은 홍수 전 사람들(노아를 제외하고)이 자식을 본 나이가 아들이 태어나기 전 아담의 나이를 넘지 않게 하는 것이었을지도 모른다. 그래서 사마리아어 모세오경은 야렛, 므두셀라, 라멕에게서 각각 100살 혹은 그 이상을 빼고, 그 결과 아담부터 라멕까지는 다음 조상이 출생할 때 그들의 연령이 일반적으로 점점 낮아진다. 70인경도 아담과 다른 모든 조상—야렛, 라멕, 므두셀라, 노아를 제외한—에게 100살을 더함으로써 사마리아 본문과 거의 동일한 일을 한다.

목록의 다음에 등장하는 후손이 태어났을 때의 홍수 이후 조상들의 나이에 대해서, 사마리아어 모세오경과 70인경 둘 다 홍수 이전 족장들의 나이에 좀 더 맞도록 (나홀을 제외하고) 각 사람에게 100살을 더한다.

홍수 이전의 나이는 다르게 계산되었는가?

어떤 이들은 홍수 이전의 나이는 오늘날 사용되는 것과는 다른 방법으로 계산되었다고 제안한다. 이 주장에는 고대와 현대의 두 가지 형태가 있다.

고대에는 로마의 학자인 바로(Varro, 주전 116-27)가 히브리 조상들의 나이가 양력의 해(year)가 아닌 음력의 달(month)로 주어졌다고 주장했다.[10] 히브리어 단어 '샤나'(*šānâ*, 년)는 유연한 용어가 아니다. 하지만 이 단어를 임의로 달과 동일시한다 할지라도 그 결과는 무의미할 것이다. 각 '해'를 음력의 달로 생각해서 햇수를 12로 나누면, 아담은 11살에 셋을 길렀을 것이고 에녹은 므두셀라를 낳았을 때 겨우 5살이었을 것이다.

다른 계산 방법들에 관한 더 최근의 새로운 견해는 존 월턴(John Walton)의 견해다. 그는 히브리인들이 10진법을 사용했고 수메르인들이 60진법을 사용했으니, 창세기 5장에 대한 자료들과 수메르 왕의 목록 사이에 필사자들로 하여금 60진법 숫자를 10진법으로 오해하게 하거나 아니면 그 반대 상황을 초래한 깊은 연관성이 있을 수도 있음을 주목한다.[11] 월턴은 에블라(Ebla)의 물품 목록 점토판은 10진법으로 되어 있지만 그것을 기록하는 데 60진법의 상징들이 사용되었다는 점을 지적한다.[12] 그러나 이 관찰만 가지고 히브리인들과 수메르인들 둘 다의 족보와 왕의 목록이 그들의 필사자들이 혼동을 일으킬 수밖에 없는 공통 자료에서 나왔다고 제안하는 것은 지나친 도약이다.

홍수 전의 족장들은 수메르 왕의 목록과 관련이 있는가?

수메르의 홍수 이전 왕의 목록들과 창세기 5장의 족보 사이의 유사성에 상당한 관심이 집중되어 왔다. 둘 다 열 명의 이름이 나오는 것으로 생각되는데 이 중 몇 개는 상당히 유사하게 보이기 때문이다. 바로 이 점이 바빌로니아 사제이자 역사가인 베로소스(Berossos, 주전 260년 사망)의 목록에 자주 기초해서 공통의 자료, 빚짐, 차용 등의 주장으로 이어졌다.[13]

그러나 지난 4년간 다양한 목록들이 더 많이 발견됨에 따라, 이 추정된 관계는 대부분 폐기되었다.[14] 최근에 게르하르트 하젤(Gerhard Hasel)이 수메르 목록과 창세기 목록 사이의 많은 차이에 대해 가장 완전하게 연대순으로 서술했다. 그는 다음의 사실들을 지적했다. (1) 이 두 목록에 나오는 이름들은 사실 각각 수메르어와 셈어로 되어 있고 피상적 유사성만 지닌다. (2) 창세기 기록은 수명을 나타내는 반면, 수메르 목록들에 나오는 숫자들은 통치 기간이다. (3) 창세기 기록은 가계의 혈통을 제시하는 반면, 수메르 목록들은 연속되는 통치의 계통을 제시한다. (4) 숫자의 차이는 수메르 목록들이 창세기 목록에 비해 거의 30:1의 비율로 더 크다. (5) 최근의 발견에 따르면 수메르 목록들은 홍수 이전의 통치자들에 대한 이름이 일곱 명에서 열 명으로 다양한 반면, 창세기 기사에는 열 명의 이름이 등장한다. (6) 창세기는 조상들을 추적하는 반면, 수메르의 관심사는 땅의 통일이라는 정치적 개념을 보여 주는 데 있다. (7) 창세기는 족보라는 히브리 문학의 한 장르를 추적하는 반면, 수메르 목록들은 왕의 목록이다. (8) 창세기 5장은 보편적이고 모든 인류의 역사를 추적하는 반면 수메르 목록들은 특정한 한 민족의 역사를 제시한다. (9) 창세기는 창조로 시작되는 반면 수메르 목록들은 왕위가 하늘로부터 땅으로 내려올 때 시작된다. (10) 창세기는 홍수의 영웅인 노아로 끝나는 반면 수메르 목록들은 특정한 도시로 종결된다.[15]

요약하면, 하젤은 수메르 왕의 목록과 창세기 5, 11장은 "일치와 관계의 완전한 부재"를 보여 준다고 그리고 이러한 부재는 "이름들, 수명과 통치, 혈통의 계보와 왕위 계승, 홍수 이전 사람들의 숫자, 시간 측정 정보, 이념, 장르, 역사적 강조, 그리고 각 문서의 시작과 끝의 비교를 통해 드러난다"라고 결론짓는다.[16]

홍수 이전의 족장들은 개인이었는가, 아니면 왕조였는가?

19세기에 회의론과 과학 둘 다 창조와 영감에 관한 성경의 주장에 도전을 가하는 존재로 성장했다. 신학적 입장들이 다윈적 진화와 동일과정설 지질학의 가장 최근 주장을 수용하는 쪽으로 변화했다. 아마도 홍수 이전 인물들 일부가 여러 세기를 살았다는 결론을 피하기 위한 시도로서, 창세기 5장에 대한 새로운 해석이 1800년대 후반에 지지를 얻었고 오늘날까지 추종자들이 존재한다.[17]

이 주장은 창세기 5장과 11장에 나오는 이름들이 주로 부족, 씨족, 왕조를 말하는 데 사용되었고, (아마도) 에녹 그리고 (확실히) 아브라함 같은 특정한 개인들을 언급하는 경우는 드물게 나타날 뿐이라는 것이다. 이 말은, 아담 씨족이 130년 동안 지배력을 행사했을 때 아담 씨족에서 나중에 셋 씨족을 다스릴 사람 혹은 셋 족속의 조상이 될 사람이 태어났다는 의미다. 아담 씨족은 이후로 800년 동안 강력함을 유지했다. 그러고 나서 셋 씨족이 그 힘을 이양받았을 것이다. 아니면 셋 씨족이 912년 동안 자신의 권위를 행사하기 전에 시간 간격이 있었을 것이다.

중간중간에 긴 시간 간격이 있을 수도 있는 연속된 씨족들을 추정함으로써, 과학적으로 추정되는 지구상에 인간이 존재한 시간의 길이가 설명될 수 있을 것이라고 여겨졌다. 이 견해는 노아에 관한 국지적 홍수론의 샴쌍둥이다[램은 이 견해를 지지했고 J. D. 데이비스(Davis)는 승인했고 버스웰(Buswell)은 논평을 하지 않았다].[18]

이 왕조 관점에는 여러 문제들이 있다. (1) 이 관점은 다른 무엇보다도 개연성에 근거를 둔다. 참고 사항이 법으로 받아들여지고 예외가 규칙이 되어 버렸다. (2) 하와는 가인과 아벨(이들은 분명 개인들이다)을 낳았다. 하지만 그녀가 셋을 낳았을 때 그는 먼 친척 관계인 왕조였다. (3) 본문은 각 사례에서 계보에서 특정한 아들이 태어나는 것뿐만 아니라 형제들과 자매들을 주의해서 주목하는데, 이는 분명히 개인의 역사를 가리킨다. (4) 아버지가 특정한 개인(아들)을 낳은 나이의 기록이 부족의 개념을 제거한다. 왜냐하면 루폴드가 주장했듯이, "하나의 완전한 세대를 한 부족 내에서 이런 식으로 제시하지는 않기 때문이다."[19] (5) 만일 아담, 셋, 에녹, 라멕, 노아(라멕이 자기 아들이 태어났을 때 한 개인적 말들을 주목하라, 창 5:29), 셈(방주 안에 있던 여덟 명 중 한 사람), 아브라함이 모두 개인이라면,[20] 왜 다른 사람들을 개인으로 여겨서는 안 되는가? 한 사람의 이력에 대한 간단한 보고는 그 사람을 개인으로 여기는 것을 막지 못한다.

이삭, 야곱, 요셉을 먼 친척 사이인 부족들로 여겨야 하는가? 아브람은 분명히 부족이 아니라 개인이었다. 그의 아버지 데라는 세 아들 하란, 나홀, 아브람을 낳았다고 말한다. 하란은 분명히 또 한 명의 개인인 롯을 낳았고, 나홀은 밀가와 결혼해서 라반과 리브가의 아버지인 브두엘(창 24:24)을 낳았다. 데라의 가문은 부족이나 왕조가 아니라 단지 한 세대였다. 또다시, 데라의 경우에 이것이 사실이라면, 왜 목록에 적힌 그의 선조인 나홀에게는 해당되지 않겠는가?

왕조 관점의 또 다른 문제는 많은 축약된 계보 기록에 어느 정도의 시간 간격이 있긴 하지만(출 6:16-20; 마 1:8), 그 간격이 크지는 않다는 점이다. 마태복음 1장은 아브라함부터 그리스도에 이르기까지 단지 42명의 이름만을 열거하는데, 이는 2천 년 정도의 기간이다. 목록에 빠진 세 명의 알려진 왕들(아하시야, 요아스, 아마샤)을 계산하면 각 세대 사이의 공백은 단지 44년인데, 이 기간은 다른 부족들과 씨족들이 성장해서 통치하기에는 그다지 넉넉하지 않다. 누가복음은 그리스도에서부터 거슬러 올라가 아브라함에 이르기까지 55명의 이름을 열거하고 그 결과 세대 간의 기간은 36년밖에 되지 않는다. 그렇다면 왜 아브라함부터 아담에 이르는 기간에 목록에 나타난 또 다른 20 혹은 21세대에 임의로 커다란 시간 간격들을 삽입해야 하는가? 창세기 5장에 있는 이름들이 다른 55명의 이름들과 동일한 맥락(눅 3장)에서 열거된 것이라면, 다른 모든 이름은 아주 분명히 '일반적' 개인들을 가리키는데 왜 이 이름들만 갑자기 부족이나 왕족으로 생각해야 하는가?

왕조 관점 혹은 부족 관점에 대한 또 다른 주요한 비판은 글리슨 아처가 표명한 것이다. 그는 다음과 같이 말한다. "셋은 추방된 가인을 제외하고 아담의 생존한 자녀들 중 가장 나이가 많은 아들로 언급된다. 그러므로 다른 아들을 통해 아담의 직계 혈통이 이어지다가 방계 혈통인 셋에게로 넘어갔다고 상상하기는 어렵다."[21]

왜 홍수 전의 족장들은 그토록 오래 살았는가?

창세기 5장에 나오는 이름들은 창조와 노아 홍수의 전 세계적 재난 사이에 수 세기 동안 살아갔던 개인들을 가리킨다는 것이 나의 확신이다. 이러한 믿음을 견지하는 타당한 이유들이 있다.

1. 본문은 창세기 5장에 제시된 홍수 전의 각 개인이 그를 낳았다고 기록된 사람의 아들이 아니라는 최소한의 암시도 제시하지 않는다.

2. 창세기 5장을 읽는 가장 자연스러운 방식은 아담부터 노아까지의 혈통을 제시하고자 하는 족보로서 읽는 것이다. 뛰어난 역사가인 누가도 이 방식으로 누가복음 3장의 기록을 다룬다. 이 기록 안에 커다란 간격들이 있다는 것을 사실로 받아들일 이유가 없다. 이 기록에는 출애굽기 6:20; 마태복음 6:20; 누가복음 3:36(참고. 창 11:10, 70인경)에서처럼 다소 사소한 간격들이 존재할 가능성이 있다. 그러나 고핫부터 아므람까지의 간격은 3,000년이나 30,000년이 아니라 단지 300년이다. 마태복음의 간격은 700년이나 7,000년이 아니라 총 70년으로 이루어진 세 세대의 왕들로 제한된다.

유추에 의해, 이미 알려진 간격들은 다른 가능한 간격들의 수와 정도에 제한을 가한다. 창세기 5장과 11장에 열거된 20명의 이름들 속에 있는 간격 몇 개는 연대표를 어셔의 날짜로부터 단지 수백 년 혹은 아무리 많아도 수천 년 뒤로 이동시킬 수 있을 뿐이다. 진화론을 신봉하는 고생물학자가 요구하는 2백만 년은 어떤 경우에든 설명될 수 없다. 인간의 역사를 단지 16,580년만큼 과거로 움직이려 해도 100세대의 간격(목록에 있는 한 사람당 열 개의 생략이 있는 셈이다)이 필요할 것이다.[22] 간격이 존재할 수 있다는 것을 인정하는 일과 계보가 90퍼센트씩이나 생략되었다는 것을 사실로 받아들이는 일 사이에는 상당한 차이가 있다. 그렇지만 후자의 과정도 인간의 존재를 아주 먼 과거로 밀고 가지는 못한다.

3. 아담과 그의 후손들까지 열 세대가 홍수 이전에 장수했다는 것이 왜 믿을 수 없는 일로 여겨져야 할까? 3천 년 이상 동안 이것은 믿을 수 없는 일로 생각되지 않았고, 지금도 현대 신자들 사이에서 다수

의 견해다.[23] 다음의 요점들이 홍수 이전의 족장들이 장수했을 수도 있는 이유에 대한 간단한 설명이다.

(1) 인간은 영원히 살도록 창조되었다. 단지 죄가 외부에서 침입한 힘으로서의 죽음을 유입시켰다(롬 5:12).

(2) 전천년설 종말론에 따르면, 미래에 사람들은 다시 여러 세기 동안 살게 될 것이다(사 65:17-25).

(3) 타락 후의 장수의 선물은 인간(또는 적어도 경건한 사람들)에 대한 하나님의 은혜를 드러낸다.

(4) 하나님의 지혜 속에서, 장수와 여성의 다산은 반대의 경우보다 더 빨리 초기 지구에 사람들이 거주하게 만들었을 것이다.

(5) 경건함뿐만 아니라 사회의 안정성도 긴 날들이 제공한 연속성을 통해 발달할 수 있었을 것이다.

(6) 문명과 문화는 각 사람이 아주 오래 살았기에 가능해진 방대한 지식의 축적 때문에 크게 발달할 수 있었고 분명히 크게 발달했다(창 4:20-21; 11:6).

(7) 홍수 이전 시대에 지구의 물리적 조건이 장수에 더 도움이 되었을 것이다.[24] 그리고 질병, 죄, 오염의 영향력이 당시에는 그렇게 크지 않았을 것이다.

결론

성경의 증거는 홍수 이전에 어떤 사람들이 수백 살까지 살았음을 나타내는 것처럼 보인다. 주장된 엄청난 나이가 전설, 본문 전승에서의 실수, 다른 계산 방법, 혹은 수메르 왕의 목록의 영향에서 기인했다는 주장 또는 엄청난 나이를 왕조로 설명할 수 있다는 주장의 이론들은 목표에 미치지 못한 것처럼 보인다. 그것도 아주 많이. 인간이 실제로 장수했다는 유대교와 기독교의 역사적 견해는 완전히 방어 가능할 뿐만 아니라 지적으로도 가장 만족스럽다.

드웨인 크리스텐슨 Duane L. Christensen
윌리엄 캐리 국제대학교 성경학 및 고대 근동 역사 교수

창세기를 읽으면 누구나 거기 기록된 엄청난 나이, 특별히 창세기 5장과 11장에 기록된 엄청난 나이에 깜짝 놀라게 된다. 아담부터 노아까지 열 세대에서 그 나이는 다음과 같다.[1]

	첫째의 출생	이후 수명	합계
아담	130	800	930
셋	105	807	912
에노스	90	815	905
게난	70	840	910
마할랄렐	65	830	895
야렛	162	800	962
에녹	65	300	365
므두셀라	187	782	969
라멕	182	595	777
노아	500	450	950

이 숫자들은 심히 클 뿐만 아니라 카수토가 보여 준 것처럼 식별할 수 있는 패턴에 해당되는 것으로 보인다. 창세기 7:11; 9:28-29에 등장하는 노아에 대한 숫자뿐만 아니라 창세기 5장의 모든 숫자는,

5의 정확한 배수이거나, 아니면 5의 배수에 7을 더한 것이다(한 숫자, 즉 므두셀라가 살았던 햇수는 7이 두 번 더해지는데, 한 번은 그의 맏아들이 태어날 때 그의 나이에 7이 더해지고, 또 한 번은 그의 남은 햇수에 7이 더해진다). 그리고 이러한 7의 추가가 다섯 번 있기 때문에(셋에게 한 번, 야렛에게 한 번, 므두셀라에게 두 번, 라멕에게 한 번) 마지막 세로단의 합도 5의 배수다.[2]

이 숫자들이 단순한 역사적 언급이 아니라 신학적 의미를 지니는가에 대한 문제가 등장한다.

노아와 아브람 사이에 이어지는 열 세대에 대한 표가 다소 유사한 그림을 제시한다.[3]

	첫째의 출생	이후 수명	합계
셈	100	500	600
아르박삿	35	403	438
셀라	30	403	433
에벨	34	430	464
벨렉	30	209	239
르우	32	207	239
스룩	30	200	230

나홀	29	119	148
데라	70	135	205
아브람	100	75	175

앞에서 각 세로 단의 합이 7로 나뉜다는 점에서 여기에는 다른 패턴이 존재하는 것으로 보인다. 셈 이후의 족장들은 세 세대 동안 400년 이상을 살았다. 그다음 세 명은 200년을 약간 넘게 살았다. 에벨과 데라는 둘 다 자기 바로 앞 조상의 나이를 뛰어넘었다. 그들은 특별한 중요성을 지닌다. 카수토가 주목했듯이 "에벨은 히브리인(Hebrew)이라는 이름의 시조이고 아담으로부터 열네 번째(일곱 번째 후 일곱 번째) 세대다."[4] 그리고 데라는 아브람의 아버지다.

계보 문제에 대한 최근의 유의미한 연구에도 불구하고, "(이) 추정되는 체계가 지니는 신학적 의미에 대한 만족할 만한 열쇠"가 아직까지 발견되지 않았다."[5] 마셜 존슨(Marshall D. Johnson)은 성경 연대의 현재 상태를 보면 마카베오 시대 동안 (주전 164년—이는 천지 창조 후 4천 년으로 계산되었다—에 마카베오가 예루살렘 성전을 재봉헌한 일에 특별히 초점을 맞추어) 개정이 있었을 것이라고 꽤 설득력 있게 제시했다.[6] 마소라 본문, 사마리아어 모세오경, 70인경, 희년서, 요세푸스(Josephus)에 보존된 다섯 가지의 서로 다른 체계를 주의 깊게 연구한 후, 존슨은 다음과 같이 결론지었다. "[이] 모든 체계는 다소 연관되어 있다. 다시 말해 동일한 기본 전통에 의존한다."[7]

A. 머토넨(Murtonen)은 자신의 연구 논문인 "구약성경의 연대표에 대한 연구"(On the Chronology of the Old Testament)에서, "구약성

경에 주어진 모든 연대 자료는 종말론적 성격을 지닌다. 적어도 그 단어의 어떤 의미에서는 그렇다"[8]라고 언급했다. 이 논문은, 존슨이 논의한 서로 경쟁하는 전통들의 다소 혼란한 그림 뒤에 자리 잡은 구약성경 내의 연대 결정의 신학적 체계가 지니는 특정한 면을 탐구하려는 시도다. 요컨대 본 연구는 정경화 과정이 진행되면서, 일찍이 주전 6세기에 등장했을 수도 있는, 분리된 본문상의 증거들 뒤에 있는 그 '기본 전통'의 일부분을 복구하려는 시도다.

창세기 1-11장에 있는 연대 자료를 설명하려면, 모세오경 전체의 더 큰 그림, 그리고 (아마도) 구약성경 전체도 고려해야만 한다. 다른 논문에서, 나는 이미 나훔 사르나(Nahum Sarna)가 여러 해 전에 주목했던 한 가지 수학 공식에 따라 아브라함, 이삭, 야곱의 나이에 대해 논의했다.[9] 이 연속적 숫자들은 64년을 산 네 번째 사람이 존재했음을 암시한다.

	죽을 때의 나이	숫자들의 합
아브라함	$175 = 7 \times 5^2$	[7+5+5=17]
이삭	$180 = 5 \times 6^2$	[5+6+6=17]
야곱	$147 = 3 \times 7^2$	[3+7+7=17]
???	$64 = 1 \times 8^2$	[1+8+8=17]

이 네 번째 사람의 정체에 대한 첫 번째 추측은 야곱의 아들 요셉이다. 그러나 요셉은 110년을 살았다. 창세기 내러티브에 나오는 야곱/이스라엘이라는 인물을 더 자세히 들여다보면 또 다른 가능성을 발견할 수 있다.

중세의 위대한 유대인 주석가 라시(Rashi)는 창세기에 나오는 숫자들을 세심하고 상세하게 계산해서 많은 중요한 결론에 도달했다. 그의 계산에 의하면 야곱은 63세에 고향을 떠났다. 그러나 그는 곧바로 하란으로 가지 않았다. 라시가 말하듯이, "축복을 받은 후에 그는 14년 동안 에벨학파(Eber's school) 속에 숨었다."[10] 이 말은 랍비들이 수용된 전통 내에 있는 문제 혹은 긴장을 지적하는 다소 전형적인 방법으로서, 아브라함이 모리아에서의 사건 후 "종들에게 돌아갈 때 본문에 이삭에 대한 언급이 없는 창세기 22:19에 대한 탈굼 요나단(Targum Jonathan)의 언급과 다소 비슷하다. 이 경우에 관해 랍비들은 "높은 곳에 있는 천사들이 이삭을 이끌어 위대한 셈학파(school of Shem)로 데려갔고, 이삭은 그곳에서 3년을 지냈다"라는 설명을 제시했다.[11]

야곱은 고향을 떠났을 때 63세였고, 요셉이 태어나기 전에 라반의 집에서 14년을 봉사했다(창 30:25). 요셉이 이집트의 통치자가 되었을 때 그는 30살이었고, 9년이 지나서 야곱이 이집트로 왔다. 만약 "라반과 함께 그리고 그 후로 보낸 53년이 야곱이 아버지를 떠난 직후에 시작되었다"[12]라는 점을 받아들인다면 야곱은 이집트에 왔을 때 116세였을 것이다. 그러나 야곱 자신은 파라오에게 말한다. "[내 나이는] 백삼십 년이니이다"(47:9). 그렇게 되면 14년이 빈다. 우리가 라시의 계산을 따른다면 야곱은 97살에 라반을 떠났고 가나안으로 되돌아가는 도중에 2년을 보냈다. 그는 99살에 얍복에서 천사와 씨름을 했고 이때 그의 이름이 이스라엘로 바뀌었다.

야곱이 아버지 이삭과 그리고 외삼촌 라반과 함께 산 총 햇수는

63+20=83년이다. 그리고 그는 147세에 죽었으므로 또 다른 '고향'에서 64년을 산 것이다. '에벨학파'에서 14년, 팔레스타인으로 가는 도중에 2년, 가나안에서 이스라엘로서 48년을 살았다. 앞의 수학 공식에 따르면 족장들의 목록에서 네 번째 사람은 조상 아브라함의 집과 외삼촌 라반의 집을 떠나 64년을 살았던, 야곱과 구분되는 '이스라엘'인 것 같다.

C. J. 라버섀인(Labuschagne)는 모든 경우에 이 수학 공식에서 사용된 숫자들의 합은 결국 숫자 17이 된다는 점을 지적했다.[13] 정경의 초기 형태는 네 권으로 이루어진 네 그룹(율법서, 전선지서, 후선지서, 성문서)과 그 사이에서 다리 역할을 하는 신명기까지 총 17권으로 구성되었던 것 같다.[14]

창세기	레위기		여호수아	사무엘
출애굽기	민수기		사사기	열왕기
		신명기		
이사야	에스겔		욥기	잠언
예레미야	12 소선지서 ('The 12')		시편	두루마리서 ('Meg')

여기서 'Meg'라는 명칭은 후에 'Megilloth' 즉 마소라 전통의 축제 두루마리서 다섯 권이 된 책들의 초기 형태를 나타낸다. 에스더서는 분명히 탈무드 시대가 되어서야 두루마리서에 속하게 되었다.[15]

나는 다른 곳에서 창세기와 욥기에서 족장들과 관련해서 숫자 140이 지니는 중요성을 주장한 바 있다. 140은 1부터 7까지 각 수의 제곱을 더한 것이다.[16] 이삭과 리브가는 아브라함이 140살이었을 때 결혼했고, 그들의 결혼은 140년 동안 지속되었다. 이삭이 죽었을 때 야곱은 120살이었고 가나안으로 돌아오기 전에 하란에서 외삼촌 라반과 20년을 보냈다. 따라서 한 계산에 따르면 야곱은 얍복에서 천사와 씨름할 때 140살이었을 수도 있다. 그리고 물론 형 에서도 140살이었을 것이다. 그리고 이때 그들은 가나안에서 재회했다.

현대 서구에서의 시간에 대한 지향점은 고대 근동과 비교했을 때 상당히 다르다. 우리는 미래를 바라본다. 반면 아이작 키카와다(Issac Kikawada)가 최근에 주장했듯이, 고대 세계의 사람들은 과거를 향했다.[17] 만약 누군가가 미래를 알기 원한다면, 그저 과거의 사건들을 읽고 말하자면 그/그녀의 뒤로 미래를 향해서 그것들을 투영하기만 하면 되었다. 따라서 고대 이스라엘에서 미래가 과거의 '재상영'으로서 아마도 역순으로 투영된다면(이는 '새 모세'의 등장과 더불어 시작될 것이다), 그 그림은 다음과 같을 것이다.

여호수아/요셉 → 새 이스라엘 → 선조들 → 새 창조

요셉과 여호수아는 둘 다 110년을 살았는데, 110은 흥미롭게도 5부터 7까지 각 수의 제곱의 합이다.[18] 이스라엘은 열두 족속으로 구성되었고 1부터 12까지 각 숫자의 제곱의 합은 650이다. 선조들과 연관된 숫자는 140(1부터 7까지 각 숫자의 제곱의 합)이고, 110+650+140=900인데 900은 30^2 혹은 1부터 4까지 각 숫자의 제곱의 합의 제곱이다. 창세기의 내러티브 전통에서, 아브라함은 손자 야곱이 태어날 때 160살이었다. 이삭은 야곱이 태어났을 때 60살이었고, 야곱은 이삭과 63년을 그리고 라반과 20년을 함께 살았다. 적어도 한 계산(60+63+20+17=160)에 의하면, 요셉이 17살에 이집트로 내려간 일은 이삭이 160살일 때 발생했을 가능성이 있다.

게다가 셈과 데라의 출생 사이의 햇수는 160의 두 배인 320년이다. 어쨌든 160×900=144,000이라는 점을 주목하는 것은 흥미로운 일이다. [종말론적 추론 안에서 선택된 무리의 수(참고. 계 14:1)가 된] 이 흥미로운 숫자는 모세 율법의 공포로부터 **종말**까지의 상징적 시간의 경과(고대 이스라엘에서 다음 공식에 따라 과거 사건들의 웅대한 역전의 관점에서 생각한)로서 시작되었을 수도 있지 않을까?

여호수아/요셉 → 새 이스라엘 → 선조들 → 새 창조
  (110   +   650   +   140) × 160=144,000

그리하여 새 모세 같은 인물의 출현은 미래의 이스라엘 왕국의 수립으로 이어질 것이다. 이 시대의 뒤를 이어, 고대 전통에서 '선조들'의 시대에 상응하는 이상적 시대가 올 것이다. 그 이상적 시대는 하나님의 백성들이 마침내 태초에 그분이 의도하신 존재가 되는 새 창조에서 절정에 도달할 것이다.

창세기 5장과 11장에 나오는 숫자들과 나이들의 신학적 의미에 대한 열쇠를 적어도 상세하게 복구하기는 아마 어려울 것이다. 그럼에도 숫자들을 단지 역사적 기록으로만 받아들여서는 안 될 것이다. 이 신비로운 숫자들은 그 속에 먼 과거뿐만 아니라 미래를 바라보는 시선을 포함하는 신학적 진술이다.

주

YES

1. '낳았다'로 번역된 히브리어 단어는 '…의 조상이 되었다'라는 의미다. 그래서 아르박삿이 셀라를 낳았다고 할 때, 이 말은 아르박삿이 셀라 혹은 셀라의 후손의 아버지가 되었다는 의미다. 비록 창 11장의 기록에서 하나 혹은 그 이상의 세대가 생략되었을 수도 있지만, 이것이 아주 눈에 띌 정도로 평균 나이에 큰 영향을 주지는 않았을 것이다.
2. G. von Rad, *Genesis: A Commentary* (Philadelphia: Westminster, 1961), p. 112.
3. H. E. Ryle, *The Book of Genesis* (Cambridge: University Press, 1914), p. 91.
4. R. Davidson, *Genesis 1-11* (Cambridge: University Press, 1973), p. 62.
5. U. Cassuto, *A Commentary on the Book of Genesis* (Jerusalem: Magnes, 1961).
6. C. T. Francisco, "Genesis", in *The Broadman Bible Commentary* (rev. ed.; ed. C. J. Allen; Nashville: Broadman, 1973), 1, p. 136.
7. T. Whitelaw, "The Book of Genesis", in *The Pulpit Commentary* (ed. H.D.M. Spence and J. S. Exell; Grand Rapids: Eerdmans, reprint 1963), 1, p. 94; J. P. Lange, *Genesis* (Grand Rapids: Zondervan, reprint 1960), 1, pp. 270-272.
8. Whitelaw, "Genesis", p. 94에 의하면 이것은 Rosenmüller의 견해다. 그는 필사 과정에서 일부 이름들이 뜻하지 않게 생략되어 이 이름들의 나이가 다른 이름들에 추가되었다고 생각한다. 그러나 Whitelaw가 주장하듯이 열 세대에 걸쳐 "아버지로부터 아들에게 질서정연하게 진행된다"는 점에 비추어 볼 때 그럴 가능성은 낮다.
9. C. F. Keil and F. Delitzsch, *Biblical Commentary on the Old Testament* (Grand Rapids: Eerdmans; reprint 1966), 1, p.122 (저자 강조).
10. Varro, *Apud Lactant. Institut.* 1.2, c. 13. J. Gill, *An Exposition of the Old Testament* (London: William Hill Collingridge, 1852), 1, p. 33에서 이 견해를 철저하게 반박한다. 또한 J. J. Davis, *Paradise to Prison: Studies in Genesis* (Grand Rapids: Baker, 1975), pp. 105-106; Ryle, *Genesis*, p. 91; J. R. Rice, "*In the Beginning*" (Murfreesboro: Sword of the Lord), p. 182를 보라. Whitelaw, "Genesis", p. 94에 의하면, 더 최근에 Raske는 Varro의 의견을 고수했고, Hensler는 이 견해의 변형(1년은 3개월과 같다)을 알렸다.
11. J. Walton, "The Antediluvian Section of the Sumerian King List and Genesis 5", *Biblical Archaeologist* 44 (Fall 1981), pp. 207-208.

12. 같은 책, p. 208.
13. G. A. Barton, *Archaeology and the Bible* (7th rev. ed.; Philadelphia: American Sunday-School Union, 1937), pp. 317-326; E. A. Speiser, *Genesis* (Garden City: Doubleday, 1964), p. 42를 보라. 목록들 자체에 대해 더 많은 것을 살펴보려면 J. Finegan, *Light from the Ancient Past* (2nd ed.; Princeton: University Press, 1959), 1, pp. 29-31를 보라.
14. T. C. Hartman은 "Some Thoughts on the Sumerian King List and Genesis 5 and 11B", *Journal of Biblical Literature* 91 (March 1972), pp. 25-32에서 이것을 보여 주는데 주로 W. G. Lambert, "A New Look at the Babylonian Background of Genesis", *Journal of Theological Studies* 16 (1965), pp. 287-300; J. J. Finkelstein, "The Genealogy of the Hammurapi Dynasty", *Journal of Cuneiform Studies* 20 (1966), pp. 95-118; A. Malamat, "King Lists of the Old Babylonian Period and Biblical Genealogies", *Journal of the American Oriental Society* 88 (1968), pp. 163-173에서 끌어온 것이다.
15. G. F. Hasel, "The Genealogies of Gen 5 and 11 and Their Alleged Babylonian Background", *Andrews University Seminary Studies* 16 (Autumn 1978), pp. 361-374. 또한 R. R. Wilson, "The Old Testament Genealogies in Recent Research", *Journal of Biblical Literature* 94 (1975), pp. 169-189를 보라.
16. Hasel, "Genealogies", p. 373.
17. 이 견해에 대한 몇몇 진술들은 다음과 같다. J. D. Davis, "Chronology", in *A Dictionary of the Bible* (4th rev. ed.; Grand Rapids: Baker, reprint 1962), pp. 133-134; "Antediluvian Patriarchs," in *International Standard Bible Encyclopaedia* (ed. J. Orr; Grand Rapids: Eerdmans, reprint 1939), 1, pp. 142-143; B. Ramm, *The Christian View of Science and Scripture* (Grand Rapids: Eerdmans, 1954), pp. 341-342; J. O. Buswell, Jr., *A Systematic Theology of the Christian Religion* (Grand Rapids: Zondervan, 1962), 1, pp. 325-343. 더 최근의 요약과 간단한 참고 문헌을 참조하려면 W. U. Ault, "Antediluvians", in *Zondervan Pictorial Encyclopedia of the Bible* (ed. M. C. Tenney; Grand Rapids: Zondervan, 1975), 1, pp. 172-177를 보라.
18. Ramm, *Christian View*, pp. 229-249; Davis, *Dictionary*, pp. 235-238.
19. H. C. Leupold, *Exposition of Genesis* (Grand Rapids: Baker, reprint 1972), 1, p.

233.

20. Buswell, *Theology*, pp. 325-343를 보라.
21. G. Archer, *A Survey of Old Testament Introduction* (rev. ed.; Chicago: Moody, 1974), 198.
22. 이것은 단순한 수학에 기초한 것이다. 홍수 이전의 족장 세대는 (각 세대 사이에 공백이 없다면) 1658년(1,658년을 열 세대로 나눈 것)이다. 그래서 추가적인 100세대는 100×165.8 즉 16,580년이다. Archer는 *Survey*, p. 197에서 간격이 있었다고 주장하지만, 그 간격이 열 세대 미만이라고 믿는다. 제한된 간격들을 찬성하는 훌륭하게 추론된 논의를 참조하려면 J. C. Whitcomb, Jr., *The Early Earth* (Grand Rapids: Baker, 1972), pp. 107-111를 보라.
23. W. G. Plaut and B. J. Bamberger, *The Torah: A Modern Commentary* (New York: Union of American Hebrew Congregations, 1981), pp. 54-55; Leupold, *Exposition*, p. 233; Archer, *Survey*, p. 197; Keil and Delitzsch, *Commentary*, pp. 123-124; Lange, *Genesis*, pp. 270-272; Whitelaw, "Genesis", p. 94; J. G. Murphy, *A Critical and Exegetical Commentary on the Book of Genesis* (Andover: Draper, 1968), pp. 169-174; G. Bush, *Notes, Critical and Practical on the Book of Genesis* (New York: Ivison, Phinney, 1860), pp. 110-113; Davis, *Paradise*, pp. 104-106; H. M. Morris, *The Genesis Record* (Grand Rapids: Baker, 1976), pp. 143, 152-162.
24. Morris, *Genesis Record*, p. 143; G. H. Pember, *Earth's Earliest Ages* (London: Hodder and Stoughton, 1907), pp. 202-204; J. C. Whitcomb, Jr., and H. M. Morris, *The Genesis Flood* (Philadelphia: Presbyterian and Reformed, 1964), pp. 240-242, 253-255, 305-306, 399, 404-405를 보라.

NO

1. U. Cassuto, *A Commentary on the Book of Genesis: Part I, From Adam to Noah* (Jerusalem: Magnes, 1961), p. 260. Casutto는 홍수 전과 홍수 후의 영웅들이 유사한 패턴으로 배치되어 있고 이들이 장수를 누리는, 메소포타미아 문헌에 나오는 다양한 병행 사례들을 상세히 논의한다. 그가 말했듯이, "바빌로니아의 인물들은 토라의 인물들을 능가한다. 홍수 전의 각 왕에게는 평균적으로 무수히 많은 연수(年數)가 주어진다"(p. 254).

2. 같은 책, p. 260.
3. U. Cassuto, *A Commentary on the Book of Genesis: Part II, From Noah to Abraham* (Jerusalem: Magnes, 1964), p. 253.
4. 같은 책, p. 254.
5. J. J. Finkelstein, "Genealogy of the Hammurapi Dynasty", *Journal of Cuneiform Studies* 20 (1966), pp. 95-118; A. Malamat, "King Lists of the Old Babylonian Period and Biblical Genealogies", *Journal of the American Oriental Society* 88 (1968), pp. 163-173; "Tribal Societies: Biblical Genealogies and African Lineage Systems", *Archives européennes de sociologie* 14 (1973), pp. 126-136; M. D. Johnson, *The Purpose of the Biblical Genealogies: With Special Reference to the Setting of the Genealogies of Jesus* (Cambridge: University Press, 1969); K. R. Andriolo, "A Structural Analysis of Genealogy and Worldview in the Old Testament", *American Anthropologist* 75 (1973), pp. 1657-1669; J. M. Miller, "The Descendants of Cain: Notes on Genesis 4", *Zeitschrift für die alttestamentliche Wissenschaft* 86 (1974), pp. 164-174; R. R. Wilson, *Genealogy and History in the Biblical World* (New Haven: Yale University, 1977). 인용문의 출처는 Johnson, *Purpose*, p. 261.
6. *Anno Mundi*.
7. Johnson, *Purpose*, p. 33.
8. A. Murtonen, "On the Chronology of the OT", *Studia Theologica* 8 (1955), pp. 133-137.
9. D. L. Christensen, "Job and the Age of the Patriarchs in Old Testament Narrative", *Perspectives in Religious Studies* 13 (1986). 참고. N. M. Sarna, *Understanding Genesis* (New York: McGraw-Hill, 1966), p. 84.
10. *Pentateuch with Rashi's Commentary* (ed. A. M. Silberman; London: Shapiro, Vallentine, 1946), p. 130.
11. J. Bowker, *The Targums and Rabbinic Literature: An Introduction to Jewish Interpretations of Scripture* (Cambridge: University Press, 1969), p. 226.
12. *Pentateuch* (ed. Silberman), p. 130.
13. C. J. Labuschagne, "The Literary and Theological Function of Divine Speech in the Pentateuch", *Vetus Testamentum* Supplements 36 (1985), p. 171.

14. "Job and the Age of the Patriarchs" (앞의 주9를 보라)에서 간단히 논의되었다.
15. 같은 책, 그리고 "Josephus and the Twenty-Two-Book Canon of Sacred Scripture", *Journal of the Evangelical Theological Society* 29 (March 1986), pp. 39-48.
16. 앞의 주9를 보라.
17. 이 특정한 관점은 1985년 3월 29일 Society of Biblical Literature의 태평양 연안 지역 연례 모임에서 행해진 그의 회장 연설인 "The Old Testament in Twenty Minutes"에서 강조되었다.
18. 요셉의 나이를 나타내는 숫자 110은 때때로 이집트 문학 전통에서 이상적인 것으로 여기는 나이와 관련이 있다. 이집트 문학에서 그런 언급을 스물일곱 번 한 N. Sarna, *Understanding Genesis* (New York: McGraw-Hill, 1966), pp. 226, 231 (nn. 107-108)를 보라. 그렇기는 하지만, 성경 자료 자체 내의 수학적 도식에 기초해서 그 수를 설명하는 편이 더 좋은 것 같다.

9

창세기 6장에서 '하나님의 아들들'은 천사들인가?

YES | F. B. 휴이 F. B. Huey, Jr.
NO | 존 월턴 John. H. Walton

YES

F. B. 휴이 F. B. Huey, Jr.
사우스웨스턴 침례교 신학교 (전) 박사 과정 부학장

창세기 6:1-4의 연구자 대부분은 이 구절이 구약성경에서 가장 논란이 되는 구절 중의 하나라는 점에 의견이 일치한다. 이 구절은 "수수께끼"[1] "이상한"[2] "어려운"[3] "이해할 수 없는"[4] "해결되지 않은"[5] 그리고 "신비스러운"[6] 같은 표현으로 묘사되었다. 이 구절에 대한 주해의 역사는 오늘날의 학자들이 고대 학자들보다 해결책에 더 가까이 접근할 수 없는 것처럼 보이는 격렬한 논쟁이 그 특징이다.

이 구절이 지니는 어려움과 모호함에도 불구하고, 이 구절을 주의 깊게 연구해 온 대부분의 주석가들은 이 문제가 해결되었다는 인상을 심어 준다. 주후 2세기 중엽에, 랍비 시므온 벤 요하이(Simeon ben Yoḥai)는 그의 해석과 다른 해석을 내놓는 모든 이를 저주했다.[7] 유사한 독단주의가 여전히 널리 퍼져 있다(부디 반대자들을 저주하지 않기를 바라지만). 게르하르트 폰라트는 "이 문제는…마침내 해결된 것으로 생각할 수 있다"라고 썼다.[8] 시들로우 백스터(J. Sidlow Baxter)는 "우리의 확신은…제시된 대안들이 방어될 수 없음이 판명됨에 따라 마침내 확고해졌다"[9]라고 결론지었다. 불행히도 폰라트와 백스터의 해석은 극과 극이다. 폰라트는 '하나님의 아들들'을 신화적·초자연적 존재들로 본다.[10] 반면, 백스터는 그들이 셋의 경건한 계보를 이은 역사적 후손들이라고 주장한다.[11] 이 둘이 오늘날 가장 빈번하게 마주치게 되는 해석이다. 하지만 다른 해석도 있다.

르로이 버니(Leroy Burney)는 많은 고대 유대 해석자에게 찬성하며 '하나님의 아들들'이 통치자들이라고 결론을 내린다.[12] 마찬가지로 메레디스 클라인(Meredith Kline)은 이 이야기를 왕족과 평민들 사이의 결혼으로 해석한다.[13] H. 프리드먼(Freedman)은 '하나님의 아들들'을 "군주들과 재판관들의 아들들"이라고 기술한다.[15] 심지어는 이 결혼이 크로마뇽인 남자들과 네안데르탈인 여자들 간의 결혼이었다는 의견이 제시되기도 했다.[15]

창세기 6:1-4에 대한 오랜 논쟁의 역사를 고려하면, 본 연구가 '하나님의 아들들'에 대한 하나의 해석을 지지하는 쪽으로 이 문제를 최종적으로 해결할 것 같지는 않다. 그러므로 본 연구의 작은 목적은 '하나님의 아들들'을 초자연적 존재로 해석하는 것이 경쟁력 있는 대안인지 살펴보기 위해 본문을 가능한 한 객관적으로 검토하는 것이다.

자유주의적 혹은 보수적?

창세기 6:1-4에 대한 해석 수십여 개를 주의 깊게 연구하면, 많은 학자가 한 사람의 이 구절에 대한 해석이 그 사람이 보수적인지 자유주의적인지를 드러내 준다고 믿는다는 뚜렷한 인상을 받게 된다. 많은 보수적 해석자들이 초자연적 존재와 인간의 결합이라는 해석을 거부하는 것은 사실이다.[16] 다른 한편, 동일하게 보수적인 학자들이 이 구절이 초자연적 존재와 인간 사이의 결합이라고 주장한다.[17] 그러므로 창세기 6:1-4을 해석하는 방식이 반드시 그 사람에게 자유주의적 또는 보수적이라는 꼬리표를 달아 주는 것은 아니다.

로버트 뉴먼은 논란이 되는 이 구절이 주석가들에게 역설적 상황을 만들어 내었다고 지적한다. 대개 초자연적 요소를 부인하는 자유주의적 학자들은 일반적으로 창세기 6:1-4을 신적 존재와 인간 사이의 접촉으로 받아들이는 반면, 암암리에 천사의 존재를 믿는 보수적 학자들은 이 구절에 그와 같은 의미가 있음을 받아들이지 않는다는 것이다.[18] 윌렘 밴게메렌(Willem A. Van Gemeren)은 마음을 불편하게 하는 질문들로 이 모순을 분명하게 밝힌다.

> 왜 창조, 기적, 그리고 예수님의 기적적 출생과 부활이 자리를 차지한 신학이 창세기 6:1-4에 대한 합리적 설명을 선호하는가?…보통 해석의 목표는 신앙 공동체가 무엇을 믿을지 그리고 무엇을 해야 할지 알 수 있도록 하나님의 말씀을 밝히는 일이다. 그러나 해석의 목표가 해당 구절이 만들어 낼 수 있는 분명한 장애물을 제거하는 일이 될 때 재해석이 도입되고, 우리는 이것이 비신화화와 어떻게 다른지 궁금해하게 된다.…그 어려움이 너무도 커서 그것을 공격적인 것으로 간주하고 **제거해야** 하는가? 신학이 주해를 대신하는 일이 가능한가?[19]

초자연적 해석과 밴게메렌이 제기한 문제를 받아들이는 보수적 학자들의 수를 인정하면서, 창세기 6:1-4에 접근하는 연구자들은 자신의 마음속에서 이 문제가 성경을 믿는가 믿지 않는가의 문제나 보수적인가 자유주의적인가의 문제라는 생각을 없애야 한다. 오히려 다음과 같은 문제들을 질문해야 한다. (1) '하나님의 아들들'은 초자연적 존재들을 의미할 수 있는가? (2) 초자연적 존재와 인간의 육체적 결합은 가능한가? (3) 이 이야기는 역사적인 것인가, 아니면 신화적인 것인가? (4) 이 결혼이 뒤이어 발생하는 대홍수에 어떤 의미를 가지는가? 그러나 이런 질문들에 답하려 하기 전에, 여러 세기 동안 이 구절이 어떻게 해석되었는지를 밝히는 데 관심을 기울여야 한다.[20]

창세기 6:1-4 해석의 역사

초기 유대교와 기독교 저술가들은 예외 없이 창세기 6:1-4의 '하나님의 아들들'을 초자연적 존재로 해석했다. 오래되었다는 것 하나만으로 이 주장의 타당성을 입증할 수는 없다는 점은 인정하지만, 이러한 사실은 초기 주석가들에게 가장 분명한 문자적 해석이 천사들로 해석하는 것이었음을 보여 준다. 대안적 해석들이 생긴 것은 이후에 천사가 인간과 함께 거주했다는 것에 대해 신학적 반대가 일어났을 때의 일이었다.

가장 이른 시기의 것으로 생각되는 창세기 6장에 대한 주해는 보통 주전 200년으로 추정되는 에녹1서 6-11장이다. 에녹1서는 '하나님의 아들들'이 천사들이라고 분명히 말한다.[21] 이 해석은 에녹1서가 기록되기 오래전에 시작되었을 수도 있다.[22] 이 해석에 대해 별다른 도전이 제기되지 않은 채로 그다음 300년이 흘렀다.

(늦어도 주전 100년으로 연대가 추정되는) 희년서는 '하나님의 아들들'은 인간을 돕기 위해 지구에 보내진 천사들이라고 기술한다. 그들은 욕망에 불타올라 여인들과 동거했고 거인족의 시조가 되었다.[23]

열두 족장의 유훈(the Testament of the Twelve Patriarchs), 에녹2서 18장, 바룩2서 56장은 창세기 6장의 천사들이 죄를 범해서 처벌을 받았다고 제시한다.[24] 『창세기 외경』(Genesis Apocryphon)은 신약 시대 직전의 쿰란 언약자들이 천사 해석을 고수했다는 증거를 보여 준다.[25]

알렉산드리아 사본(Codex Alexandrinus, 주후 4세기)을 포함한 70인경 사본들 일부는 '하나님의 아들들'을 "하나님의 천사들"로 번역했다.[26]

창세기 6:1-4이 초자연적 존재와 인간의 결합을 기술한다는 믿음을 지녔던 또 다른 초기 지지자들에는 알렉산드리아의 필론(주후 1세기 초),[27] 플라비우스 요세푸스(Flavius Josephus),[28] 그리고 교부인 순교자 유스티누스(Justin Martyr), 알렉산드리아의 클레멘스(Clement of Alexandria), 테르툴리아누스(Tertullian), 락탄티우스(Lactantius), 이레나이우스(Irenaeus), 키프리아누스(Cyprian), 암브로시우스(Ambrose)가 포함된다.[29] 지금까지 알려진 바로는 '천사' 해석을 최초로 거부한 이는 율리우스 아프리카누스(Julius Africanus, 주후 160-240)다. 그는 '하나님의 아들들'이 "셋의 계보의 의로운 사람들"이라고 제시했다. 주후 2세기부터 팔레스타인 랍비들은 천사-인간 해석을 거부했다.[30]

아우구스티누스가 (주후 413-426년에 기록한) 『하나님의 도성』(De Civitate Dei) 15장에서[31] 천사 해석을 거부함에 따라, 초기 기독교 주석가들은 대부분 창세기 6:1-4에 대한 초자연적 해석을 포기했다. 그러나 이 문제는 만장일치 수준으로 해결된 적이 없다. 창세기에 대한 계속되는 질문들을 다루는 이 책에 이 문제가 포함된 사실이 입증하는 것처럼, 이 문제는 이따금 수면으로 떠오르기를 반복한다.

'하나님의 아들들'을 천사들로 번역하는 것에 찬성하는 주장들

"하나님의 아들들을" 천사들로 "해석하는 것에 찬성하는" 주장들은 그 수도 많고 설득력도 있다. 존 데이비스(John J. Davis)의 말로 표현하면 적어도 이 주장들은 "현재 존재하는 증거를 고려할 때 신뢰할 만하다."³² 아래에서 이 견해에 찬성하는 주요 논거 아홉 가지를 검토할 것이다.

1. '하나님의 아들들'을 천사들로 해석하는 것은 가장 자연스러운 독법이다. 이 주장은 이것이 이 구절에 대한 가장 오래된 해석이라는 사실에 의해 지지된다(앞의 논의를 보라). 적어도 400년 동안(약 주전 200년-주후 200년) 다른 어떤 해석도 고려되지 않았다. 오래되었다는 것이 확정적 논거는 아니지만, 이를 가벼운 것으로 무시해서는 안 된다.

> 개화된 20세기 그리스도인인 우리가 고대 주석가들로부터 긍정적인 무언가를 배우는 일은 가능하지 않은 것일까? 아마도 창세기 6:1-4에서 천사의 갑작스러운 등장을 본 그들이 옳았고 그것을 부인하는 우리가 틀릴 것이다.…그들이 하나님이 신약성경의 기록을 통해 보존하신 타당한 통찰에 도달했을 수도 있다.³³

고대 근동 문헌에는 '하나님의 아들들'이 신을 의미하는 병행 사례들이 많다.³⁴ 이러한 사례들은 '하나님의 아들들'이 고대 시대에 천사들을 가리키는 일반적으로 이해된 방식이었다는 믿음을 지지한다.

2. 다른 해석들은 그것들끼리 일치하지 않는다. 결합을 인간들 간의 것으로 보는 사람들은 '하나님의 아들들'과 '사람의 딸들'의 정체에 대해 그들 사이에서 견해가 일치하지 않는다. 이러한 학자들이 가장 빈번하게 내놓는 해석은 셋의 후손들과 가인의 후손들 사이의 결혼이라는 해석이다. 하지만 다른 학자들은 왕들/귀족들/통치자들/재판관들/신자들 그리고 평민들/사회적으로 열등한 여성들/불신자들

간의 결혼으로 본다. 또한 또 다른 학자들은 이 결합을 경건한 사람들과 악한 사람들 간의 결혼(셋-가인 설명의 변형)으로 본다.

셋-가인 해석은 본문 자체가 아닌 엉성한 연상(聯想)에 굳게 의존한다. 이 해석은 또한 어떤 질문들에 대해서는 대답하지 못한다. 셋의 모든 남자 후손은 경건하고 가인의 모든 여자 후손은 악하다는 어떤 증거가 있는가?(이는 셋-가인 해석 지지자들의 아킬레스건이다) 만일 셋의 후손들이 경건한 사람들이었다면 그들은 왜 그와 같이 악한 일을 저질렀는가? 셋이 죽은 후 (아마도) 천 년 동안은 그의 모든 후손이 경건했고 이것이 그의 가문 구성원들이 저지른 첫 번째 죄였다고 생각하는 것이 합리적인가? 이 결혼이 인간들에게 제한된다고 말하는 사람들 간에 의견이 일치할 수 없으므로, 이 사실은 그들이 합리화하고 자신들이 본문이 말해 주기 원하는 바를 본문에 넣어 읽거나 본문을 골라 읽음으로써 본문을 제멋대로 해석했음을 제시하지 않는가? 적어도 이 해석의 반대편에는 '하나님의 아들들'이 오직 한 가지, 즉 신적 존재들을 의미할 수 있다는 의견의 일치가 있다.

3. **구약성경의 다른 곳에서 '하나님의 아들들'은 초자연적 존재들을 의미한다.** 욥기 1:6, 2:1, 38:7에서 '베네 하엘로힘'(*bĕnê hā'ĕlōhîm*, '하나님의 아들들')은 오직 천사들만을 의미할 수 있다. 시편 29:1; 89:6에서 '베네 엘림'(*bĕnê 'ēlîm*)은 천사들을 의미할 것이다. 기독교 주석가들은 '바르 엘라힌'(*bar 'ĕlāhîn*)이라는 표현을 천사로, 혹은 다니엘 3:25에서 그리스도 자신으로 해석했다. 만일 '하나님의 아들들'이 구약성경의 다른 곳에서 초자연적 존재들을 나타내는 기술적 용어라면, 우리가 그 의미가 한 구절에서만 바뀌어서는 안 된다고 주장하는 것

은 옳다.³⁵ 출애굽기 4:22-23; 신명기 14:1; 32:5; 시편 73:15; 82:6; 예 레미야 31:20; 호세아 1:10; 말라기 1:6 같은 구절에서 인간이 '하나님 의 아들들'이라고 불린다고 말하는 이들은 히브리어 본문을 제멋대로 다루는 것이다.³⁶ '하나님의 아들들'이라는 정확한 용어는 앞에 언급된 어느 구절에서도 나타나지 않는다. 대신 "내 아들", "그분의 아들들", "당신의 아들들", "아들" 등이 이 구절들에 나온다.

'하나님의 아들들'을 '왕들'로 해석하는 것은³⁷ 심각한 문제들을 지닌다. '하나님의 아들들'은 성경의 다른 어떤 곳에서도 왕족의 동의어로 사용되지 않는다. 더 이상의 설명 없이 한 구절에서만 그런 의미를 가진다는 것은 이상해 보인다. 게다가 구약성경의 다른 어디에서도 '왕들'이라는 의미로 쓰이지 않는데, 어떻게 창세기 6:2에서 '하나님의 아들들'이 '왕들'을 의미한다고 주장할 수 있는가? 또 구약성경 다른 모든 곳에서 '하나님의 아들들'이 '천사들'로 일관성 있게 사용된다는 점이 6:2에서 동일한 용례를 지지한다는 점을 어떻게 부인할 수 있는가?

밴게메렌은 다른 고대 문헌에서 '하나님의 아들들'이 왕들의 의미를 가질 수도 있지만 창세기 6:2에서 그렇게 해석하는 것을 설득력 있게 반대한다.

성경 해석의 타당성이 외부 문헌 자료에 의해 검증되어야 하지만, 수메르와 바빌로니아의 서사 전통에서 두드러지게 다룬 주제에 대응하는 내용이 성경 내러티브에 있다는 추정에는 동의할 수 없다. 현재로서는 수메르-바빌로니아 전통이 대홍수를 초래한 군주를 알았다는 명확한

증거가 없다.³⁸

다른 고대 근동 문헌에서 '하나님의 아들들'이 왕들을 가리킨다는 것을 인정한다 할지라도, 이는 '신적' 왕들에 의한 통치를 지지하려는 의도로 사용되었을 것이다. 그렇다면 성경 저자들은 이 용어를 의도적으로 피했을 것이다.

어떤 이들은 신약성경에서 신자들을 가리키는 '하나님의 아들들'이 창세기 6:1-4에 대한 같은 해석을 정당화시킨다고 주장했다. 그러나 신약성경에서 '하나님의 아들들'이 신자들을 가리키는 것을 구약성경에 소급 적용해서 동일한 의미를 지니는 것으로 여겨서는 안 된다.[39]

4. **올바른 주해의 원리들은 6:2의 '사람들'이 6:1에서와 같은 의미를 가져야 한다고 요구한다.** '하아담'(*Hā'ādām*, 비록 단수 형태지만 6:1에서 '사람들'로 번역되었다; 개역개정에는 "사람"으로 번역되어 있다ㅡ역주)은 그 문맥에서 총칭(즉 전 인류)으로 이해되어야 한다. 이 표현은 전 인류, 즉 셋의 후손들과 가인의 후손들 모두를 가리킨다. 그들의 딸들을 가인의 후손들로 제한하는 것은 부당한 제약이다. 6:1의 "그들에게서 딸들이 나니"('그들'의 선행사는 6:1의 '하아담'이다)라는 진술은 분명히 6:2에서 "사람들의 딸들"(여기도 '하아담'이라는 동일한 단어가 쓰였다)과의 연결 고리 역할을 하도록 의도되었다. '하아담'이라는 단어가 6:1에서 한 의미를 가지고 6:2에서 다른 의미를 가질 수는 없다. 6:1에서 "딸들"이 가지지 않았던 제약된 의미, 즉 가인의 후손들이라는 의미를 6:2에서 가질 수는 없다. 6:1이 "사람(*hā'ādām*)이 땅 위에 번성하기

시작할 때에 그들에게서 딸들이 나니"라고 번역되었다면, 6:2은 경건한 사람들과 악한 사람들의 대조가 아니라 오히려 '하나님의 아들들'과 '사람의 딸들' 사이의 대조를 표현하는 것이 분명하다.

'하나님의 아들들'이 구약성경의 다른 곳에서 한결같이 초자연적 존재들을 의미하기 때문에, 해석학적으로 건전한 유일한 결론은 창세기 6:2이 천사들과 인간 아버지들의 딸들의 결합을 가리킨다는 결론이다. '사람의 딸들'을 가인의 후손들로 제한하는 것은 자의적 결정이다.[40]

5. **성경은 천사들이 성행위를 하지 않으며 따라서 사람과 동거할 수 없다고 말하지 않는다.** 창세기 6:1-4의 천사 해석에 대한 반응으로 사람들은 '생각할 수도 없는' '불가능한' '말도 안 되는' 같은 단어들을 육성으로 내뱉곤 한다. 웅거(Unger)는 다음의 사실을 인정한다.

> 천사 해석에 대한 가장 강력한 반대는 영적 존재인 천사들이 사람들의 딸들을 아내로 취할 수 없다는 반대다. 많은 주장이 이 공공연한 문제를 중심으로 한다. 그러나, 적어도 순수하지 않은 타락한 천사들에 대해, 그와 같은 가능성을 부인하는 것은…인간이 소유하지 못한 타락한 천사의 성질에 대해 어느 정도 안다고…가정하는 것이다.[41]

'하나님의 아들들'의 죄가 가중한 이유는 그들이 하나님이 의도하지 않으신 바를 했고 따라서 그 죄가 의도적 반역 행위였다는 점이다. 분명히 사람과 천사는 둘 다 하나님께 순종 또는 불순종할 능력을 지닌 채로 창조되었다(창 3장에 나오는 인간의 타락과 벧후 2:4에 나오는 불순종하는 천사들의 반란에서 입증되듯이).

틀림없이 천사 해석에 대한 주요한 반대는, 천사들이 성행위를 하지 않고 따라서 인간에게 끌릴 수 없다는 믿음에서 생겨난다. 그러나 천사들에게 생식기가 없고[42] 인간과 동거할 수 없다는 주장은 성경에 나오지 않는 천사들에 대한 상급 지식에 의존한다. 마태복음 22:30(참고. 막 12:25; 눅 20:35-36)은 천사들이 결혼할 수 없다는 증거로 인용된다. 그러나 이 본문을 편견 없이 주의 깊게 읽으면, 예수님이 비유를 말씀하고 계심을 알게 될 것이다. 예수님은 출산이 아니라 관계에 대해서 말씀하고 계셨다. 그분은 부활한 그리스도인들의 관계는 이 세상의 결혼에서 경험한 관계와는 다를 것이라고 말씀하신 것이다. 그분은 부활한 그리스도인들이 남성도 여성도 아니라고 가르치신 것이 아닌 것처럼 천사들에게 성이 없다고 말씀하신 것이 아니다. 또한 그분이 타락한 천사들이 아니라 "하늘에 있는" 천사들에 대해 말씀하고 계시다는 점을 주목해야 한다.[43] 그러므로 창세기 6:2에서 아내를 취한 천사들은 하늘에 있는 천사들이 아니라 하늘을 떠난 천사들이었다(참고. 유 6절). 나아가 성경이 남자 천사들[미가엘과 가브리엘, 단 9:21에서 "그 남자 가브리엘"(the man Gabriel)이라고 불린다]과 여자 천사들(슥 5:9)에 대해 말한다는 점도 관찰되어야 한다.

많은 사람은 유다서 6절이 창세기 6:1-4에 기술된 천사들의 타락을 언급하는 것으로 이해한다. 리처드 울프(Richard Wolff)는 다음과 같이 옳게 말했다. "하늘의 천사들은 장가도 가지 않고 시집도 가지 않지만, 이 점이 타락한 천사들의 부자연스러운 관계의 가능성을 자동적으로 배제하지는 않는다."[44]

6. 본문은 천사들이 심판에서 면제된다고 진술하지 않는다. 천사 해석에 대한 다른 반대는 천사들이 여자들과 동거했는데도 인간만이 처벌받았다는 것이다. 그러나 이것은 신학적 입장이 아니라 본문에 특정 사실이 언급되지 않았다는 점에 근거한 논증이다. 창세기 내러티브는 사람에게 초점을 맞춘다. 게다가 우리에게 중요하게 보일 수도 있는 세부 사항을 생략하는 것이 성경 내러티브의 특성이다(예를 들면 출 1장에서 파라오의 이름; 엘리야의 인생 초기). 천사들이 죄가 시작되게 했기 때문에 정의로우신 하나님이 그들을 벌하시는 것이 합리적으로 보인다. 그러므로 하나님이 그들을 처벌하셨거나 처벌하실 것이라는 점을 의심할 이유는 없다. 베드로전서 3:19-20; 베드로후서 2:4-5; 유다서 6절이 창세기 6:2에서 범죄한 천사들에 대한 처벌을 구체적으로 언급하지는 않지만(많은 학자는 이 구절들이 처벌을 언급한다고 주장하기는 한다), 하나님이 그들을 처벌하셨거나 처벌하실 것이라는 점을 의심할 이유는 여전히 없다. 그들은 대홍수 속에서 인류와 더불어 처벌받았을지도 모른다. 그러나 성경 이야기의 초점은 하나님이 사람이 지은 죄에 대해 그를 처벌하신다는 것을 보여 주는 데 있다. 성경의 몇몇 구절이 사탄의 처벌에 대해 말하지만, 많은 구절은 사람들의 죄에 대한 처벌을 경고한다.

7. 천사로서의 '하나님의 아들들'은 이 내러티브가 신화적이라는 결론을 요구하지 않는다. 천사-인간 해석에 대한 복음주의자들의 또 다른 반대는 틀림없이 이 해석을 받아들이는 많은 학자가 이 이야기가 신들이 인간들에게 끌리는 고대 수메르, 아카드, 히타이트, 우가리트의 신화들과 유사점을 지니기 때문에[45] 이 전체 이야기를 신화적이라

고[46] 생각한다는 인식에 기초한다.

그러나 많은 고대 신화가 창조와 홍수 이야기를 포함해도 복음주의자들은 창조와 홍수에 대한 성경 기사들의 역사성을 거부하지 않는다. 신들에 관한 신화들이 존재하지만, 이 점이 성경에 계시된 하나님도 신화적 존재라고 결론짓도록 우리를 강요하지는 않는다. 그러므로 창세기 6:2에서 여자들과 결혼하는 천사들의 역사성이 고대 신화에 유사한 이야기들이 있다는 이유로 거부되어서는 안 된다.

8. 천사들이 여자들과 동거했다는 해석이 그들이 낳은 후손에 대한 가장 알맞은 설명을 제공한다. 6:4이 그 앞의 내용 및 뒤의 내용과 명백하게 연결되지 않는다는 점을 인정한다 하더라도, 6:4은 그 앞뒤의 내용과 연관성이 있을 것이다. 그렇지 않다면 이 구절은 부합하는 목표를 가지지 못한 요소를 삽입하는 것이다.

'네피림'(*nĕphîlîm*)의 어원에 대한 글이 많아 나와 있지만, 현재의 증거는 결론을 짓기에 충분하지 않다.[47] 그러나 그들이 "용사…고대에 명성이 있는 사람들"로 묘사된 특이한 존재들이었다는 점에는 모두가 동의한다. 만일 본문이 그들이 '하나님의 아들들'과 '사람의 딸들'이 결합한 후에 등장했다고 명백하게 진술한다면, 그들이 이 불법적 결합의 후손들임은 부인할 수 없는 결론일 것이다. 그러나 본문은 네피림이 창세기 6:2의 사건 이전과 이후 모두에 이 세상에 존재했다고 말하는 것처럼 보인다. 카수토는 네피림이 6:4 이전에 존재했음을 인정하면서도, "'당시' 이후에 이 현상이 재개되었는데 천사들 혹은 악령들이 인간과 관계를 가질 때마다 자녀를 낳았다. '그'…자녀들은 '옛날에 있던 용사들'이었다"[48]라고 덧붙인다(인용문의 성경 구절은 새번역에서 따왔다—역주).

다른 어떤 논증을 제시해도 셋-가인 해석은 창세기 6:4과 그 장의 나머지 부분과의 관계에 대해 (천사 해석만큼이나) 알려 주지 못한다.

9. **천사-인간의 동거가 그 뒤에 나오는 홍수에 의한 심판에 대한 가장 알맞은 설명이다.** 창세기 6-8장에 나오는 홍수 이야기와 6:1-4을 연결하는 분명한 진술은 없지만, 6:1-4이 홍수의 서두 역할을 하고 홍수의 이유를 제시한다고 믿을 만한 이유는 충분하다. 이 구절들은 구조적으로 그리고 주제상으로 그 뒤를 잇는 부분과 연결된다. 그 구절들에 나오는 죄는 하나님께 너무도 끔찍한 모독이어서 그에 적절한 심판은 기존 세상의 완전한 파괴뿐이었다. '경건한' 셋 후손들과 '불경건한' 가인 후손들의 결혼이 이와 같이 극심한 처벌을 가져왔는가? 한 가족을 제외하고 전 인류를 파괴하는 일을 정당하게 만들기 위해서는 그들 중 얼마나 많은 사람이 연루되었어야 할까? 분명히 하나님은 왕이 평민과 결혼했다고 해서 인류를 멸망시키지는 않으실 것이다. 반역한 천사들이 인간 여자들과 동거했다는 해석이 홍수를 야기한 흉악한 죄에 대해 다른 무엇보다도 더 나은 설명을 제공한다.[49]

결론

오랫동안 논쟁이 되어 온 구절에 대한 본 연구는 초자연적 존재-인간의 결합이라는 해석과 인간끼리만의 결합이라는 해석 둘 다 훌륭한 신앙을 가진 경건한 사람들의 지지를 받았다는 점을 보여 주었다. 만일 이 이야기를 신화가 아닌 역사적 사실로 받아들인다면 '하나님의 아들들'을 천사들로 해석하는 것은 자유주의적이지도 않고 비복음적이지도 않다. 구약성경의 다른 곳에서 '하나님의 아들들'이 천사들에 대한 기술적 용어로 사용된 점이 이 표현이 창세기 6:1-4에서도 같은 의미로 쓰였을 가능성을 높여 준다. '하나님의 아들들'에 대한 이러한 이해는 천사들의 본질에 대한 개인의 전제(성경에 의해 입증되지 않은) 때문에 거부되어서는 안 된다. 복음주의자들이 천사 해석에 대해 말하는 주된 반대는 천사들이 인간과 동거한다는 문제에 기초를 둔다. 하지만 이 반대는 마태복음 22:20에서 예수님이 하신 말씀에 대한 잘못된 해석에 근거한다는 점을 보여 주었다.

많은 질문을 대답하지 않은 채로 남겨 둔 본문의 모호성에 비추어 볼 때 그리고 이 연구에서 검토한 증거들에 근거해서, 창세기 6:2의 '하나님의 아들들'을 천사들로 해석하는 것이 존립 가능한 대안이라는 결론은 합리적이다.

존 월턴 John. H. Walton
휘튼 대학 대학원 성경 주해 석사 과정 교수

주해의 역사에서 창세기 6:1-4은 큰 좌절의 근원이었다. 이 구절이 짧고 다른 구절들과 단절되어 있기에 이 짧은 내러티브를 이해하기가 매우 어렵게 되었다. 현대 시대 내내, 본문 문맥에서 언급된 두 그룹, 즉 '하나님의 아들들'과 '사람의 딸들' 사이의 대조를 이해하는 방식에서 차이를 보이는 해석의 기본적 전통 세 가지가 존재해 왔다.

세 입장의 개관

1. **첫 번째 입장은 두 그룹 사이에서 신학적 차이를 본다.** 하나님의 아들들은 경건한 셋 후손들로 여겨지고, 반면에 사람의 딸들은 타락한 가인 혈통으로 여겨진다.[1]

2. **두 번째 입장은 두 그룹 사이에서 실체적 차이를 본다.** 하나님의 아들들은 초자연적 존재들(전통적으로 천사들)로 여겨지고, 반면에 사람의 딸들은 인간이다.[2] 이 입장은 앞의 에세이에서 지지한 입장이다.

3. **세 번째 입장은 그들 간의 차이를 사회적 차이로 본다.** 하나님의 아들들은 통치자 또는 군주로 여겨지고, 반면에 사람의 딸들은 평민이다.[3]

이 중 두 입장에는 (주목할 필요가 있는) 최근에 개정된 내용이 있다. 이 구절을 신화적 맥락에서 이해하는 많은 현대 주석가들에게서 두 번째 입장의 변형을 볼 수 있다. 일부 학자들은 신화적 면을 다신론적 견해의 흔적으로 보는 반면, 다른 학자들은 신화적 면을 성경 저자가 계획한 논증법의 일부로 이해한다. 어느 경우든 하나님의 아들들은, 그들을 천사들로 여기는 사람들의 생각과 마찬가지로, 사람의 딸들과는 실체적으로 다른 것으로 여겨진다. 그러나 이 변형에서 하나님의 아들들은 타락한 천사들이 아니라 반역한 하급 신들로 여겨진다. 그래서 예를 들면 크레일링(Kraeling)[4]과 스파이저[5]는 둘 다 그리스 신화에서 알려진 기사들, 특히 헤시오도스(Hesiod)의 『신통기』(*Theogony*)에 나오는 이야기와 연관을 짓는다. 카수토[6]와 바터(Vawter)[7]는 둘 다 (추정상) 가나안 족속의 기원과 연관을 짓는다. 베스터만은 논의의 역사를 검토한 후에 "신의 아들들"은 단지 "신들"을 의미할 뿐이라는 점에는 어떤 의심도 있을 수 없다고 결론짓는다.[8] 이 학자들은 인간의 필멸성을[9] 확증하는 것이 창세기 저자의 의도라고 여기고, 여전히 해당 본문의 범죄는 분리되도록 의도된 세계들 간의 용납 불가능한 혼합으로 이해된다.

개정된 내용 두 번째는 세 번째 입장을 기반으로 한다. 랍비들은 '엘로힘'이라는 용어가 여러 구절에서 왕족을 나타내는 데 사용되기 때문에 하나님의 아들들이 왕족의 구성원들이었다고 주장했다.[10] 메레디스 클라인은 이 문제가 단순히 의미론적 문제가 아니며 창세기 저자가 신적 왕권을 염두에 두었다고 제안한다.[11] 프랭크포트(Frankfort), 존슨(Johnson), 엥그넬(Engnell), 그리고 다른 사람들의 연구에 기초해서, 신성한 왕권 제도가 널리 받아들여졌다. 클라인은 이 왕들을 대중을 공포에 떨게 하는 폭군으로 보았다. 클라인은 해당 범죄를 일부다처제로 이해했다. 그는 창세기 4:19-24의 라멕 내러티브를 일부다처제에 연관시켜려 했다.

이 입장은 어느 정도의 인기를 얻었고 1979년에 D. J. A. 클라인즈(Clines)가 이를 다시 확장했다.[12] 클라인즈는 길가메시에 대한 묘사와 창세기 6장의 하나님의 아들들에 대한 묘사 사이의 유사성 일부에 깊은 인상을 받았다. "길가메시 서사시"에서 길가메시는 3분의 2는 신, 3분의 1은 인간으로 묘사된다. 그러나 이것은 실체적 차이가 아니고 사회적 차이는 더더구나 아닐 것이다. 이것은 그저 명목상의 문제다. 클라인즈는 이렇게 말한다.

"길가메시 서사시"에서 길가메시가 역사적 인간으로 여겨졌다는 점에는 의심할 여지가 없다. 그의 신적 혹은 반신적(半神的) 태생에 대한 믿음은 그의 중요성, 그리고 그의 칭호와 자격뿐만 아니라 그의 행위를 기록한 이야기가 고대부터 살아남은 사실을 설명해 준다. 이는 서사시인이 그를 인간, 그것도 죽을 수밖에 없는 인간 이상의 어떤 존재로 여겼음을 의미하지는 않는다.[13]

클라인즈는 이 속에서 창세기 6장을 이해할 수 있는 패러다임을 발견했다. 그는 "'하나님의 아들들'은 고대 시대의 통치자들로 간주되었고, 전통적으로 신적 혹은 반신적 태생인 것으로 여겨졌다"라고 말한다.[14] 이 경우 우리는 신화를 다루는 것이 아니다. 이것은 고대의 왕들에게 신성을 부여하는 전통이다. 즉, 이는 성경 저자가 노력을 들이지 않고 수월하게 말할 수 있는 전통의 문제일 뿐이다. 이것은 직위를 소유하고 자신이 초자연적 영역에 속한다고 주제넘게 여긴 필멸적 인간의 사례다.

하나님의 아들들을 천사들로 규정하는 전통적 형태로서의 두 번째 입장은 앞의 글에서 제시하고 옹호했다. 그렇다면 목전에 있는 첫 번째 일은 그 입장의 약점들을 보여 주는 것이다. 그다음 우리는 세 번째 입장을 변호하는 방향으로 나아간 후, 클라인과 클라인즈가 제시한 개선된 견해를 넘어 더 멀리 나아갈 것이다.

'천사들'로 규정하는 입장에 대한 검토

천사들로서의 하나님의 아들들에 대한 주된 변호는 두 가지 요점으로 구성된다. 카수토는 다음 글에서 간결하게 그 요점을 제시한다.

첫째로, 2절에 있는 '베노트 하아담'(*benoth ha'adam*)[사람의 딸들]이라는 표현은 1절(*ha'adam…ubenoth*)[**사람**이 땅 위에 번성하기 시작할 때에 그들에게서 **딸들**이 나니…]에서 이 표현이 지니는 의미와 다르게 사용되기는 불가능하다. 그리고 1절에서 분명히 인류 전체가 언급되기에, 2절에서 의도한 바가 일반적 인간이라는 점은 의심할 수가 없다. 게다가 '베네 하엘로힘'(*bene ha'elohim*)[하나님의 아들들]이 '베노트 하아담'[사람의 딸들]과 대조되게 사용되므로, 전자는 인간 영역 바깥에 있는 존재들과 관련되는 것이 분명하다. 둘째로, '베네 (하)엘로힘'[*bene (ha)'elohim*] 혹은 '베네 엘림'(*bene 'elim*)[문자적으로는 '하나님의 아들들']이 나타날 때마다[시 29:1; 89:7(개역개정에서는 89:6—역주); 욥 1:6; 2:1; 38:7; 또한 70인경 본문에 따르면 신 32:8] 천사들이 언급된다. 그러므로 우리가 다루는 본문에서 '베네 하엘로힘'이 아무런 추가 설명 없이 사용되는 것을 볼 때, 우리에게는 성경에서 이 표현이 일반적으로 가지는 의미 외의 다른 함축 의미를 이 표현에 부여할 권리가 없다.[15]

변호의 두 번째 갈래는 해석의 역사 전체를 망라하는 수많은 천사 해석의 지지자들—특히 그런 해석이 신약에 존재한다고 여긴 지지자들—을 존중하는 이들에 의해 형성되었다.[16] 우리는 먼저 본문 자료를 살피고 그다음에 해석의 역사를 숙고할 것이다.

1. '**천사들**' 관점에 대한 본문의 지지. 해석의 역사 속에서 '하나님의 아들들'이란 표현을 다루다 보면 어휘 자료의 오용 가능성에 대한 좋은 예를 보게 된다. '하나님의 아들들'이란 표현이 구약성경에 사

용될 때마다 천사들을 가리키는 것은 사실이다. 그러나 이 정보의 의미심장성은 무엇인가? 첫째, 창세기 6장에 나타나는 형태로는 이 표현이 세 번만 나타난다는 점을 언급해야 한다(욥 1:6; 2:1; 38:7). 이러한 사실은 아주 작은 어휘적 토대를 제공할 뿐이고, 이 표현의 의미론적 범위에서 배타성을 포괄적으로 진술할 만큼 충분한 것으로 간주될 수는 없다.

둘째, '천사들'이라는 의미를 지닌 표현이 수십 개 나타난다 할지라도, 의미론적 범위의 결정은 때때로 문맥 외의 자료에 의해 보완되어야 할 것이다. 이 경우 우리는 구약성경뿐 아니라 다른 고대 근동 언어들의 도처에 존재하는 'X의 아들(들)' 형태를 사용하는 수많은 다른 표현들로부터 정보를 얻을 수 있다. 이 문구 형식은 특정한 범주에 속하는 물건이나 개인을 묘사하는 데 사용되었다. 이 표현은 '귀속'을 서술한다.[17] 물론 이론적 관점에서 보면 '하나님의 아들들'이란 표현이 고대 히브리어 어법에서 천사들에 한정되었다는 견해는 여전히 가능하다는 점을 인정해야 한다. 그러나 사실상 우리가 이용할 수 있는 어휘 자료에 기초해서는 이와 같은 좁은 범위로 결론을 지을 수가 없다.

그렇다면 명확한 자료가 부족한 상황에서 '하나님의 아들들'이란 표현은 히브리어 어법에서 'X의 아들들'이라는 그룹의 정형화된 사례 중 하나로서 다루어져야 한다. 이 말은 하나님('엘로힘')의 아들들이 어떤 점에서는 '엘로힘'(이 단어는 히브리어에서 신에 대한 일종의 총칭으로 사용되며 진정한 하나님 한 분께 한정되지 않는다) 계급에 속한다는 것을 의미한다. 거짓 신들도 '엘로힘'이라고 불린다. 천사들도 '엘로힘'

의 범주에 속한다는 사실(왜냐하면 천사들은 '엘로힘'의 아들들이라고 불리기 때문에)은 어떤 초자연적 존재든 이 범주에 포함될 수 있음을 시사한다.

게다가 우리는 인간이 때때로 '엘로힘'의 범주에 포함된다는 것을 발견한다. 특별히 출애굽기 22:8-9; 시편 82:6이 이러한 경우다. 이러한 사실은 '엘로힘의 아들들'이란 용어가 모든 초자연적 존재들뿐 아니라 신의 역할로 여겨지는 역할에 관여된 사람도 포함한다는 점을 제시하는 것 같다. 그래서 왕, 재판관들, 그리고 아마도 제사장들은 이론적 관점에서 이 범주에 들 수 있을 것이다. 이 말은 물론 추측에 근거한 것이지만, 요점은 '하나님의 아들들'이라는 표현의 의미론적 범위에 대해 엄격한 제약을 가할 만한 타당한 토대가 없다는 것이다.

하나님의 아들들이 인간의 범주 밖에 있기를 요구하는, 하나님의 아들들과 사람의 딸들 사이의 대조에 관해서는 할 말이 별로 없다. 일찍이 카일은 이것은 타당하지 않은 노선의 추론이었음을 보여 주었고,[18] 다른 많은 주석가가 그를 뒤따랐다. 우리는 하나님의 아들들이 여성이기만 하면 아무나와 결혼하는 식으로 죄를 범했던, 인류 가운데 좀 더 작은 그룹의 사람들을 대표하지 말라는 법이 없다는 견해에 동의한다.

우리의 결론은, 만일 다른 적합한 혹은 선호할 만한 설명이 발견되지 않는다면 하나님의 아들들을 천사들로 이해하는 것이 본문에 대해 가능한 독법 중의 하나인 것을 인정하지만, 그렇게 이해하기를 요구하는 본문 요소는 존재하지 않는다는 것이다. 본문은 천사들로 해석할 것을 거의 요구하지 않으며 따라서 다른 선택지들과 비교 검토되어야 한다.

2. **해석의 역사로부터의 지지.** 로버트 뉴먼은 이 구절에 대한 고대 해석의 역사를 연구한 후에 현존하는 최초의 주석은(주후 1세기 이전) 하나님의 아들들을 천사들로 해석하는 것을 만장일치로 지지한다는 점을 보여 주었다.[19] 현존하는 가장 오래된 해석(70인경 혹은 에녹1서에서 발견되는)에서부터 위경(희년서, 열두 족장의 유훈), 쿰란, 필론, 요세푸스, 탈굼들, 교부들에 이르기까지 뉴먼은 천사 관점의 증거를 보여 주었다. 카수토는 여기에 일부 랍비의 지지를 덧붙인다.

> 탈무드의 언급으로 판단하면(B. Yoma 67b; B. Nidda 61a), 권위 있는 유대인 그룹들 내에서 이 구절이 가리키는 바가 사실은 천사들이었다는 견해가 이전에 있었고, 이 해석을 거부한 후에조차 그 흔적이 여전히 남아 여기저기서 우연히 그 모습을 드러냈다는 점은 분명하다.[20]

이 각각의 문헌들이 특정한 해석을 지지한다는 사실은 물론 흥미롭지만, 이것이 구속력을 가지는 것은 아니다. 이 문헌들은 1차 자료지만, 언제나 권위 있는 해석을 나타내지는 않는다. 이 인용 자료들이 우리의 연구뿐 아니라 뉴먼의 연구에서 지니는 중요성은, 창세기 6장에 대한 신약성경의 입장을 결정하려고 시도할 때(그와 같은 결정이 가능하다면) 그것들이 제공하는 배경에 있다. 뉴먼은 "신약성경이 창세기 6:1-4에 대해 초자연적 해석을 채택한다는 증거가 강력해 보인다"라고 결론 내린다.[21] 반면에, 카일은 몇 쪽 분량의 긴 각주를 사용해서 신약성경이 창세기 6장에 대한 천사 관점을 지지한다고 생각할 수 없

음을 보여 주려고 시도한다.[22]

우리가 고려해야 할 주요 구절 두 개는 베드로후서 2:4; 유다서 6절이다. 베드로는 천사들이 범한 죄에 대해 말하지만 그 죄의 세부 사항을 제시하지는 않는다. 그가 언급하는 벌은 천사들이 심판을 위해 예비된 결박/어두운 구덩이에 속박되어 있다는 것이다. 유다서에서는 벌에 대한 설명의 말이 나온다. 그들은 자신들의 영역을 지키지 않고 자신들이 있어야 할 처소를 떠났다. 또다시 어둠의 결박이 그에 대한 형벌이다.

우리가 결정해야 하는 바는 처벌받은 이 천사들이 창세기 6장 사건에 관련된 천사들인가 하는 것이다. 또 다른 대안은 이들이 사탄의 태곳적 타락에 관련된 천사들이라는 것이다. 뉴먼이 지적했듯이 베드로서와 유다서에 인용된 벌이 에녹1서에 나오는 창세기 6장에 대한 해석에서 천사들에게 부과된 벌과 같다는 것은 사실이지만,[23] 에녹1서에 이 동일한 처벌이 다른 경우에도 천사들에게 적용되었다는 내용이 있다는 점도 카일을 따라 인정해야 한다.[24]

범죄의 성질에 관해, 카일은 인간 여인들과의 결혼이 유다서에 매우 쉽게 인용될 수 있었음에도 불구하고 인용되지 않았다는 점을 지적하면서 또다시 더 강한 입장을 취하는 것처럼 보인다. 게다가 유다서가 그러하듯이 천사들에 의한 '포르네이아'(porneia: 음란-역주)에 대해 말하는 것은 창세기 6장을 서술하는 데 부적절한 것처럼 보인다. 왜냐하면 창세기 6장에서 여인들은 아내로 받아들여진 반면 '포르네이아'는 보통 혼외의 성적 행위에 대해 쓰이기 때문이다.[25]

고대의 주해에 천사 관점이 존재했다는 증거가 명확한 반면, 우리는 이 관점이 신약성경 저자들의 관점으로서 견고히 확립되었다고 생각하지는 않는다. 만일 구약성경도 신약성경도 하나님의 아들들을 천사들로 규정할 것을 요구하지 않는다면, 우리는 어떤 다른 대안들이 존재하는지 검토하기 위해 최선을 다해야 한다. 천사들로 해석하는 입장의 주된 약점은 설득력 있는 증거가 부족하다는 것이다. 고대 역사의 어느 시점에서 타락한 천사들이 인간 여성과 결혼하는 일은 분명 불가능하지는 않지만 믿기가 어렵다. 그럼에도 만일 성경이 이런 사건을 확인해 주면 우리는 분명히 그것을 진리로 받아들일 것이다. 그러나 확고한 성경 증거가 부족한 상황을 고려할 때, 그 모든 것의 신뢰성이 낮다는 점이 그 주장에 불리하게 작용한다는 점을 인정해야 한다. 하나님의 아들들의 정체를 규정하는 일에서 더 받아들일 만한 생각은 고대 근동의 왕들에게서 발견된다는 것이 나의 견해다. 잘 알려진 "길가메시 서사시"가 하나님의 아들들의 정체를 규정하는 데 가장 도움이 되는 정보를 제공한다.

왕족에 대한 패러다임으로서의 하나님의 아들들

클라인즈는 길가메시의 묘사(부분적으로는 인간이고 부분적으로는 신)가 창세기 6장의 '하나님의 아들들'이라는 명칭을 왕족과 관련 있는 것으로 이해하는 데 적합하다고 인정하는 데까지 나아갔다. 그는 비교하는 작업을 계속 진행하지는 않았다. 예를 들면 하나님의 아들들의 범죄에 대한 클라인즈의 인식을 살펴보면, 그는 일부다처제 혹은 "거대한 혼음"의 관점에서 말할 때 기본적으로 클라인과 일치한다.[26] 그러나 바로 이 지점에서 우리는 "길가메시 서사시"로 되돌아가야 한다.

"길가메시 서사시"는 단순히 하나님의 아들들을 이해하는 수단을 제공하는 것이 아니라 창세기 6장에 대한 더 큰 규모의 패러다임을 제공한다는 것이 나의 논지다. 그러나 먼저 하나님의 아들들을 이해하는 문제부터 시작하도록 하자.

1. '신의 아들'로서의 길가메시. 3분의 2는 신이고 3분의 1은 사람인 길가메시에 대한 묘사는 첫 번째 판의 2단 1행에 나타난다(이는 옛 찬가로 이루어진 도입부의 끝부분에 있다).[27] 이 묘사는 "그의 몸은 신들의 육체로 되어 있다"[28]라는 진술의 뒤를 잇는 9. 2. 14, 16에서 반복된다. 티게이(Tigay)는 "투쿨티-니누르타 서사시"(Tukulti-Ninurta epic)의 11. 16-18에서 투쿨티-니누르타에 대한 유사한 묘사를 인용한다.[29] 따라서 우리는 신성의 상속이 길가메시만의 것이 아님을 알 수 있다. 오히려 신적 혈통과 신적 특질의 요소는 "왕족의 명문(銘文)의 전형적 특징"이다.[30] 신들의 '아들'로서의 왕이라는 개념은 신격화와 연결되지 않았다[때때로 메소포타미아 왕들은 자신들을 신격화시키거나—예를 들면 슐지(Shulgi)—이후의 세대에 의해 신격화되었지만—예를 들면 길가메시—말이다].

왕은 자신이 여러 다른 신들의 아들이라고 생각할 수도 있고[참고. 함무라비 법전 서언에서의 함무라비(Hammurapi)], 한 신을 아버지와 어머니 둘 다로 여길 수도 있다[참고. 구데아(Gudea), Cylinder A. 3. 6-7]. 일부 비문에서 신적 혈통은 물리적 혈통으로 여겨지지만[에안나툼(Eannatum)은 닝기르수(Ningirsu)의 젖을 빨았다],[31] 다른 비문에서 신적 혈통은 분명히 비유다[참고. 아슈르(Asshur)와 신(Sin)의 손에 의해 어머니의 태에서 지어졌다는 앗슈르바니팔(Asshurbanipal)의 주장].[32] 어떻게 해석

또는 이해하든 신적 혈통을 주장하는 것은 왕족이 지닌 특권의 일부였다. 그리고 적어도 그 주장을 인정하는 것이 대중의 의무이자 관행이었다. 이렇게 해서 우리는 '하나님의 아들들'이라는 칭호가 왕족의 모티프로서 수월하게 인식될 수 있음을 알게 된다.

2. **거인으로서의 길가메시**. 보통 첫 번째 판의 처음 두 단에 결합되어 있는 "길가메시 서사시"의 히타이트 단편(斷片)은 길가메시의 키가 약 5미터라고 말한다. 또한 폭풍의 신이 그에게 영웅적 자질을 부여했다고 진술한다.[33] 이 서사시의 최근 판에서는 이 부분이 파편으로 존재하나, 티게이는 "이 단락이 아카드 원형에는 존재했음을 의심할 이유가 없다"라고 본다.[34] 길가메시의 키와 영웅적 특질은, '네피림'과 '깁보림'(gibbôrîm)이 포함된(4절) 창세기 6장과 병행된다. '네피림'이 유일하게 다른 곳에 나타나는 경우인 민수기 13:33에 기초해서, 대부분의 주석가들은 '네피림'이 거인들이라고 여긴다.[35] '네피림'이 '깁보림'(영웅들, 개역개정에는 "용사"로 번역되어 있다—역주)과 동일한 존재인지 아니면 단지 그들과 동시대 사람들인지에 대한 논의가 자주 있었다. 누가 '깁보림'으로 규정되어야 하는지도 분명하지 않다.

만일 우리가 하나님의 아들들이 사람의 딸들과 결혼한 일을 단 한 번 일어난 위반이 아니라 그 시대의 보편적 관행으로 본다면, '깁보림'의 범주는 아버지들과 그들에게 태어난 아들들('네피림'뿐만 아니라)을 포함할 것이다. 여기서도 길가메시가 패러다임을 제공한다. 다른 고대 왕들과 더불어 그는 '카르라두'(qarrādu)였고 '깁보르'(gibbôr) 즉 고대의 강력한 사람들 중 하나였다.[36] '네피림'이 거인이라면 길가메시도 그 범주에 들 자격이 있다.

3. **사람의 딸들과 결혼한 길가메시.** "길가메시 서사시"의 초기 서술은 그가 지배한 백성인 우룩(Uruk) 주민들을 억압한 일에 대해서 이야기한다.[37] 27-28행은 특별히 관심을 끈다. "길가메시는 그 젊은 여자를 [   ]에게 석방하지 않는다. 그 전사의 딸, 그 [남자의] 배우자를."[38] 대부분의 학자들은 원문의 누락 부분을 복원해서 "그녀의 연인"이라고 읽는다. 티게이는 "그녀의 어머니"로 복원하는 것을 선호하지만 말이다.[39] 적절한 복원이 무엇이든 적어도 길가메시가 어떤 이유로 여성들을 억류했다는 점은 분명하다. 이 구절의 의미는 모호하며 그림의 빈 곳을 채우기 위해서는 다른 부분과 함께 생각할 필요가 있다.

엔키두(Enkidu)가 문명의 품격을 배운 후에 우룩으로 들어올 때, 길가메시는 혼실(婚室)의 문턱에 서 있었다. 그리고 바로 거기에서 길가메시와 엔키두의 싸움이 일어난다. 혼실에 있는 길가메시의 의도가 고대 바빌로니아 판에서 발견된 진술에서 분명하게 드러난다.[40] 이 진술은 엔키두가 우룩에 들어가기 전에 들은 길가메시에 대한 설명이다. "그는 약혼한 신부와 잠자리를 같이한다. 그가 먼저고 남편은 그 다음이다."[41] 이 진술에 기초해서, 길가메시가 여자들을 억압한 주요 요소 중 하나는 그의 '유스 프리마이 노크티스'(*jus primae noctis*, '초야법')이라고 주장할 수 있다.[42] 이 법에서 왕인 길가메시는 갓 결혼한 처녀와 잠자리를 같이할 첫 번째 사람이 될 수 있는 선택권을 가진다.[43]

만약 창세기 6장이 이런 유형의 범죄를 다루는 것이라면, 우리는 분명히 표출된 신적 분노를 이해할 수 있다. 이 범죄는 라멕의 일부다처제보다 훨씬 더 악하다. 일부다처제는 결코 6장에서 매우 크게 나타날 정도로 나쁜 범죄처럼 보이지 않는다. 반면에 단순한 혼음은 본문의 언어에 들어맞지 않는 것처럼 보인다. '라카흐 나쉼'(lāqaḥ nāšîm, '아내를 취하다')이라는 히브리어 조합은 성적 행위가 아닌 결혼에 대해서만 사용된다. 그렇다면 "길가메시 서사시"에서 엔키두와 마주쳤을 때 그가 혼실에 들어가고 있었다는 사실은 의미심장하다. 그는 아내들을 취하고 있었던 것이다. 마찬가지로 "자기들이 좋아하는 모든 여자"라는 말로 표현된 상황은 창세기 6장에 잘 들어맞는다. 왜냐하면 '유스 프리마이 노크티스'의 관행에서 이것은 왕의 선택권이었기 때문이다. 즉 왕은 자신이 좋아하는 어떤 신부든 취할 수 있었다.

4. **길가메시와 생자필멸**(生者必滅)**의 한계**. "길가메시 서사시"는 이 영웅의 불멸의 추구를 중심으로 구성되었다. 클라인즈는 각주에서 창세기 6:3과의 이러한 유사성을 관찰했다.

> 자신들의 기대 수명이 크게 줄어든 것을 알게 된 '하나님의 아들들'처럼 길가메시는 "그 또한 육체이기에"…죽음의 생각에 압박을 받고 불멸을 추구하지만 결국 불멸은 그를 피해 간다는 점도 의미 있을 것이다.[44]

우리는 길가메시가 불멸에 집착한 점이 길가메시만의 특징이라고 생각해서는 안 된다. 이 서사시의 주요한 주제인 불멸에 대한 집착은 이 시사시가 계속 인기를 누리고 어디에서나 보존되는 이유를 설명해 준다. 길가메시는 삶과 죽음에 관한 답을 얻고자 하는 모든 사람의 추구를 형상화한다. 그러나 그는 왕들의 좌절을 훨씬 강렬하게 보여 준다. 왕들은 지상에서 가장 높은 권력을 성취하지만 인간의 공통된 운명과 수모에 매여 있다. 이러한 사실이 왕들에게 안겨 주는 특별한 좌절감이 이사야 14장에서 바빌론 왕에 반대하는 성경의 신탁에 반영된 것을 볼 수 있다.

그러므로 불멸은, 인간의 공통된 관심사이긴 하지만, 특별히 왕들의 관심사다. 이 점은 고대 근동 도처에서 왕들이 이런저런 방식으로 불멸을 손에 넣으려고 했던 다양하고도 많은 사례에서 발견할 수 있다. "길가메시 서사시"와 창세기 6장에는 죽음의 한계가 제거될 수도 있다는 희망을 품거나 기대할 이유가 있는 개인들이 공통적으로 등장한다. 창세기 6:3에서 정확한 의미는 '야돈'(yâdôn)[45]과 '베샤감'(bĕšaggām)[46]의 번역을 둘러싼 불확실성 때문에 정밀하게 혹은 확실하게 결정될 수 없다. 그러나 일반적 의미에 대한 합의는 이루어졌고 "길가메시 서사시"와의 유사성을 입증한다.

결론

나는 창세기 6:1-4의 각 요소가 "길가메시 서사시"와 (아무리 희미하다 할지라도) 어느 정도 유사점을 지닌다는 점을 다음과 같이 보여 주고자 했다. (1) 길가메시는 명목상 '신의 아들'로서의 자격을 가진다. (2) 고대 영웅으로서 그는 '깁보림'이라는 성경적 범주를 전형적으로 보여 준다. 그리고 거인으로서 그는 '네피림'의 하나가 될 자격을 가진다(만일 '네피림'에 대한 그런 이해가 정확하다면).[47] (3) '유스 프리마이 노크티스'의 행사를 통해 길가메시는 아내를 취하는데(자신이 원하는 누구든), "길가메시 서사시" 내에서도 이러한 행동은 그의 부당한 행위를 특징짓는다. (4) 길가메시는 불멸을 얻으려고 시도하다가 좌절한다.

그러나 이처럼 축적된 유사성들이 이 두 편의 개별 문헌이 유기적 관계를 가진다고 제시하지는 않는다. 이 둘 사이의 연관성은 너무 희미해서 그런 가정을 입증하지 못한다. 그러나 나는 또한 길가메시에게서 확인되는 특정한 요소들이 길가메시만의 것이 아님을 보여 주려 했다. 오히려 그 요소들은 고대 왕족의 전형적 모습을 보여 준다. 이 요소들은 그저 길가메시라는 인물을 중심으로 축적된 왕족의 모티프인 것이다.

그렇다면 창세기 6:1-4에 관한 의견은 우리가 여기에서 축적된 왕족 모티프들(길가메시에게서 관찰할 수 있는 것과 동일한)을 깨닫게 된다는 것, 그리고 이 모티프들이 왕권의 실패를 전형적으로 나타낸다는 것이다. 이러한 의견은 창세기 1-11장이 신이 확립한 한계로부터 벗어나려는 시도 혹은 인간의 영역과 신의 영역 사이의 경계를 부수려는 시도에 대한 논제라는 관점을 방해하지는 않을 것이다. 이 의견은 그 논제에 매우 매력적인 개선점을 추가한다. 왜냐하면 이제 우리는 개인의 범죄(아담, 가인, 라멕?)로부터 왕족의 범죄(창 6:1-4)를 지나 사회의 범죄(홍수, 바벨탑)로 나아가는 움직임을 보기 때문이다.

이것은 문학적 차용의 사례가 아니라 두 문헌이 사회의 공통 문제를 반영하는 사례다. "길가메시 서사시"는 통제할 수 없는 군주를 특징짓는 왕족 모티프들을 사용함으로써 우리가 창세기 6장에서 다루는 동일한 문제를 규정하는 데 도움을 준다.

이 해석은 고대 근동 배경이라는 맥락에서 창세기 6:1-4의 요소들을 이해한다. 물론 이 해석이 들어맞는다는 사실이 이 해석이 옳다는 의미는 아니다. 그러나 이 어려운 구절의 경우, 들어맞는 것은 무엇이든 고려할 가치가 있다.

주

YES

1. N. H. Tur-Sinai, "The Riddle of Genesis VI. 1-4", *Expository Times* 71 (August 1960), p. 348.
2. H. E. Ryle, *The Book of Genesis* (Cambridge: University Press, 1914), p. 92; R. Davidson, *Genesis 1-11* (Cambridge: University Press, 1973), p. 69.
3. G. H. Livingston, "Sons of God", in *The Zondervan Pictorial Encyclopedia of the Bible* (ed. M. C. Tenney; Grand Rapids: Zondervan, 1975), 5, p. 493.
4. A. Pieters, *Notes on Genesis* (Grand Rapids: Eerdmans, 1947), p. 116.
5. Tur-Sinai, "Riddle", p. 348.
6. D. Kidner, *Genesis* (Chicago: InterVarsity, 1967), p. 83.
7. P. S. Alexander, "The Targumim and Early Exegesis of 'Sons of God' in Genesis 6", *Journal of Jewish Studies* 23 (Spring 1972), p. 61.
8. G. von Rad, *Genesis* (Philadelphia: Westminster, 1961), p. 110.
9. J. S. Baxter, *Studies in Problem Texts* (Grand Rapids: Zondervan, 1960), p. 180.
10. Von Rad, *Genesis*, p. 110.
11. Baxter, *Studies*, p. 171.
12. L. Birney, "An Exegetical Study of Genesis 6:1-4", *Journal of the Evangelical Theological Society* 13 (Winter 1970), pp. 48, 52.
13. M. G. Kline, "Divine Kingship and Genesis 6:1-4", *Westminster Theological Journal* 24 (May 1962), p. 194.
14. H. Freedman, "The Book of Genesis", in *The Soncino Chumash* (ed. A. Cohen; London: Soncino, 1947), p. 25.
15. J. E. Shelley, "The Days Before the Flood", *Bible League Quarterly* 161 (October-December 1939), p. 94.
16. 예. G. Ch. Aalders, *Genesis* (Grand Rapids: Zondervan, 1981), 1, p. 154; Baxter,

Studies, p. 170; M. Henry, *Commentary on the Whole Bible* (New York: Revell, n.d.), 1, p. 51; C. F. Keil and F. Delitzsch, *Biblical Commentary on the Old Testament* (Grand Rapids: Eerdmans, reprint 1959), 1, pp. 127-134; H. C. Leupold, *Exposition of Genesis* (Grand Rapids: Baker, 1942), 1, p. 250; L. J. Wood, *Genesis: A Study Guide* (Grand Rapids: Zondervan, 1975), p. 44.

17. 예. J. M. Boice, *Genesis: An Expositional Commentary, Genesis 1:1-11:32* (Grand Rapids: Zondervan, 1982), 1, pp. 245-249; E. W. Bullinger, *How to Enjoy the Bible* [London: Lamp, 1955 (1907)], p. 192; A. C. Gaebelein, *The Annotated Bible, The Pentateuch* (Glasgow: Pickering and Inglis, 1913), 1, pp. 29-31; J. MacArthur, "Satan, Is He? Who Is He?" Cassette tape GC 1354 (Panorama City: Word of Grace Communications, 1975); G. H. Pember, *Earth's Earliest Ages* (15th ed.; Suffolk: G. H. Lang, 1942), p. 130; M. F. Unger, *Biblical Demonology* (Wheaton: Scripture Press, 1952), pp. 45-52.

18. R. C. Newman, "The Ancient Exegesis of Genesis 6:2, 4", *Grace Theological Journal* 5 (Spring 1984), p. 13.

19. W. A. Van Gemeren, "The Sons of God in Genesis 6:1-4 (An Example of Evangelical Demythologization?)", *Westminster Theological Journal* 43 (Spring 1981), p. 320.

20. 창 6:1-4에 관한 방대한 문헌 중에서 다음의 것들을 추가 연구를 위해 추천한다. Alexander, "Targumim", pp. 60-71; G. E. Closen, *Die Sünde der 'Söhne Gottes' (Gen 6:1-4). Ein Beitrag zur Theologie der Genesis* (Rome: Päpstliches Bibelinstitut, 1937); F. Dexinger, *Sturz der Göttersöhne; oder, Engel vor der Sintflut? Versuch eines Neuverständnisses von Genesis 6, 2-4 unter Berücksichtigung der religionsvergleichenden und exegesegeschichtlichen Methode* (Wiener Beiträge zur Theologie 13; Wien: Herder, 1966); Newman, "Ancient", pp. 13-36; D. Poulet, "The Moral Causes of the Flood", *Catholic Biblical Quarterly* 4 (October 1942), pp. 293-303; C. Westermann, *Genesis 1-11: A Commentary* (Minneapolis: Augsburg, 1984), pp. 365-372; L. R. Wickham, "The Sons of God and the Daughters of Men: Genesis vi 2 in Early Christian Exegesis", in *Language and Meaning: Studies in Hebrew Language and Biblical Exegesis* (Leiden: Brill, 1974), pp. 135-147; P. L. Williams, *Who*

Were the Giants? (Houston: private printing, 1982).
21. R. H. Charles, trans., *The Book of Enoch* (Oxford: Clarendon, 1912), pp. 13-26. P. D. Hanson, "Rebellion in Heaven, Azazel, and Euhemeristic Heroes in I Enoch 6-11", *Journal of Biblical Literature* 96 (June 1977), pp. 195-233는 창 6:1-4과 에녹1서 6-11장의 유사점을 논한다.
22. Alexander, "Targumim", p. 60.
23. *The Book of Jubilees* (ed. R. H. Charles; London: A. and C. Black, 1902).
24. Newman, "Ancient", p. 18.
25. J. A. Fitzmyer, *The Genesis Apocryphon of Qumran Cave 1: A Commentary* (Rome: Pontifical Biblical Institute, 1966), pp. 43-45; 참고. Newman, "Ancient", p. 19.
26. 참고. Newman, "Ancient", pp. 15-16; Wickham, "Sons", p. 139; U. Cassuto, *Biblical and Oriental Studies, Bible* (Jerusalem: Magnes, 1973), 1, p. 17에 나오는 언급들.
27. Philo의 이 해석은 그의 입장이 언제나 분명하지는 않기 때문에 도전을 받아 왔다. 참고. Newman, "Ancient", 19-20; D. Winston and J. Dillon, *Two Treatises of Philo of Alexandria. A Commentary on De Gigantibus and Quod Deus Sit Immutabilis* (Chico: Scholars, 1983).
28. F. Josephus, *Jewish Antiquities* (Cambridge: Harvard University, 1934), vol. 4. 참고. W. Whiston, trans., *The Works of Flavius Josephus* (London: Henry G. Bohn, 1847), 1, p. 49.
29. 이 교부들의 '하나님의 아들들'의 해석이 담긴 저술들의 정확한 인용문을 보려면 Newman, "Ancient", pp. 21-22; Poulet, "Moral", p. 295를 보라.
30. Alexander, "Targumim", p. 68.
31. Wickham, "Sons", pp. 138-139.
32. J. J. Davis, *Paradise to Prison: Studies in Genesis* (Grand Rapids: Baker, 1975), p. 114.
33. Newman, "Ancient", p. 36.
34. W. F. Albright, *The Biblical Period from Abraham to Ezra* (New York: Harper, 1963), p. 45; E. G. Kraeling, "The Significance and Origin of Gen. 6:1-4", *Journal of Near Eastern Studies* 6 (October 1947), p. 197; Kline, "Divine", p.

188 n. 7.
35. B. S. Childs, *Myth and Reality in the Old Testament* (London: SCM, 1960), p. 51; 참고. Davis, *Paradise*, p. 113.
36. W. H. Green, "The Sons of God and the Daughters of Men", *Presbyterian and Reformed Review* 5 (October 1894), p. 656; 참고. J. Murray, *Principles of Conduct: Aspects of Biblical Ethics* (Grand Rapids: Eerdmans, 1957), p. 246; Poulet, "Moral", p. 300. Birney, "Exegetical", p. 46는 "'하나님의 아들들'이라는 정확한 용어가 위의 구절들에는 나타나지 않는다는 사실에 의해 논증이 약화된다"는 것을 인정한다.
37. 특별히 Kline, "Divine", pp. 187-204가 지지하는 견해; D. J. A. Clines, "The Significance of the 'Sons of God' Episode (Gen. 6:1-4) in the Context of 'Primeval History' (Gen. 1-1)", *Journal for the Study of the Old Testament* 13 (1979), pp. 33-46. 이 해석에 대한 반박을 보려면 Van Gemeren, "Sons", pp. 339-343를 보라.
38. Van Gemeren, "Sons", p. 342.
39. Boice, *Genesis*, p. 246.
40. 이 문제에 대한 훌륭한 논의를 보려면 Cassuto, *Biblical*, p. 19를 보라.
41. Unger, *Biblical*, p. 50.
42. Baxter, *Studies*, p. 152.
43. Boice, *Genesis*, p. 248는 동의한다.
44. R. Wolff, *General Epistles of James and Jude* (Wheaton: Tyndale House, 1969) 99.
45. Childs, *Myth*, p. 56.
46. W. Brueggemann은 *Genesis* (Atlanta: John Knox, 1982), p. 70에서 이 이야기가 "고대 근동의 공통된 신화 전통에 속한다"고 말한다. Childs는 *Myth*, p. 56에서 이 이야기를 "이교 신화에서 온 외래적 요소"라고 부른다. J. Skinner, *A Critical and Exegetical Commentary on Genesis* (2nd ed.; Edinburgh: T. and T. Clark, 1930), p. 140에서는 이 이야기가 "기원 신화의 종류에 해당된다"고 말한다. E. A. Speiser, *Genesis* (Garden City: Doubleday, 1964), p. 45에서는 이 이야기를 "노골적인 신화"라고 서술한다. Westermann, *Genesis 1-11*, p. 369에서는 이 이야기를 "신화"라고 부른다. 이 구절의 의도가 이교도 전설을 반박하기 위한 것이라고 주장한 Cassuto,

Biblical, p. 28를 참고하라.
47. Poulet, "Moral", p. 302에서는 '네피림'에 대해 제안한 다양한 근원에 대해 논의한다. 이 단어는 '쓰러지다', '습격하다'(따라서 폭력적이다), '파괴자', '키가 크다', '재판자', '중재하다/기도하다'에서 취해졌다. 어원은 분명하지 않지만, 이 단어가 '거인들'을 의미한다는 점은 이 단어가 구약성경의 다른 곳에서 유일하게 사용된 경우인 민 13:33의 용법으로부터 분명해진다.
48. Cassuto, *Biblical*, p. 27.
49. 창 6:1-4과 뒤에 나오는 홍수 내러티브 사이의 관계에 대한 훌륭한 변호를 보려면 Van Gemeren, "Sons", pp. 327-330를 보라.

NO

1. 많은 교부들과 Keil, Aalders, Leopold 같은 현대 주석가들이 이 견해를 지지했다.
2. 대부분의 현대 주석가들이 이 견해를 약간 변형시켜 지지한다. 하나님의 아들들은 천사로서가 아니라 낮은 계층의 신들로서 물질적으로 구분된다(참고. Cassuto, von Rad, Skinner, Speiser, Vawter, Westermann). 천사로 규정하는 것은 일찍이 에녹 1서 6장, Philo, Josephus 등 고대에 지지되었다.
3. 이 견해는 초기 유대 해석(Targum Onkelos와 *Bereshith Rabbah* 26:5 같은)과 중세 주석가들(예를 들어 Rashi와 Nachmanides)에게서 나타난다. 이 견해를 지지하는 현대 유대인 주석가가 간혹 있다(예. Jacob).
4. E. G. Kraeling, "The Significance and Origin of Genesis 6:1-4", *Journal of Near Eastern Studies* 6 (1947), pp. 193-208.
5. E. A. Speiser, *Genesis* (New York: Doubleday, 1964), pp. 45-46.
6. U. Cassuto, "The Episode of the Sons of God and the Daughters of Man", *Biblical and Oriental Studies* (Jerusalem: Magnes, 1973), pp. 21-22.
7. B. Vawter, *On Genesis* (New York: Doubleday, 1977), p. 112.
8. C. Westermann, *Genesis 1-11* (Minneapolis: Augsburg, 1984), pp. 371-372.
9. 예를 들어, Vawter는 신적 열망이 신성한 결혼 안에 반영되어 있다고 본다.
10. 참고. 출. 21:6; 22:8, 9, 28.
11. M. Kline, "Divine Kingship and Genesis 6:1-4", *Westminster Theological Journal* 24 (1962), pp. 187-204.
12. D. J. A. Clines, "The Significance of the 'Sons of God' Episode (Gen. 6:1-4) in

the Context of the 'Primeval History' (Gen. 1-11)", *Journal for the Study of the Old Testament* 13 (1979), pp. 33-46.
13. 같은 책, p. 35.
14. 같은 책.
15. Cassuto, *Biblical*, p. 19.
16. R. C. Newman, "The Ancient Exegesis of Genesis 6:2, 4", *Grace Theological Journal* 5 (1984), pp. 13-36.
17. H. Haag, *Theological Dictionary of the Old Testament*, 2, pp. 150-153.
18. C. F. Keil, *Commentary on the Old Testament*, 1, pp. 130-131.
19. Newman, "Ancient", pp. 13-36.
20. Cassuto, *Biblical*, p. 20.
21. Newman, "Ancient", p. 31.
22. Keil, *Commentary*, pp. 132-135 n. 1.
23. Newman, "Ancient", p. 28.
24. Keil, *Commentary*, p. 134. 특히 에녹1서 21장; 54:3-6을 보라.
25. 같은 책, p. 135.
26. Clines, "Significance", p. 36.
27. 아카드어 본문: *šit-tin-šú DINGIR-ma šul-lul-ta-šú a-me-lu-tu*.
28. 아카드어 본문: *šēr DINGIR.MEŠ zumuršu*.
29. J. Tigay, *The Evolution of the Gilgamesh Epic* (Philadelphia: University of Pennsylvania, 1983), p. 153. 이 논문에 사용된 본문과 번역은 Tigay의 책에서 가져왔다.
30. 같은 책, p. 156 n. 67. 그가 증거를 다룬 앞 면들이 이를 지지한다.
31. 소위 Vulture Stela로부터. T. Jacobsen, "The Concept of Divine Parentage of the Ruler in the Stela of the Vultures", *Journal of Near Eastern Studies* 2 (1943), pp. 119-121를 보라.
32. H. Frankfort, *Kingship and the Gods* (Chicago: University Press, 1948), pp. 300-301.
33. UR.SAĜ = *qarrādu*.
34. Tigay, *Evolution*, p. 153.
35. 이것은 70인경의 해석인 *gigantes*를 따른 것이다. Keil은 이 해석에 이의를 제기한다.

이렇게 해석해야 할 증거가 전혀 강력하지 않다는 점을 인정해야 한다.
36. 참고. Westermann, *Genesis 1-11*, p. 378.
37. 1.2.6-30.
38. 아카드어 본문: ul ú-maš-šar ^{d}GIŠ.GIN.MAŠ SAL.KAL.TUR *a-na [ ]ma-rat qu-ra-di ḫi-rat e[ṭ-l]i*.
39. Tigay, *Evolution*, p. 183. 참고. p. 265 note on 2.16.
40. Gilg. P, 4.32-34; Tigay, *Evolution*, p. 182를 보라.
41. 아카드어 본문: *aššat šîmātim iraḫḫi šū panānumma mūtum warkānu*. 참고. Tigay, *Evolution*, p. 182.
42. 같은 책, pp. 182-184.
43. Tigay가 언급했듯이, 이 관행에 대한 고대의 증거는 전혀 없는 것은 아니지만 희박하다. 그가 몇몇 랍비 자료뿐 아니라 Herodotus 4.168을 인용하는 *Evolution*, p. 182 n. 15를 참고하라. 분명 더 이전의 증거가 선호되겠지만, "길가메시 서사시"의 이 본문의 경우는 모호함이 없다.
44. Clines, "Significance", p. 44 n. 18.
45. Westermann은 여섯 개의 다른 선택지를 조사한 후 이 모든 선택지가 단지 추측일 뿐이라는 점을 확인한다. *Genesis 1-11*, p. 375.
46. 같은 책, pp. 375-376.
47. '네피림'에 관한 새로운 제안을 보려면 A. Kilmer, "The Mesopotamian Counterparts to the Biblical *Nĕphîlîm*", in the Francis I. Andersen *Festschrift* (Winona Lake: Eisenbrauns, 1986)를 보라. '네피림'과 고대 메소포타미아의 현인인 '아프칼루'(*apkallū*)의 상관관계에 대한 Kilmer의 제안은 흥미롭다(비록 그녀도 인정하듯이 추측이긴 하지만).

10
노아의 홍수는
전 지구를 덮었는가?

YES | **스티븐 오스틴** Steven A. Austin
NO | **도널드 보드먼** Donald. C. Boardman

YES

스티븐 오스틴 Steven A. Austin
창조연구소 대학원 지질학과장

성경의 증거

노아 홍수의 지리적 범위 문제에 대해 창세기는 단순하지만 심오한 답을 준다. "온 지면에 물이 있으므로"(8:9). "온 지면"(7:3; 8:9)으로 번역된 히브리어 표현은, 화자가 알고 있던 지역의 지면만으로 구성되었을 수도 있다(홍수 기사 외의 창세기 본문에서 그저 일반적 의미로 네 번 쓰였다는 사실을 제외하면). 그리하여 하나님은 우리 인간에게 "온 지면의 씨 맺는 모든 채소"(1:29)를 먹을 수 있는 권한을 주셨다. 이 채소는 특정 지역뿐만 아니라 지구 어느 곳에서나 자란 곡물을 포함한다. 홍수 직후에 바벨탑에서 일어난 언어의 혼동도 마찬가지다. "여호와께서 거기서 온 땅의 언어를 혼잡하게 하셨음이니라"(11:9; 참고. 11:4, 8). 모든 대륙의 민족들의 다양한 언어가 하나님이 목적하신 바가 이루어졌음을 보여 준다. "온 지면에 물이 있으므로"(8:9)라는 진술이 지구의 전 지면이 아닌 무언가를 의미한다고 생각해야만 할까?

노아 홍수가 전 세계적이었다는 점은 창세기 7:19의 히브리어 구문에서 명확하게 나타난다. 이 구절은 "땅에 물이 크게 불어나서, 온 하늘 아래에 있는 모든 높은 산들이 물에 잠겼다"(새번역)라고 말한다. "모든 높은 산들"은 화자의 지리적 지식 안에 있는 산들로만 구성되는 것으로도 이해할 수 있기 때문에, 히브리 저자는 "온 하늘 아래에"라는 표현을 덧붙임으로써 모든 모호함을 제거한다. "온 하늘 아래에"라는 히브리어 표현은 구약성경에 여섯 번 더 나오는데, 각각 전 세계적이라는 의미로 사용된다.[1] 이 표현은 하나님의 편재("이는 그가 땅끝까지 감찰하시며 온 천하를 살피시며", 욥 28:24)와 주권("온 천하에 있는 것이 다 내 것이니라", 욥 41:11)을 보여 주는 데 사용된다. 구약의 하나님은 이스라엘 민족의 경계 안에 있는 것만을 살피시고 소유하신 것이 아니다. 그분은 지구 전체를 살피시고 그 모든 것을 소유하신다. 노아 홍수를 묘사하는 데 동일한 용어가 사용되기 때문에 노아 홍수는 지리적으로 제한될 수 없고 전 세계적이어야만 한다.[2]

노아 홍수의 지질학적 원인도 이 재난의 전 세계적 성격을 변론한다. "큰 깊음의 샘들이 터지며"(7:11)라는 표현은 해저의 일반적 대격변을 가리킨다. "큰 깊음"이란 정형화된 합성 명사는, 큰 바다와 대양의 의미를 보여 주는 이사야 51:10을 포함해서 히브리어 구약성경에 네 번 나타난다. 히브리어 동사 '터지다'는 구약성경의 다른 곳(슥 14:4; 민 16:31; 삿 15:19; 미 1:4)에서 지각의 단층 작용과 균열의 지질학적 과정을 묘사하는 데 사용된다. 해저의 샘 하나만 땅이 갈라지며 나온 것이 아니라 '모든' 샘이 터졌다("땅속 깊은 곳에서 큰 샘들이 모두 터지고", 새번역-역주). 이것은 지리적으로 제한되지 않은 대재난을 시사한다.

1883년 인도네시아의 화산섬 크라카토아(Krakatoa)의 해저 폭발은 노아 홍수의 강력한 물리적 원인인 "큰 깊음의 샘들"에 대한 통찰을 제공한다. 크라카토아의 분출은 해저로부터 물질을 움직여서 해수를 이동시켜 자바와 수마트라의 해안 지역을 해발 39미터까지 침수시켰다. 이 파도는 해안으로부터 9.6킬로미터나 침투해서, 295개 마을과 도시를 파괴했고, 36,000명 이상을 사망하게 했으며, 연안에 있던 배 5,000척을 파괴했다. 증기선 베로우호(Berouw)는 항구 계선장에서 밧줄이 끊겨 바다로부터 2.4킬로미터 내륙에 있는 강 계곡으로 옮겨졌다. 배는 똑바로 서 있었고 거의 손상되지 않은 상태였다. 대해를 가로질러 약 시속 64킬로미터의 속도로 이동한 이 파도는 남아프리카(8,000킬로미터 떨어진)와 알래스카(9,600킬로미터 떨어진), 캘리포니아(12,800킬로미터 떨어진)와 영국해협(17,600킬로미터 떨어진)에 있는 검조기에서 기록되었다.

놀랍게도 크라카토아 해파(海波)에 가장 가까이 있던 생존자들은 화산에서 48킬로미터 내의 원양을 떠돌던 배에 있었다. 화산에 가까이 있던 원양의 파도는 높이가 1미터를 넘지 않았고 마루와 골 사이가 매우 멀어 원양의 배에 있던 사람들이 분간하기는 어려웠다. 영국 군함 찰스 밸호(HMS Charles Bal) 선장의 항해 일지는 선원들이 인지할 만큼 배가 해수면으로부터 움직이지는 않았지만 그들이 있던 곳에서 가까운 대양이 버튼섬(Button Island) 높이만큼 솟아올랐다고 서술한다.[3] 후에 이 파도들이 자바 해안을 강타한 것이 관찰되었다.

크라카토아에 의한 해저의 주요 이동은 단지 몇 초간 지속되었지만 전 세계에서 탐지된 엄청난 파도를 일으켰다. 노아 홍수 동안에 "큰 깊음의 샘들"이 터졌을 때는 물살이 얼마나 더 맹렬했을까? 이 샘들은 해저의 (단지 한 곳이 아닌) 수많은 지역에서 터져 (단 몇 초가 아닌) 150일 동안(7:11과 8:2-3을 비교하라) 교란이 지속되었다.

노아 홍수를 발생시킨 해저 에너지 충격의 작동 원리를 상정하는 일은 불가능하다. 우리는 해저의 많은 샘이 터져 버린 대양으로 사면이 둘러싸인 대륙을 상상할 수 있다. 많은 에너지 점원(點源)에 의해 발생한 파도들이 사면에서 이 대륙에 부딪혔을 것이고, 대양의 강력한 교란이 유지되는 동안 바닷물은 계속 육지 너머로 솟아올랐을 것이다. 바닷물이 대륙 위로 솟아오른 만큼 대양의 해수면은 대륙이 완전히 침수될 때까지 낮아졌을 것이다. 홍수가 최고 수위를 유지하는 동안, 대륙을 덮은 물의 고도는 대양 분지의 물보다 수백 미터 더 높았을 것이다. 이 상태는 해저를 향해 가해진 에너지 충격으로 발생한 중력에 의해 유지되었을 것이다. 크라카토아 해파와 해안 지역의 허리케인 폭풍 해일은 물이 대륙 지역 위로 차오를 수 있다는 것을 축소된 규모로 보여 준다. 현재 대양의 체적은 해수면 위쪽 대륙 체적의 36배이므로, 한 대륙만이 아니라 모든 대륙을 덮기에 충분한 물이 존재했다.[4]

방주가 표류한 방향과 결국 뭍에 닿은 장소를 고려하면 홍수가 미친 지리적 범위가 엄청나게 컸어야 한다. 49일 동안의 폭풍우와 계속된 해저의 격변을 겪으며 150일 동안 표류한 끝에 방주는 "아라랏산맥"에 머무르게 되었다(8:4, KJV). 아시리아의 비문은 아라랏을 산악 왕국 우라르투(Urartu)와 연결한다. 우라르투는 터키 동부의 아르메니아고원에 위치한다. 이곳은 유프라테스강의 원류로 해발 고도가 평균 1.8킬로미터다. 비록 창세기 본문이 방주가 아라랏산(Mount Ararat, 5,151미터의 화산)에 얹혔다고 명시하지는 않지만, 본문을 고려하면 방주는 그 산악 지역에 닿았어야 한다.

만일 방주를 그 자리에 둔 아라랏 지역의 물이 (깊이가 유사한 인근 지역의 물로 둘러싸인 것이 아니라) 국지적 홍수의 빗물이 모여 고원에 차 있는 물이었다면, 방주를 나른 물은 오로지 중력의 영향을 받아 심한 홍수 때 유프라테스강의 일반적 속도인 초속 3미터의 평균 속도로 고원으로부터 흘러내렸을 것이다. 주변의 물로 둘러싸이지 않은 초속 3미터 속도로 흘러내리는 고원의 물을 가정한다면, 방주는 물에 떠 있는 150일 동안 거의 4만 킬로미터라는 믿을 수 없는 거리(지구 둘레와 같은 거리)를 표류했을 수도 있다.

그와 같은 홍수에 방주는 페르시아만의 한 해안에 도착했을 것이다. 방주가 아르메니아의 산지에 멈출 것이라고 기대하기는 어렵다. 그러나 만일 전 세계적 홍수 동안 주변의 깊은 물이 아라랏 지역의 물을 둘러싸고 지탱해 주었다면 방주가 멈춘 지점은 가장 높은 땅이었을 것이라고 예측할 수 있다. 홍수에 대한 대양 에너지 충격의 작동 원리가 옳다면 방주는 대륙의 중심을 향해 표류했을 것이다.

홍수 물이 물러가는 과정은 두 번 서술되어 있는데(창 8:3a, 5a), 대부분의 영어 성경에서 적절하게 번역되지 않은 히브리어 표현으로 King James II Version의 8:3a, 5a은 다음과 같다. "물이 땅에서 물러갔는데, 밀려왔다가 밀려가고,…물이 열째 달까지 밀려왔다 빠졌다." "밀려왔다가 밀려가고"라는 표현은 까마귀의 움직임(8:7)과 유사한 히브리어 구조를 가진다. 이 표현은 전반적 수위가 계속 낮아지면서 조수(潮水) 운동과 유사한 움직임으로 물이 들어왔다 나갔다 하는 것을 나타낸다. 물이 '밀려왔다가 밀려가는' 움직임은 홍수에 대한 대양 에너지 충격 모델을 지지한다. 왜냐하면 크라카토아가 폭발한 후에 검조기들은 며칠 동안 왔다 갔다 하는 물의 움직임을 기록했기 때문이다.

노아 홍수 동안 왔다 갔다 하는 물의 움직임은, 산들의 봉우리가 보일 만큼 물이 빠질 때까지 처음 150일 이후 74일 동안 지속되었다(8:3-5을 보라). 홍수가 단지 국지적 또는 지역적 규모였다는 생각은, 물의 활동과 홍수의 지속 기간에 대한 창세기 기사와 일치하지 않는다.

지질학적 증거

노아 홍수 정도의 규모와 지속 기간을 가지는 격변은 지각에 풍부한 증거를 남겨 놓을 것이라고 기대할 수 있다. 그러나 지질학자들은 그들이 성경의 타당성에 대해 취하는 관점과 지질학 연구를 위해 채택하는 해석의 틀에 따라 노아 홍수의 지질학적 증거의 문제를 계속 토론한다. 지난 150년 동안 대부분의 지질학자는 홍수에 대한 성경 기사에 의문을 표했고, 주류 지질학 이론에서 전 세계적 격변에 대한 고려를 배제하는 동일과정설의 철학을 채택했다. 사도 베드로는 "만물이 처음 창조될 때와 같이 그냥 있다"(벧후 3:4)라는 철학이 마지막 날에 만연해서 노아 홍수의 역사성에 반대할 것이라고 우리에게 경고했다. 사도 베드로는 노아 홍수가 지닌 세상을 변화시키는 영향력을 인식하고 지질학에 접근할 때 격변 체계를 받아들이라고 우리를 격려한다(3:5-6).

노아 홍수가 전 세계적이었음을 인정하는 격변설 지질학자들 사이에서 두 가지 견해가 우세하다. (1) 홍적층 이론(diluvium theory), (2) 홍수층 이론(flood strata theory)이다. 19세기 초의 홍적층 이론을 지지했던 윌리엄 버클랜드(William Buckland)와 조르주 퀴비에(George Cuvier)는 적어도 네 대륙에서 발견되는 지표의 자갈, 표석(漂石, boulder)과 실트층이 노아 홍수의 증거라고 제안했다. 그들은 홍적세의 동물 뼈들과 홍적층에서 발견되는 최근의 동물들(매머드, 코뿔소, 사슴, 곰, 그리고 많은 더 작은 포유류)을 그 격변의 증거로 언급했고 홍적층 밑에 있는 지층들은 노아 홍수 이전의 격변들 때문에 생긴 것이라고 주장했다.

그러나 최근에 많은 표석과 자갈 퇴적물이 물에 의한 퇴적 작용이 아니라 빙하 퇴적 작용으로 형성되었음이 밝혀져서 이 이론에 대한 도전이 제기되었다. 비판자들은, 노아 홍수의 추정 연대보다 수천 년 더 오래되었다고 하는 프랑스의 오베르뉴(Auvergne) 지역의 성긴 화산암재(火山岩滓, scoria)와 화산재가 홍수의 물에 의해 흩어졌다가 다시 퇴적된 것이 아니라고 지적했다. 게다가 메소포타미아에 대한 고고학 조사는 노아 홍수가 형성한 것으로 볼 수 있는 층을 찾아내지 못했다[레오나르도 울리(Leonard Wolley)가 우르(Ur)에서 발견한 '홍수층'(flood stratum)은 키시(Kish)에 있는 유사한 층과 대비(對比, correlation)되지 않았다].

두 번째 이론인 홍수층 이론은 동일과정설이라는 지질학의 통설에 더 대담하게 도전한다. 전통적으로 두껍게 쌓인 연속 퇴적층 다수는 수백만 년 동안 서서히 퇴적되었다고 해석되지만, 이 이론은 그러한 연속 퇴적층들이 노아 홍수 때 급속하게 축적되었다고 말한다. 홍수층 이론의 중요한 증거 세 가지는 (1) 대규모의 연성 퇴적물 변형 지형, (2) 넓게 퍼진, 격변으로 형성된 퇴적층, (3) 넓게 퍼진, 융기된 침식면이 있다.

대규모의 연성 퇴적물 변형 지형은 두꺼운 연속 지층에서 흔하다. 콜로라도주 콜로라도스프링스(Colorado Springs) 인근 로키산맥(Rocky Mountains)의 프런트레인지(Front Range) 동쪽 측면에 있는 지층에서 볼 수 있는 4,267미터의 연속 단층이 그 예다. 프런트레인지의 동쪽 측면을 형성하는 우테패스 단층(Ute Pass Fault)을 따라, 가장 낮은 퇴적층[캄브리아계에 속한 '서워치 사암'(Sawatch Sandstone), 전통적으로 6억 년이 되었다고 여겨진다]에서 나온 모래가 굳지도 않고 석화되지도 않은 상태에서 인근 바위들 속으로 주입되어 (지질학자들의 표현을 빌리면) '쇄설성 제방'(clastic dike)을 형성했다. 이 제방들의 위치와 정위(定位, orientation)는 전체 두께가 4,267미터인 지층이 형성된 후에 연성 퇴적물 변형이 발생했음을 보여 준다. 제방의 변형과 관입은 프런트레인지를 융기시킨 우테패스 단층의 이동과 연관된다['백악기'에 속한 것으로 인정되는 라라미드 조산운동(Laramide Orogeny), 전통적으로 7천만 년 전에 일어났다고 여겨진다].[5]

동일과정설 지질학자들은, 어떻게 4,267미터 두께의 지층 속에 있는 가장 낮은 퇴적 누층이 엄청나게 긴 시간(아마도 5억 년) 동안 깊이 묻혀 있었는데도 미네랄을 함유한 용액에 의해 굳어지지 않다가 마침내 단층 작용에 의해 단열(斷裂, fracture)로 주입될 수 있었는지 설명해야 하는 어려운 문제에 봉착한다. 격변설 지질학자들은 이것을 4,267미터 지층이 급속히(아마도 홍수 기간에) 축적되었다가 제대로 굳지 않은 상태일 때(아마도 홍수의 후기 단계에서) 단층 작용이 일어나 로키산맥을 형성했다는 증거로 받아들일 수 있다.

넓게 퍼진, 격변에 의해 형성된 퇴적층들도 홍수층 이론을 지지한다. 세인트피터 사암층(St. Peter Sandstone) 그리고 이와 대비되는 사암층들(전통적으로 '오르도비스계'에 속하는 것으로 여겨진다)은 버몬트주에서 캘리포니아주까지 그리고 테네시주에서 캐나다 브리티시컬럼비아주까지 미국의 22개 주를 덮고 있는 얇은 담요 같은 모래판을 형성한다.[6] 내부의 사층리는 이 모래가 수류(水流)의 작용에 의해 깊은 물에서 퇴적되었음을 나타낸다. 그러나 현대의 퇴적 환경에서 그처럼 광범위한 규모로 수중에서 모래를 퇴적시킨 경우는 찾아볼 수 없다. 친리 누층(Chinle Formation, 전통적으로 '트라이아스계'에 속하는 것으로 여겨진다)의 시나룸프 역암층(Shinarump conglomerate)은 미국 남서부 다섯 개 주의 여러 지역에 걸쳐 있는 32만 제곱킬로미터의 지대에 분포된 모래, 중력(中礫, pebble), 대력(大礫, cobble)을 포함한다. 평균 두께가 30미터 미만인 이 사암층과 역암층이 형성되기 위해서는 매우 넓은 지역에서 현대의 어떤 홍수보다도 규모가 큰 포상홍수(布狀洪水) 작용이 일어났어야 한다.

로키 산지의 모리슨 누층(Morrison Formation)도 엄청나게 광범위해서 뉴멕시코주부터 캐나다까지, 그리고 캔자스주부터 유타주까지 나타난다. 이 누층은 공룡 화석 때문에 전 세계적으로 유명하다. 모리슨 누층의 공룡 뼈대들은 관절로 연결된 경우가 종종 있는데, 그러려면 이 거대한 동물들이 급속히 묻힐 때 근육과 인대가 존재했어야 한다. 격변적 홍수 과정이 있었음을 시사하는 퇴적 누층들은 북미에만 제한되지 않고 다른 대륙에서도 나타난다.

융기된 소기복(小起伏, low-relief) 침식면은 이 세계의 다양한 곳에 나타나서 지형이 형성되는 방식에 대한 우리의 사고방식에 도전한다. 동일과정설에 따르면, 융기된 평원은 침식에 의해 파이는데, 오직 몇 백만 년 동안 침식된 후에야 잘 발달된 배수 체계를 갖추게 된다. 그러므로 융기된 소기복 지면은 동일과정 체계에서는 아주 잠깐 나타나는 특색이다. 몇몇 지질학자는 오래된 융기된 소기복 표면이 전 세계의 다양한 지역에서 많은 현대 풍경의 중요한 부분을 구성한다고 주장한다.[7] 융기된 평원의 예에는 아프리카 남부의 거대한 곤드와나 표면(Gondwana Surface), 호주 중부와 서부에 있는 다양한 평원들, 그리고 미국 남서부에 있는 콜로라도고원의 다양한 평원들이 포함된다.

이 표면들은 현대의 침식 동인들에 의해 형성되지 않았다. 그리고 이것들을 형성했을 수도 있는 느린 침식 과정을 상상하기란 매우 어렵다. 그러나 만일 노아 홍수가 넓은 대륙 영역에 걸쳐 일어났다면, 그 홍수는 (특별히 홍수가 물러갈 때) 융기된 평원의 표면 전체에 걸쳐 삭박(削剝, denudation)을 야기했을 것이다. 이 평원들 밑의 퇴적물이 완전히 굳어지지 않은 상태였을 것이기에, 물러가는 홍수 물에 의한 침식은 상당한 지형 변화를 일으켰을 것이다.

결론

노아 홍수에 대한 창세기 기사의 저자는, 홍수가 전 세계적이었다는 사실을 분명하게 전달하는 용어와 구문을 사용했다. 홍수가 "온 하늘 아래에 있는 모든 높은 산들"(7:19, 새번역)을 덮었다는 진술은 비록 화자의 지리적 경험은 제한되었더라도 홍수가 모든 곳의 산들을 덮었다는 것을 확언한다. 홍수의 물리적 원인은 해저의 샘들이 터진 것을 포함하는데, 이 과정은 전 세계에서 기록된 해파를 만들어 낸 1883년 크라카토아의 폭발과 유사한(규모는 더 크지만) 것이었다.

150일 동안 표류한 끝에 방주가 융기된 고원에 내려앉은 것은 지리적으로 엄청나게 큰 규모의 깊은 물이 여러 달 동안 아라랏 산지를 둘러싸고 있었음을 보여 준다. 74일 동안 물이 왔다 갔다 하면서 노아 홍수가 물러가는 과정은 크라카토아 해파를 닮았으나, 노아 홍수가 더 오랫동안 지속되었다. 그리하여 노아 홍수에서 물의 활동과 홍수의 기간은 전 세계적 홍수와 완전히 일치하며 그 홍수의 범위가 전 세계적이었다는 창세기 저자의 진술을 확증하지만, 국지적 또는 지역적 홍수와는 상충한다.

노아 홍수 정도의 규모와 기간을 지닌 격변은 풍부한 지질학적 증거를 남길 것이라고 기대된다. 지질학은 현대의 유사 사례가 부족하기 때문에 지구가 형성된 방식에 대해, 특별히 대홍수에 대해 많은 것을 배워야 한다. 현재로서는 격변설 지질학이 많은 양의 자료, 특별히 동일과정설의 이론이 무시한 신비들을 해석하는 데 성공하고 있다. 연속된 두꺼운 홍수 지층의 존재를 지지하는 주요 증거에는 (1) 대규모의 연성 퇴적물 변형 지형, (2) 넓게 퍼진, 격변으로 형성된 퇴적층, (3) 넓게 퍼진, 융기된 침식면이 있다.

도널드 보드먼 Donald. C. Boardman
휘튼 대학 (전) 지질학 명예 교수

노아 홍수의 범위에 대해 논쟁이 존재하는 이유를 이해하기 위해서는 과학과 성경 해석 사이의 관계의 역사를 숙고하는 것이 중요하다. 현대 과학이 교육받은 사람들의 사고에서 처음으로 하나의 요인이 되었을 때, 교회는 사고의 모든 영역에서 권위를 지녔다. 그리하여 과학의 발견에 비추어 성경을 해석하는 일에 대한 문제가 등장했을 때,

신학자들은 보통 조직화된 교회가 승인해 온 설명들을 지지했다. 이러한 상황은 많은 논쟁을 초래했다. 예를 들면, 15세기에 코페르니쿠스는 교회가 견지하던 관점과 반대로 지구가 태양 주위를 돈다고 제안해서 많은 불안을 야기했다.

많은 경우에 단순한 해석이 최선임이 입증된다. 오늘날에도 성경의 핵심인 복음은 매우 단순한 용어로 이해될 수 있다. 과학은 하나님이 어떻게 창조하셨는지 혹은 왜 죄는 십자가에 달리신 그리스도의 희생에 의해서만 지워질 수 있는지 설명할 수 없다. 그러나 시간이 지남에 따라 과학자들과 성경학자들은 많은 영역에서 성경이 과학의 도움으로 더 쉽게 이해될 수 있다는 점을 인식했다. 창세기에 기술된 홍수의 범위에 대한 고찰은 이러한 영역 중 하나로 인용될 수 있을 것이다.

노아 홍수가 국지적이고 티그리스-유프라테스강 지역의 제한된 구역을 덮었는지, 아니면 전 세계적이었는지의 문제가 우리가 성경의 역사적 정확성을 받아들이는 데 제한을 가해서는 안 된다. 이 관점들 각각의 지지자들은 홍수가 실제로 발생했고 그것이 하나님이 지구상의 죄를 벌하기 위해 행하신 기적임을 믿는다. 버나드 램이 말하는 것처럼 "이 문제는 영감의 문제가 아니라 해석의 문제다. 국지적 홍수를 믿는 사람들은 성경의 신적 영감을 믿는다. 그렇지 않다면 그들은 홍수 자체를 믿지 않을 것이다."[1]

제한된 범위의 홍수에 대한 일부 주장들은 물리학과 생물학에서 이루어진 관찰에서 나왔다. 다른 주장들은 성경 내러티브에서 사용된 단어들의 의미와 이 단어들의 맥락을 다룬다. 모든 결론은 홍수 기사의 해석을 성경 기록의 일반적 목적에 연관시켜야 한다.

지질학적 고찰

홍수를 연구하는 데 지질학의 모든 분야가 고려되어야 하지만 아마도 가장 중요한 증거들은 퇴적학(sedimentation)과 층서학(stratigraphy)에 존재할 것이다. 퇴적학은 주로 공기와 물에 의한 암석 입자들의 기원, 운반, 퇴적을 다룬다. 층서학은 지질학적 과정들에 의해 형성된 층들(영어로는 흔히 'strata' 혹은 'beds'라고 불린다)에 대한 연구다. 다양한 매개체에 의해 그리고 다른 조건에서 어떤 종류의 층들이 퇴적되었는지 이해함으로써, 지질학자는 지질 주상 단면의 각 층이 퇴적될 때의 환경의 성질에 대한 결론에 도달할 수 있다. 흐르는 물의 속도는 그 물이 들어 올려서 운반하고 퇴적할 수 있는 입자의 크기를 결정한다. 속도가 증대됨에 따라 점점 더 큰 물질이 침식되고 운반된다. 속도의 감소와 더불어 더 커다란 입자들이 먼저 퇴적된다. 변화하는 조건에 따라 각 층은 독특한 특징을 가진다. 연속된 층들에서는 조직, 물질 함량, 두께, 색상이 매우 독특해서 최초 관찰 장소로부터 상당히 먼 곳에서도 알아볼 수 있는 일부 층들이 있다.

층서학 연구는 성경의 홍수를 연구하는 데 중요하다. 왜냐하면 만일 홍수의 물이 전 지구를 덮었다면, 홍수의 시기로 연대 측정이 될 수 있는 독특한 층들이 발견되어야 하기 때문이다.

이따금 어떤 이들은 단지 1년 동안 지속된 홍수가 유의미한 퇴적물을 형성할 만큼 충분한 침식을 일으키지는 않을 것이라고 주장해 왔다. 이 주장은 국지적 홍수에 잘 들어맞을 것이다. 짧은 기간의 홍수도 엄청난 유기물과 무기물을 이동시키지만 말이다. 토양학자들은 폭풍이 농지의 침식에 끼치는 영향을 연구하면서 모든 침식의 95퍼센트가 5퍼센트의 폭풍우에 의해 생긴다는 것을 발견했다. 1972년 사우스다코타주의 래피드시티(Rapid City)에서 225명 이상의 생명을 앗아간 폭풍은 단지 몇 시간 지속되었으나, 일부 협곡들은 6미터씩 깊어졌다. 이보다 약 6년 전에 일어난 홍수도 유사한 침식을 일으켰다. 이 두 홍수 사이의 기간에는 침식이 거의 관찰되지 않았다.

물은 고도가 낮은 곳으로 흘러가기 때문에, 노아 홍수의 물이 땅에서 빠지면서 더 높은 곳들이 먼저 드러났다. 그러나 이 과정에서 (현재는 내륙 분지인) 대륙의 넓은 지역들이 제한된 크기의 수로를 통해 흘러나가야 할 물을 담고 있었다. 전 지구를 덮는 데 필요했던 엄청난 부피의 물이 흘러나가면서 그런 수로들을 매우 빠른 속도로 지나갔을 것이다. 이와 같은 내륙의 배출구와 바다 사이에는 거대한 협곡이 파였을 것이다. 하지만 지구의 거대한 협곡들을 주의 깊게 조사해 보면 그와 같은 급속한 침식의 흔적을 찾아볼 수 없다.

앞에 기술된 원리들을 더 적용하기 위해서는 지질학 및 인간의 역사와 관련해서 홍수의 시기를 결정하는 일이 필요하다. 다양한 저자들이 이 문제에 대해 깊이 생각해 왔다. 이들 모두는 홍수가 언제 일어났는지 알지 못하지만 홍적세의 마지막 빙하가 물러간 후에 일어났다는 결론에 도달한 것처럼 보인다. 미첼(Mitchell)은 "마지막 빙하 작용의 실질적 종결은 약 주전 10000년으로 추정된다. 그래서 노아와 동시대 사람들에게는 이 정도의 고대성이 부여되어야 한다"[2]라고 말한다.

영블러드(Youngblood)는 이 시기가 주전 10000-3500년 사이에 위치한다고 본다.³ 커스턴스(Custance)는 현재로부터 약 4,481년 전의 추정 연대를 제시하기 위해 앤스티(Anstey)가 번역한 히브리어 본문을 언급한다.⁴ 키드너는 자신이 "우르, 슈루팍(Shuruppak), 키시와 다른 곳에서 서로 다른 시기에 물리적 흔적을 남겼던 주전 3000년 무렵의 바빌로니아 홍수보다 수천 년 전에" 노아 홍수가 일어났다고 믿는다고 말한다. 그리고 "그러나 이것보다 더 구체적으로 밝히는 것은 추측일 뿐이다"라고 말한다.⁵

홍적세는 지질 시대 중에서 가장 최근의 시대다. 마지막 대륙 빙하는 약 12,000년 미만 전에 미국 중서부로부터 물러갔다. 이 빙하들은 북반구에서 몇 차례 전진했고, 물러날 때는 북미와 유럽의 많은 곳에서 발견할 수 있는 독특한 퇴적물들을 남겼다. 빙하 퇴적물들을 조사해 보면 이 퇴적물들이 전 세계적 홍수에 의해 침식되지 않았음이 분명해진다. 웨인 올트(Wayne Ault)는 노아 홍수와 홍적세의 빙하 작용 사이의 관계에 대해 광범위한 분석을 제공했다.⁶

지난 30년 동안 대륙 이동설이 많은 관심을 받았다. 오늘날 과학자들은 지구의 모든 대륙이 과거의 어느 시점에는 하나의 거대한 땅덩어리였다는 것을 일반적으로 받아들인다. 이 땅덩어리는 지구의 어느 곳에나 존재했을 수 있다. 연구의 편의를 위해 말하자면, 이 땅덩어리는 오늘날의 아프리카에 존재했다고 여겨진다. 모든 대륙이 함께 있을 때 홍수가 발생했다고 추정하기란 그리 어렵지 않다. 이러한 추정은 전 세계적 홍수의 개연성을 더 높여 준다. 압도적 증거에 의하면 대륙들의 이동은 매우 느렸다. 가장 활발한 지역도 한 세기당 몇 센티미터 혹은 몇십 센티미터의 속도로 움직인다.

캘리포니아주의 샌앤드레아스 단층(San Andreas fault)은 이동하는 땅덩어리에 대한 확실한 증거 중 하나다. 캘리포니아 서쪽 부분은 북서쪽으로 이동하고 있다. 그리고 이 땅덩어리가 시간이 지나면 우리가 알고 있는 북아메리카로부터 완전히 떠나게 될 것이라고 사람들은 믿는다. 사실 바하칼리포르니아는 벌써 더 큰 땅덩어리로부터 분리되었다. 캘리포니아만은 이제 캘리포니아반도와 대륙 사이에 위치한다. 사람들은 샌앤드레아스 단층을 광범위하게 조사했다. 수많은 연구 기관이 이 단층을 기꺼이 연구하고자 한다. 이 단층을 따라 많은 인구가 살기 때문에 이곳을 연구하려는 동기가 존재한다. 100년 이상 연구한 결과, 샌안드레아스 단층은 해마다 1.5-3센티미터 혹은 한 세기마다 1.5-3미터씩 움직인다는 점이 밝혀졌다.

가장 최근에 생긴 산맥은 히말라야산맥이다. 두 개의 대륙 덩어리(아시아 대륙 덩어리와 인도-파키스탄 대륙 덩어리)가 합쳐질 때 암석 물질의 대격변이 야기되었다. 여기서 이 지역의 잦은 지진이 입증하듯이 이곳에서의 이동은 비교적 빠르다. 그러나 여기에서도 산맥은 수십만 년 동안 거의 같은 고도를 유지했다.

흐르는 물에 의해서뿐만 아니라 해안선을 바꾸는 파도의 작용도 침식을 일으킨다. 어떤 유형의 암석은 매우 서서히 침식되는 반면 다른 유형의 암석(점토와 굳지 않은 화산재와 같은)은 파도에 쉽게 쓸려 나간다. 홍수의 지역적 성질을 고찰하면서 우리는 홍수가 발생했을 때 존재했던 퇴적물들을 조사해서 그 퇴적물들이 파도의 작용에 의해 어떤 영향을 받았는지 확인해야 한다. 화산재로 형성된 원추형 언덕은 전 세계적 홍수가 일어났을 개연성이 낮다는 것을 보이기 위해 수많은 저자가 인용했던 사례다. 램이 프랑스의 오베르뉴에 있는 원추형 언덕들을 언급한다.[7] 다른 많은 곳에도 홍수보다 시대적으로 앞선 유사한 원추형 언덕들이 존재한다. 애리조나주의 플래그스태프(Flagstaff) 근처에서 이와 같은 원추형 언덕 다수가 오랜 시간에 걸쳐 형성되었다. 만일 파도의 작용이나 하천 침식의 영향을 받았다면 이러한 원추형 언덕들은 쉽게 파괴될 것이다. 이 분석구(噴石丘, cinder cone)들이 파괴되지 않았다는 사실 혹은 적어도 크게 침식되지 않았다는 사실은, 또다시 이것들이 형성된 이후에 전 세계적 홍수가 없었다는 점을 나타낸다.

그래서 홍수 때의 대륙들은 그 범위와 고도가 현재 모습과 대략 비슷했을 가능성이 가장 높아 보인다. 지질학자들은 지난 수천 년 내에 전 지구를 덮었던 홍수의 증거를 찾을 수 있어야 했다. 유수 혹은 파도의 작용의 결과인 독특한 층들, 연속된 층들, 혹은 침식의 특징들이 현재까지 발견되지 않았다. 그러므로 그런 것들이 존재하지 않는다고 추정하는 편이 합리적이다.

생물학적 고찰

노아, 그의 가족, 그리고 동물들을 실었던 방주는 커다란 배였으나 그 당시 동물의 수를 고려할 때 여전히 한계를 지녔다. 커스턴스[8]는 방주의 크기에 대해 약간의 암시를 제공한다. 그는 방주가 여객선 퀸 메리호(Queen Mary) 길이(300미터)의 절반이었을 것으로 추정한다. 이 정도 크기의 배조차도 당시 존재하던 모든 종 두 마리를 수용할 수 있었을지 의심스럽다. 전 세계의 화석 증거는 홍적세 빙하기 이전 수백만 년 동안 아주 많은 동물이 존재했음을 보여 준다. 서반구에서 홍적세 동안에 빙하가 물러갈 때마다 아시아로부터 계속 이주해 온 동물들이, 지금은 베링 해협으로 덮인 지역을 건넜다는 징후가 있다. 그다음 빙하가 전진했을 때 이 동물들은 남쪽으로 이주해야 했다. 아시아로부터 그다음 동물 그룹이 이주해 오자 이전 동물 그룹은 남쪽으로 더 멀리 밀려난 것처럼 보인다. 따라서 남아메리카 남부의 동물들은 더 북쪽의 동물들과 구분될 수 있다.

북아메리카와 남아메리카의 이 동물들이 마지막 빙하의 전진 이후로 말살되었다는 증거는 없다. 일부 동물(마스토돈과 매머드 같은)은 멸종했으나 다른 동물들은 오늘날까지 존재한다. 마스토돈조차도 1만 년 미만 전부터 북미에 존재했고, 더 최근에 오늘날 인간의 조상들이 매머드를 식량으로 이용했다는 증거가 많이 있다.

제한된 공간에 모든 종 혹은 품종의 동물을 수용하는 것도 문제지만, 홍수가 지속되는 동안 몇 사람이 이 동물들을 돌보아야 하는 것은 어마어마한 문제로 보인다. 커스턴스가 말하는 것처럼 "방주에 탄 동물 무리의 규모와 그 무리에 속한 동물들의 특성은 방주의 크기뿐만 아니라 그들을 돌보아야 했을 선원의 규모를 주요 근거로 해서 결정되어야 한다."[9]

성경은 노아가 방주를 만들고 동물들을 방주에 태우기 위해 모으는 데 얼마나 걸렸는지 진술하지 않는다. 지구 구석구석의 먼 곳에서 많은 동물을 모으는 일은 상당한 시간을 요구한다. 그러므로 방주가 있던 지역의 동물들 외에 다른 동물들이 포함되었을 것 같지는 않다.

홍적세 이전부터 국지적 지역에 국한된 많은 동물이 존재한다. 만일 이 동물들(호주의 캥거루가 하나의 예다)을 메소포타미아에 있는 방주에 태웠다가 홍수 이후에 풀어 주었다면, 이 동물들이 이 세계의 다른 지역에 거주하지 않고 예전에 살던 장소로 되돌아가기는 불가능해 보인다.[10]

어떤 동물들(어류와 포유류 둘 다)은 담수와 염수를 생활 환경으로 삼는다. 연어 같은 어류는 삶의 일부분을 민물에서 보내고 바다로 이주했다가 알을 낳기 위해 민물로 되돌아온다. 다른 동물들은 바다 근처의 하구(河口)와 석호(潟湖)에서 살고 담수에서든 염수에서든 편안한 것처럼 보인다. 그러나 대부분의 유기체들은 하나의 환경에 제한되어 있다. 바다에 있는 배에는 따개비들이 붙는다. 이 따개비들을 죽이기 위해 배는 가능할 때 일정 기간 민물로 들어간다. 파나마 운하를 통과하는 배들은 선체에서 따개비들이 제거될 만큼 오랫동안 민물 구역에 있을 수 있도록 항로를 정한다고 알려져 있다.

1985년 10월에 혹등고래 한 마리가 알래스카로부터 하와이로 이주하다가 방향을 잘못 틀어서, 바다로부터 약 96킬로미터 떨어진 캘리포니아의 새크라멘토강(Sacramento River)에 도달했다. 이 혹등고래는 많은 관심을 받았다. 생물학자들은 이 고래의 두 눈과 피부가 민물에 의해 심각하게 영향을 받았기 때문에 염려했다. 사람들은 고래가 이와 같은 비정상적 환경에서는 오랜 시간 생존할 수 없다고 믿었다.

이와 같이 동물들이 살고 있는 물의 염분 조건이 중요하다는 점을 알 수 있다. 대량의 홍수 물에 어떤 미네랄 성분이 함유되었는지는 알려져 있지 않으나, 그것이 무엇이었든 자신에게 맞는 자연환경이 아닌 곳에 대한 저항력이 약한 동물들은 아마도 죽었을 것이다. 만일 홍수의 범위가 제한적이었다면, 홍수가 동물들 전반에게 해로운 영향을 끼치지는 않았을 것이다.

본문의 고찰

대대로 번역가들의 책무는 한 언어에서 다른 언어로 단어를 옮기는 일에 힘쓰면서, 원어의 의미를 표현하는 데 그들의 경험이 제공하는 가장 알맞은 단어를 사용하는 것이었다. 정확한 단어를 찾고자 원어민 조력자들을 고용하는 위클리프성경번역선교회(Wycliff Bible Translators)가 이 일을 전 세계적으로 행해 왔다. 단어에 대한 번역이 문맥, 곧 전달되는 내러티브의 의미와 일치하도록 하는 일도 필요하다. 창세기의 홍수 기사를 고찰할 때, 이 원리들을 항상 염두에 두어야 한다.

많은 성경학자는 이 문제를 해결하는 일에 착수했다. 본문이 홍수의 범위가 전 세계적이지 않았음을 나타내도록 잘 해석될 수 있다는 점을 보여 주기 위해 이들 중 몇 사람을 인용할 수 있다.

미첼[11]은 '에레츠'('ereṣ, 창 6:17; 7:17, 23)는 '땅'(earth)으로 번역되고, '샤마임'(šāmayim, 6:17; 7:19)은 '하늘'(heaven)로 번역되고, '아다마'('ădāmâ, 7:23)는 '지면'(ground)으로 번역되었다는 점을 지적한다. 그는 "'에레츠'는 '영토'(land, 예를 들어 창 10:10; 개역개정에는 'land'도 '땅'으로 번역되어 있다-역주)를 의미할 수 있고, '샤마임'은 '하늘'(sky) 혹은 지평선 내에 있는 하늘(heaven)의 보이는 부분을 의미할 수 있다(예를 들어 왕상 18:45)"라고 말한다. 그러고 나서 그는 '아다마'라는 단어의 범위의 정도는 다른 두 단어에 의해 결정된다고 추론한다. 그리하여 그 지역의 '에레츠'는 노아의 문화권에 속한 사람들의 눈에 보이는 하늘 아래에 있는 땅으로 볼 수 있다.

커스턴스는 상당히 구체적으로 단어를 번역하는 문제를 파고든다. 그도 '에레츠'의 용법을 연구했다. 그는 용어 색인을 참조해서, 이 히브리어 단어가 "창세기 6:4, 5, 6, 11, 12 등에서 '땅'으로 번역되었다. 그리고 '나라'(country)로 140회, '지면'으로 96회 번역되었다. 이 단어는 또한 '들판'(field)으로 번역되었고 매우 적은 수의 사례에서 다른 단어들로 번역되었다"[12]라고 지적한다. 그는 '에레츠'가 '땅'으로 677회 그리고 '영토'로 1,458회 번역되었다고 말한다.

커스턴스는 '에레츠'가 '땅'으로 번역된 경우보다 '영토'로 번역된 경우가 두 배 이상 많다는 사실을 고려할 때, 창세기 6:11-13은 다음과 같이 번역될 수 있다고 제시한다.[13] "그때에 온 영토가 하나님 앞에 부패해서 포악함이 영토에 가득한지라. 하나님이 보신즉 영토가 부패하였으니 이는 영토에서 모든 혈육 있는 자의 행위가 다 부패함이었더라. 하나님이 노아에게 이르시되 모든 혈육 있는 자의 포악함이 영토에 가득하므로 그 끝 날이 내 앞에 이르렀으니 내가 그들을 영토와 함께 멸하리라."

만일 '에레츠'에 대한 이 번역이 이 구절에서 사용되었다면, 홍수의 범위에 대한 논쟁은 존재하지 않을 것이다.

램[14]은 보편성을 나타내는 것처럼 보이는 단어들이 사실은 제한된 행위, 공간 혹은 시간을 말하는 데 사용된 성경의 많은 구절을 인용한다. 시편 22:17("내가 내 모든 뼈를 셀 수 있나이다"); 요한복음 4:39(사마리아 여인은 이렇게 말했다. "내가 행한 모든 것을 그가 내게 말하였다"); 마태복음 3:5(요한의 사역에 대해 "예루살렘과 온 유대와 요단강 사방에서 다 그에게 나아와"라고 말한다). 각 경우에 분명 전체성은 암시되지 않는다. 유사한 의미를 나타내는 다른 구절에는 창세기 46:56-57; 열왕기상 18:10; 신명기 2:25; 사도행전 2:5; 골로새서 1:23이 포함된다.

마지막 고찰

홍수의 범위에 관해 어떤 결론을 내리려면 두 가지를 항상 고려해야 한다. 첫째는 하나님의 이 행위가 지니는 목적(죄를 벌하기 위해서)이다. 둘째는 하나님이 땅 위의 사람들을 다루시는 방식이다. 성경 전체를 볼 때 하나님이 자신의 일을 수행할 특정한 사람들 혹은 한 그룹의 사람들을 선택하시는 것은 분명하다. 그분은 아브라함과 언약을 맺으셨다. 그리고 구약성경은 거의 전체가 하나님이 이스라엘 사람들을 다루시는 역사다. 하나님이 땅의 다른 곳에 있는 사람들을 다루시는 방식에 관한 성경의 증거는 거의 없다. 이러한 증거들에 비추어 볼 때, 노아가 속한 사회의 경우에 하나님은 지역 사회를 다루신 것이며 그분의 벌은 그 시대의 제한된 수의 사람들에게 내려졌다고 생각하는 편이 논리적일 것이다.

주

YES

1. 신 2:25; 4:19; 욥 28:24; 37:3; 41:11; 단 9:12. 신 2:25에 있는 표현은 "네 명성을 듣[는]" 사람들로 제한되는 조건이 붙어 있지만, 보편적 의미의 예외로 여겨져서는 안 된다.

2. 성경학자들은 7:19에 보편적 언어가 사용되었다는 점을 인정한다. C. F. Keil and F. Delitzsch, *Commentary on the Old Testament* (Grand Rapids: Eerdmans), 1, p. 146: "이것은 분명하게 홍수의 보편성을 나타낸다"; M. F. Unger, *Unger's Commentary on the Old Testament* (Chicago: Moody), 1, p. 42: "그야말로 세계적 홍수"; G. Archer, *Encyclopedia of Bible Difficulties* (Grand Rapids: Zondervan), p. 82: "우리는 홍수가 실로 전 세계적이었다고 결론을 내려야만 한다. 그렇지 않다면 성경 기록은 대단히 잘못된 것이다"; G. Hasel, "The Biblical View of the Extent of the Flood", *Origins*, 2, pp. 87, 78: "히브리어로 쓰인 방식이 지역적 혹은 제한된 개념을 배제한다"; J. Whitcomb and H. Morris, *The Genesis Flood* (Presbyterian and Reformed) 1: "전 세계적 홍수에 대한 가장 중요한 성경의 논증 중 하나."

3. 출판된 선장의 항해 일지를 참조하려면 S. A. Austin, *Catastrophes in Earth History: a Source Book of Geologic Evidence, Speculation and Theory* (El Cajon: Institute for Creation Research, 1984), p. 75를 보라. 크라카토아 해파에 대한 다른 서술을 보려면 T. Simkin and R. Fiske, *Krakatau 1883: The Volcanic Eruption and Its Effects* (Smithsonian Institution Press, 1983)를 보라.

4. 역동적인 전 세계적 홍수의 컴퓨터 모델을 보려면 M. E. Clark and H. D. Voss, "Computer Simulation of Large-scale Wave Motions Associated with the Genesis Flood", *Creation Research Society Quarterly* 17 (1980), pp. 28-40를 보라. 대륙 위로 솟아오르는 파도뿐만 아니라, 수직 구조력(tectonic force)이 대양 분지를 들어올리고 대륙을 내려앉게 할 수 있다. 에베레스트가 지구의 가장 최신 구조 지형(tectonic feature) 중의 하나임을 고려하면 홍수의 물이 현재 고도의 에베레스트산을 덮었어야 할 필요는 없었다.

5. J. C. Harms, "Sandstone Dikes in Relation to Laramide Faults and Stress Distribution in the Southern Front Range, Colorado", *Geological Society of America Bulletin* 76 (1965), pp. 981-1001; G. R. Scott and R. A. Wobus, "Reconnaissance Geologic Map of Colorado Springs and Vicinity, Colorado" (U.S. Geological Survey Miscellaneous Field Studies Map MF-482, 1973).

6. H. E. Wheeler, "Post-Sauk and Pre-Absaroka Paleozoic Stratigraphic Patterns in North America", *American Association of Petroleum Geologists Bulletin* 47 (1963), pp. 1497-1526.

7. C. R. Twidale, "On the Survival of Paleoforms", *American Journal of Science*

276 (1976), pp. 77-95; L. C. King, *Morphology of the Earth* (Edinburgh: Oliver and Boyd, 1960).

NO

1. B. Ramm, *The Christian View of Science and Scripture* (Grand Rapids: Eerdmans, 1954), p. 240.
2. T. C. Mitchell in *New Bible Dictionary* (ed. J. D. Douglas; Grand Rapids: Eerdmans, 1962), p. 429.
3. R. Youngblood, *How It All Began* (Ventura, Regal/GL, 1980), p. 136.
4. A. C. Custance, *The Flood: Local or Global?* (Grand Rapids: Zondervan, 1979), p. 54.
5. D. Kidner, *Genesis* (Downers Grove: InterVarsity, 1967), p. 95.
6. W. U. Ault in *Zondervan Pictorial Encyclopedia of the Bible* (ed. M. C. Tenney; Grand Rapids: Zondervan, 1975), 2, p. 551.
7. Ramm, *Christian*, p. 245.
8. Custance, *Flood*, p. 37.
9. 같은 책, p. 37.
10. Ault in *Zondervan Pictorial Encyclopedia*, p. 555.
11. Mitchell in *New Bible Dictionary*, p. 427.
12. Custance, *Flood*, p. 15.
13. 같은 책, p. 16.
14. Ramm, *Christian*, p. 241.

11

창세기 9장은
사형을 정당화하는가?

YES | **칼 헨리** Carl F. H. Henry
NO | **맬컴 리드** Malcolm A. Reid

YES

칼 헨리 Carl F. H. Henry
풀러 신학교 초대 교수 및 「크리스채너티투데이」 초대 편집장

사형에 관한 토론이 중심으로 삼는 대표적 본문은 창세기 9:6이다. "다른 사람의 피를 흘리면 그 사람의 피도 흘릴 것이니 이는 하나님이 자기 형상대로 사람을 지으셨음이니라."

성경의 다른 곳에서처럼 이곳에서의 윤리적 요구도 신학적 전제로부터 흘러나온다. 인간의 피가 흘려져서는 안 되는 이유는 사람이 하나님의 형상대로 창조되었기 때문이다(유사한 신학적 입증을 위해서는 레 17:14; 출 20:7을 참고하라). 성경 구절들은 어떤 신적 명령들의 근거를 이스라엘 구속 역사에 둔다. 게르하르트 폰라트가 주목하듯이, 이러한 근거는 이스라엘 밖의 대법전에서는 병행 사례를 찾아볼 수 없는 신학적 입증이다(예. 출 23:15; 레 23:43; 신 5:15).[1] 그러나 살인 금지는 하나님이 그분의 형상대로 사람을 창조하신 사실에 그 근거를 둔다.

바빌로니아 창조 신화와 대조되게, 창세기에는 하나님과 인간 사이의 물리적 친족 관계가 제시되지 않는다. 그러나 에드먼드 제이콥 (Edmond Jacob)이 말했듯이, 인간에게 폭력을 가하는 것은 어떤 의미에서는 하나님에게도 손을 대는 것이다(모든 인간은 그분의 형상이다).[2] 하나님의 형상을 고려할 때 인간은 침범당할 수 없는 존재여서, 사고 능력이 없는 동물이 인간을 죽이면 그 동물을 돌로 쳐서 죽여야 했고 그 고기는 먹을 수 없었다(출 21:28).

물론 모든 생명은(사람만큼이나 동물과 식물도) 창조주의 선물이다. Th. C. 프리젠(Vriezen)은 "동물의 생명은 **원래** 사람의 권한에 넘겨지

지 않았다"(참고. 창 1:29-30; 9:1이하)라고 말한다.[3] 동물이 야수에게 죽임을 당할 때에도(출 22:31; 레 17:12이하; 22:8), 하나님은 동물의 피를 지켜보신다. 동물의 도축은 모든 생명의 신적 근원에 대한 적절한 존중을 증명하기 위해 법으로 통제된다(레 11:1이하; 17:10, 12이하.). 프리젠은 창세기 창조 기사에서 식물을 하나님의 권능과 조심스럽게 연결하는 것은, 다른 무엇보다도, 모든 자연이 편재하는 초자연적 힘으로서 신적 생명을 직접 드러낸다는 가나안 신화에 대해 간접적으로 항의하기 위한 것이라고 제안한다.

그러나 인간은 분명히 '이마고 데이'(imago Dei, 하나님의 형상)를 지니고 있기 때문에 동료 인간의 피를 흘리는 것이 금지되어 있다(창 4장; 9:6; 출 20:13). 로버트 데이비슨(Robert Davidson)이 언급하듯이, 인간의 경우에는 "하나님의 선물로서의 생명이…생명의 신성함을 보증한다는 사실뿐만 아니라" 하나님의 형상이 의미하는 "하나님과 맺는 특별한 관계"도 그 이유에 포함된다.[4]

인간이 (심지어 타락 후에도, 홍수 후에도, 그리고 인류의 계속되는 죄성에도 불구하고) 하나님의 형상을 적어도 그 전체를 다 잃어버린 것은 아니라는 창세기 9:6의 주장은 여기서 검토하는 하나님과의 닮음이 단지 인간의 도덕적 순응이 아니라는 점을 시사한다. 오히려 창세기 9:6은 생명의 창조주이신 하나님과의 특별한 관계를 묘사한다. 이 관계는 인간이 동물계 및 식물계와 영원히 구분되는 지점이다.

포괄적 내용을 다루는 창세기의 처음 여덟 장에서 우리는 하나님의 형상대로 지어지고(1:26), 금지된 열매를 따서 피조물의 지위를 넘어서기를 불순종의 마음으로 열망하고, 사탄의 힘 앞에 무너지고, 죽음의 포로가 되는 사람의 모습을 본다. 아담과 하와의 자손은 하나님이 자기 형제를 인정하신 것을 시기해서 그를 죽인다. 가인은 자신이 죽어 마땅하다는 것을 아는 듯이 보이며 누구든 자신을 발견하는 사람의 손에 죽게 될까 봐 두려워한다(4:14-15). 폴 하이니시(Paul Heinisch)는, 살인의 범죄적 성격이 처음부터 분명했음이 틀림없지만 하나님은 홍수 이후까지 사형을 부과하지 않으셨다고 확신한다.[5]

여호와 하나님은 가인을 그분의 면전에서 추방하시나, 범죄한 살인자의 생명조차도 가치 있음을 강조하기 위해 그를 보복으로부터 보호하신다. 인간 생명의 신성함은 너무도 근본적이어서 후에 하나님은 살인자를 죽이라고 명령하신다. 하나님은 계속되는 폭력을 보시고 그분의 절대적 주권의 보호 아래 인간을 두시지만 동시에 인간에게 살인에 대한 보복의 의무를 부과하신다.

창세기 9:6은 범죄자의 생명을 어떻게 혹은 누가 취할 것인지 규정하지 않는다. 정부의 권위라는 맥락 속에 있는 사법 절차를 분명하게 보여 주지 않는다. 데이비슨은 이 구절이 "사회의 법과 질서의 확고한 유형을 제정하거나 규정하려고 하지 않는다"라고 말한다. "이 구절은 오직 근본적인 종교적 원리, 즉 인간 생명의 신성함을 밝히려고 할 뿐이다."[6] 창세기는 절차가 아니라 원리를 진술한다.

훗날의 모세 율법은 피의 보복의 권리를 제한한다. 그러나 그럼에도 민수기 35:19이하와 신명기 12장은 피의 보복이 살인을 보복하는 한 방식이라는 점을 암시한다. 아마도 홍수의 직접적 여파 속에서 가족은 공동체만큼 커다란 역할을 수행했을 것이다. 참다운 의미의 시민 정부가 아직 확립되지 않았기 때문이다.

일부 주석가들은 가인을 보호하기 위한 하나님의 개입은 피의 보복에 대한 그분의 거부를 나타내고 대조적으로 창세기 9:6은 행정을 시사한다고 주장한다. 그러나 그 본문에서 이러한 내용을 이끌어 내기는 어렵다. 어떤 경우든, 비록 그 목적이 가장 악한 살인자의 생명이라 할지라도 생명의 존엄성을 확립하기 위한 것이긴 하지만, 가인이 죽음이 아니라 평생의 추방으로 처벌받은 것은 하나님의 자비 때문이다. 시민 정부의 개념이 창세기 9:6에 내포되었을 수도 있지만 분명하게 나타나지는 않는다.

일부 주석가들은 "모든 사람의 형제의 손에서"(창 9:5, 개역개정에는 "그에게서"로 번역되어 있다-역주)라는 표현이 사법적 책임을 내포한다고 주장한다. 오토 아이스펠트(Otto Eissfeldt)는 이스라엘뿐만 아니라 다른 모든 곳에서 법률 관습의 특징이라 할 수 있는 9:6의 엄숙함에 주의를 환기시킨다. 그는, 사형을 선고할 때나 실행할 때 이 구절을 말했을지도 모른다고 생각한다.[7]

커스버트 심프슨(Cuthbert A. Simpson)은 9:6의 시적 형태는 "저자가 여기서 자신의 내러티브에 잘 알려진 고대의 사법 문구를 통합했다"는 점을 시사한다고 생각한다.[8] 이후 범인을 알 수 없는 살인 사건이 발생했을 때 가까운 성읍에서 장로들이 반복했던 이 문구는 신명기 21:7-8에 나와 있다. 살인은 그 범죄의 결과가 범죄자에게 닥치기 전이라도 공동체 전체를 위태롭게 만들고 위험에 빠뜨린다(참고. 21:4-8). 범인을 알 수 없는 살인의 경우라도 이스라엘에 닥친 재난으로 말미암은 하나님의 저주를 돌리기 위해 특별히 범죄 현장에서 대리적 동물 희생 제사를 통한 속죄가 필요하다고 여겨졌다.

그러나, 바턴 페인(J. Barton Payne)이 언급했듯이, 더 큰 공동체에 대한 개인의 책임이라는 개념이 히브리인의 관점 아래에 자리 잡고 있다. 땅이 피로 오염되었을 때, "오직 살인자 개인의 피만이 그 오염을 속할 수 있었다."[9] 게다가 살인자는 오직 자신의 범죄에 대해서만 처형될 수 있었다. 친족이 저지른 범죄에 대해서는 사형당할 수 없었다(신 24:16; 왕하 14:6).

십계명의 여섯 번째 명령은("살인하지 말라", 출 20:13)은, 페인이 주목했듯이, '라사흐'(*rāsaḥ*)라는 동사를 사용하는데, 이 동사는 권한을 부여받아 인간 생명을 취하는 것이 아닌 살인을 나타낸다(그렇지 않으면 이 명령은 창 9:6에 역행하게 된다. 또한 출 21:12; 민 35:11을 참고하라). 그러므로 이 명령은 이전의 노아 시대의 금지 규정 그리고 창조의 윤리 자체를 한층 진척시킨 것이다. 윌리엄 더니스(William Dyrness)는 "시나이에서 주어진 법은 새로운 법이라기보다는 이미 존재하던 가르침을 권위 있는 법으로 공식화한 것이었다(안식일에 대해서는 창 2:2-3; 살인에 대해서는 9:5; 간음에 대해서는 26:9-10을 보라).[10]

구약성경의 신정 정치 시대 동안 사형은 살인 외에도 많은 범죄에 부과되었다. 월터 카이저(Walter C. Kaiser, Jr.)는 사형을 요구하는 범죄 16가지를 열거한다.[11] 신정 정치에서 죽음은 살인에 대해서뿐만 아니라 간음, 근친상간, 기타 범법 행위들, 그리고 사법 절차를 의도적으로 뒤집는 행위에 대해서도 지시되었다. R. J. 러쉬두니(Rushdoony)와 G. 반센(Bahnsen)은 구약성경의 이 법적 제재는 오늘날에도 여전히 유효하다고 생각한다. 그러나 이 논의[구약 율법의 사법 조항이 현대에도 고스란히 준수되어야 한다고 주장하는 신률론자(神律論者)의 의제-역주]는 이 글의 범위를 넘어서는 것이다. 우리는 지금 신정 정치 시대에 살고 있지 않다. 어느 경우든 구약성경의 살인 금지는 신정 정치의 법하고만 연관되는 것은 아니다. 노아 시대에도 '이마고 데이'에 근거한 보편적 제재가 존재했다.

대니얼 밴네스(Daniel W. Van Ness)는 살인을 금지한 모세 계명은 노예와 여성의 생명이 귀족과 자유인의 생명보다 가치가 덜하다고 여기지 않았다는 점에 주목한다. 대조적으로, 자유민을 살인한 자를 처형할 것을 요구하는 아카드의 에쉬눈나 법전(Laws of Eshnunna)은 노예가 살해당한 경우에는 단지 배상할 것을 규정했다. 그뿐만 아니라 이러한 입장을 공유하는 바빌로니아의 함무라비 법전은 자유민이 다른 자유민의 딸을 죽이면 살인자의 딸을 죽이라고 요구했다.[12]

범죄의 심각성에 일치하는 처벌에 대한 구약성경의 강조는 많은 면에서 독특하다. '렉스 탈리오니스'(*lex talionis*, 동해보복법) — "그러나 다른 해가 있으면 갚되 생명은 생명으로, 눈은 눈으로, 이는 이로, 손은 손으로, 발은 발로, 덴 것은 덴 것으로, 상하게 한 것은 상함으로, 때린 것은 때림으로 갚을지니라"(출 21:23-25) — 은 정의의 한계를 규정한다. 대조적으로, 함무라비 법전은 처음부터 모든 절도 사건에 대해 사형을 부과했다. 그러나 구약성경은 인간의 생명이 재산보다 훨씬 더 귀중하다고 주장한다. 심지어는 중세 시대에 고대 게르만 부족들은 소와 양의 벌금을 부과함으로써 살인을 배상할 수 있다고 생각했다. 살인에 대한 구약성경의 형벌의 가혹함은, 게르할더스 보스(Geerhardus Vos)가 말하듯이, "범죄의 심각성에 비례했다."[13]

구약성경의 도피성 여섯 곳에 관한 조항은 피고가 성전 제단에 접근할 수 없을 경우 안전한 장소를 제공함으로써 (공식적 사법 절차가 유죄 여부를 결정하기까지) 피고를 보호했다. 피고는 대제사장이 죽을 때까지 성읍을 떠나는 것이 허락되지 않았다. 희생자의 죽음이 우연한 사고였을 경우, 고의가 없었던 살인자는 도피성의 장로들 앞에서 자기 입장을 주장할 수 있었다.

창세기 9:6은 사형이 살인에 대한 의무적 형벌이라고 가르치는가? 페인은 "'이쉬샤페크'(*yishshāfēkh*, 흘려지다)라는 히브리어 동사는 '사람에 의해 그것이 흘려질 것이다'라는 직설법 표현으로 이해되거나…혹은 '사람에 의해 그것이 흘려지게 하라'라는 사형을 시사하는 명령형 표현으로 이해될 수 있다"라는 점에 주목한다.[14] 그는 선행하는 표현("내가 그것을 요구할 것이다")이 "필수적 집행(참고. 겔 33:16; 신 18:9)"을 시사하므로 개연성 있는 의미는 사형의 의무적 부과라고 지적한다. 찰스 알더스(G. Charles Aalders)는 동일하게 그 단락이 "신적 규범 곧 하나님은 다른 사람의 피를 흘린 살인자의 생명을 취하실 것임"을 서술한다고 말한다.[15]

하지만 구약성경 자체는 고의적 살인에 적합한 처벌과 구분해서 우연한 살인에 적합한 더 가벼운 처벌을 규정한다(출 21:13). 겉으로 드러난 결과는 같기 때문에 계획적 살인과 의도하지 않은 살인의 차이는 동기에 의존한다.

그러나 구약성경은 고의적 살인과 관련된 경우에도 언제나 사형이 부과해야 한다고 가르치지 않는다. 사형 선고에 의해 살인자가 처벌되어야 한다는 명령을 적용하는 데 신중함이 요구된다. 고의적 살인자도 모든 상황에서 죽음을 당할 필요는 없다. 신명기 9:15은 오직 증인 한 사람의 증언에 기초해서 범죄자에게 유죄 판결을 내릴 수 없다고 규정한다. 증언이 일치하는 두 사람의 증인이 있어야 한다. 더욱이, 성경은 도둑이 잡혀 있는 상황에서는 도둑의 생명도 보호하지만(출 22:3), 절도 행각을 벌이고 있는 도둑을 죽이는 사람은 처벌받지 않을 것이라고 진술한다(출 22:2). 그러므로 사형에 대한 대표적 성경 본문은 모든 살인 행위에 대해 사형을 부과하라고 요구하지 않는다.

신적 형상이 살인에 대해 죽음을 부과하는 근거라면 인간에 대한 모든 공격을 신적 형상에 대한 침해로 여겨야 하지 않느냐고 어떤 학자들은 주장한다. 사실 "이는 하나님이 자기 형상대로 사람을 지으셨음이니라"라는 근거적 진술은 "다른 사람의 피를 흘리면 그 사람의 피도 흘릴 것이니"라는 바로 앞의 진술에 관련될 뿐만 아니라, 앞부분 전체에 관련될 수 있다. 그러므로 하나님의 특별한 보살핌은 창조 때 하나님이 주신 복을 홍수 후에 갱신하신 것(9:1)과 관련되어 있고, 사람을 죽이려 드는 사람들(9:6)과 짐승들로부터의 보호(9:2-4)를 포함한다. 알더스는 이 해석을 지지한다. 그는 앞에 있는 구절들이 하나님이 노아에게 하신 말씀을 포함하지만 6절 후반부는 영감받은 저자가 하나님이 홍수에 의한 전적 파괴로부터 인류를 살려 주신 신적 동기를 밝히기 위해 추가했다고 생각한다.[16]

사형이 신약 시대에도 신적 근거를 가지는가의 문제는 널리 알려진 현대의 윤리 문제가 되었다. 어떤 학자들은 창세기 9:6이 사형을 지지한다 할지라도 사형 선고는 이제 보편적 관용에 의해 완전히 없어졌거나 단지 명목상으로만 남아 있어야 할 이유가 있다고 주장한다. 심지어는 기독교계에서도 사형은 열등한 구약성경의 복수 신학에 속하고 예수님의 용서하는 사랑의 신학과 신약성경의 은혜 교리가 그것을 폐기한다고 말한다.

어떤 학자들은 다른 근거들을 기초로 해서 이런 생각의 보편적 적용에 예외를 두고자 한다. 디트리히 본회퍼(Dietrich Bonhoeffer)가, 아돌프 히틀러(Adolf Hitler)가 인류에게 불러일으킨 대대적 손상 때문에 독일 사람들에 대한 사랑의 원리에 기초해서 히틀러 개인을 죽이는 것이 도덕적 사례가 될 수 있다고 생각했을 때처럼 말이다. 다른 사람의 생명을 취하는 일을 정당화하기 위해 동정에 호소하는 일은, 치매에 걸린 부모나 물리적으로 혹은 정신적으로 쇠약해진 배우자의 고통을 경감시키려고 하는 사람들과, 이런 행위를 허가해서 법적 처벌을 받지 않도록 해야 한다고 생각하는 사람들에 의해 점점 증가하고 있다.

예수님이 하나님의 사랑을 구현하셨다는 일반 원리는 성적(性的) 관용의 도덕성과 사형의 비도덕성을 정당화하기 위해 언급되어 왔다. 하지만 성경 가르침의 세부 내용은 그런 새로운 교리적 주장에 대한 토대를 제공하지 않는다. 고든 클라크(Gordon H. Clark)는 사형은 "기독교 윤리의 필수적 부분"이고 "사형 폐지는 기독교 원리의 허위를 전제로 한다"라고 강조한다.[17] 클라크는 사형을 폐지하려는 현대의 노력을 인간에 대한 비기독교적 견해, 형사법에 대한 세속적 이론, 인간 생명의 가치에 대한 낮은 평가의 탓으로 돌린다.

예수님은 정부가 사형을 부과하는 일의 적법성을 받아들이시는 것처럼 보인다. 그분은 끔찍한 오심(誤審)이었지만 빌라도의 판결에 굴복하셨을 뿐만 아니라, 공권력은 하나님이 부여하신 것으로서 책임 있게 실행해야 한다는 점을 빌라도에게 단호하게 일깨우신다(요

19:11). 교회는 사도신경("본디오 빌라도에게 고난을 받아")을 반복할 때마다 이 로마 총독의 불공평한 직무 수행을 회상한다. 예수님이 대제사장의 종 말고를 죽이려던 베드로에게 "칼을 가지는 자는 다 칼로 망하느니라"라고 상기시키실 때, 그분은 아마도 살인에 부과되는 사형이 올바르다고 시사하시는 것 같다.

신약성경은 사형의 집행을 행정 당국의 권위와 연결한다. 사형은 로마서 13:4에서 하나님이 행정 당국에게 수여하신 권리로 명시되어 있다. 그리고 바울이 가이사에게 상소하면서 만일 자신이 정말로 "죽을 죄를 지었으면" 사형 선고를 받아들이겠다고 진술하는 사도행전 25:11에서 인정된다.

범죄자가 자기 생명을 내놓아야 하는 고의적 살인의 경우를 제외하고, 구약성경은 보복을 범죄 피해자에게 지불하는 배상금과 연결하는 경향이 뚜렷하다. 이 말은, 형벌의 배상 이론이 반드시 하나님과 사회에 대한 상해로서의 범죄, 즉 더 커다란 공동체를 괴롭히는 침해된 정의에 대해 고려해야 할 모든 점을 만족시키지는 않는다는 의미다. 그러나 현대 형벌학에 대한 그리스도인 비평가들은 오늘날 초만원인 교도소는 죄수들의 사회 복귀를 돕기보다는 그들의 인격을 악화시킨다는 점과 범죄 피해자들의 곤경도 대개 무시되고 합당한 배상이 이루어지지 않는다는 점을 지적한다.

오늘날 미국에서 1,500명 이상의 남녀가 사형을 기다리고 있다는 사실 때문에 사형에 대한 논의가 우리 시대의 가장 긴요한 형사 사법 제도의 이슈가 되었다. 대중 매체는 사형의 섬뜩한 면들과 결백한 사람들이 사형 선고를 받았을지도 모르는 사례들을 널리 알려 왔다. 브

래드포드 브라운(Bradford Brown)이 살인죄로 18년형-종신형을 받고 거의 4년을 복역한 후에야 로튼 소년원에서 석방된 사건에 대해 말이 많았다. 경찰이 마침내 진짜 범인을 찾았을 때, 법원은 브라운에게 325,000달러를 지급했다.

브라운 사건이 충격적이긴 하지만, 확정적 증거가 부족했기에 그가 처형되지 않고 투옥되었다는 점과 새로운 증거가 나오면 재심을 받을 수 있다는 규정이 법 체제에 포함된다는 점을 주목해야 한다. 결백한 사람에게 유죄를 선고한 것이 개탄스럽기는 하지만, 1,500명의 살인자 중 누군가가 유죄가 아닐 수도 있기 때문에 그들이 사형에서 면제되어야 하는가 하는 문제가 남는다. 구약성경은 사형을 부과하는 데 매우 조심스러울 것을 요구했다. 그 일의 심각성은 먼저 증인 두 명에 대한 요구에 내포되어 있을 뿐만 아니라, 돌을 던져 처형하는 경우에 사람들을 모은 증인들이 첫 번째로 돌을 던지라는 요구에도 내포되어 있다(신 17장).

많은 피살자가 참혹하게 살해된 것에 대한 관심과는 별도로 교수형과 전기의자의 무자비함에 대한 항의가 때때로 고조된다. 그러나 사형의 무자비함이 참혹한 살해를 정당화할 수는 없다. 미국에서는 장치의 오작동이 사형에 대한 논쟁에 기름을 끼얹어서, 더 많은 주가 치명적 약물 주입을 사형 방식으로 선택하는 것을 승인하고 있다.

오늘날 소송 절차에 돈이 너무 많이 들어서 가난한 사람들만 사형 선고를 받고 반면에 부자들은 사형 선고를 피한다는 주장은, 비록 취할 점이 조금 있지만, 왜곡된 주장이다. 사법적 관용은 많은 살인자가 그들의 재정 상황과 상관없이 사형을 피한다는 점을 의미해 왔다. 그러나 통계가 이러한 주장을 지지하는 한, 이 상황에서 우리에게 필요한 것은 사형제 폐지가 아니라 차별 없이 법을 적용하겠다고 단단히 결심한 재판관들과 배심원들이다.

지난 10년 동안 미국의 복음주의자들은 처형을 기다리는 사형수들을 포함해서 감옥에 갇혀 있는 범죄자들을 새로운 동정심을 품고 바라보았다. 찰스 콜슨(Charles Colson)이 설립한 프리즌펠로우십(Prison Fellowship)은, 죄수들의 영적·도덕적 곤경에 대한 전국적·전 세계적 관심과 더불어 교도소의 환경 개선과 형사 소송 절차에서의 정의를 증진하기 위해 저스티스펠로우십(Justice Fellowship)을 설립했다.[18]

어떤 경우든 처벌의 목적은 범죄자의 사회 복귀를 돕는 것이라는, 널리 퍼진 최근의 형벌 이론은 와해되었다. 이 이론은 환경이 인격에 결정적 열쇠라는 낙관적이고 관대한 오해로 고통받고 있을 뿐만 아니라, 현대 교도소 내의 환경이 바깥의 빈민가만큼 나쁠 수 있다는 사실에 당혹스러워하고 있다.

맬컴 리드 Malcolm A. Reid
고든 대학 (전) 철학 명예 교수

창세기 9장은 사형을 정당화하기 위해 사용될 수 없다. 이 주제에 관한 문헌을 대략 살펴보기만 해도 서로 경쟁하는 흥미로운 해석들을 잇달아 발견할 수 있다. 많은 신학자와 윤리학자가 보기에 창세기 9장은 어느 시대 어느 사회에서든 사형에 대한 분명한 지지를 제공한다.[1] 다른 학자들은 창세기 9장이 이 문제에 대해 언급조차 하지 않는다고 주장한다.[2] 이들이 성경의 다른 구절들이 사형을 요구하거나 허락한다는 점을 인정할 수도 있지만, 적어도 창세기 9:6은 "너무 모호하고 너무 포괄적이고 너무 의심스러워서 하나님이 모든 인간 사회에게 내리신, 사회의 살인자를 죽이라는 명령일 수 없다".[3]

나는 창세기 9장이 사형 문제와 관련이 없다는 강력한 반대 논지를 주장할 것이다. 더 특별히 나는 다음 두 가지 사항을 주장할 것이다. (1) 창세기 9장, 그리고 특별히 5-6절의 주된 초점이 사형이라는 견해를 의심하는 이유가 제시될 수 있다. (2) (성경이 사형 제도를 요구하는 것을 보이기 위해) 창세기 9장에 호소하는 사람은 누구든지, 하나로 모아 놓으면 극복할 수 없는 본문상·문맥상·해석상·도덕적 어려움에 직면하게 된다.

창세기 9:5-6의 본문은 다음과 같다. "내가 반드시 너희의 피 곧 너희의 생명의 피를 찾으리니 짐승이면 그 짐승에게서, 사람이나 사람의 형제면 그에게서 그의 생명을 찾으리라. 다른 사람의 피를 흘리면 그 사람의 피도 흘릴 것이니 이는 하나님이 자기 형상대로 사람을 지으셨음이니라."

이 엄숙한 말의 의미를 이해하기 위해서는 노아 이야기 전체 그리고 하나님이 모든 사람의 대표인 노아 및 실로 "모든 생물"과 맺으신 첫 번째 언약이라는 맥락에서 이 말을 보아야 한다(창 6:18-19; 9:10-11, 12, 15-17). 언약은 하나님의 전적 은혜의 행위—그 기원은 주권적이고 그 목적은 구속적이다—임을 인식하는 일이 중요하다. 엄격한 정의는 인간의 교만과 폭력이 필연적 자기 파괴를 초래하도록 하라고 요구할 것이다. 그러나 하나님은 "완전한" 노아에게 그리고 그를 통해 "대대로" 은혜를 보이신다(6:9; 9:12).

홍수 이야기의 가장 깊은 신학적 교훈은 악인은 멸망할 것이고 의인은 구원받을 것이라는 뻔한 말이 아니다. 그 교훈은 더 깊고 더 냉엄한 진리다. "만일 의인이 간신히 구원받는다면 불경한 사람과 죄인은 어디에 서겠는가?"(벧전 4:18, 70인경 잠 11:31을 인용함)[4] 창세기 9:5-6은 하나님이 노아와 그 가족에게 복을 주시는 단락에 포함된다(1-7절). 이 구절의 앞에는 하나님의 엄숙한 약속(8:11-12)이 있고 그 뒤에는 하나님의 언약이 따라온다(9:8-17). 그러나 분명히 이처럼 불안감을 주는 구절을 '복'이라고 부르는 것은 매우 이상하다. 타락이 일어났음에도 불구하고 하나님이 그분의 생물들의 복지를 위한 이전의 조항들을 재확인해 주시기 때문에 어떤 의미에서 이 구절은 복이라는 말이 맞다.

다른 한편으로, 타락의 현실이 그들 모두 위에 으스스한 그림자를 드리웠다. 사람은 여전히 "생육하고 번성하여 땅에 충만하[여야]" 한다. 하지만 사람과 다른 생물 사이의 우호는 파괴되었다. "땅의 모든 짐승[이]…너희를 두려워하며 너희를 무서워하리니"(1-2절). 피를 빼지 않은 고기는 먹을 수 없다는 조항이 붙긴 했지만 이제 동물도 그의 먹을 것이 되었다(3-4절). 남자와 여자는 '하나님의 형상'을 간직하고 있다. 그들은 지구에서 하나님의 대리인이다. 그러나 그들은 서로 안에 있는 이 '형상'의 불가침성을 더 이상 존중하지 않기 때문에, 하나님은 그 값을 요구하신다. "사람의 형제면 그에게서 그의 생명을 찾으리라"(5절).

창세기 9장이 현재의 사형 관행을 지지한다는 사고에 반대하는 주장을 제시하기 전에, 이 입장과 유사하지만 차이가 있는 다음의 주장들을 부인하는 내용은 포함되지 않는다는 점을 미리 지적해야겠다. (1) 모세 언약과 율법 규정에서 사형은 열다섯 가지 혹은 그 이상의 다수의 범죄에 대해 집행되었는데, 이 범죄들 대부분은 생명을 죽인 행위를 포함하지 않는다는 주장.[5] (2) 성경의 다른 곳에서 행정 당국에 의한 사형 관행이 특정한 조건에서 요구될 수 있다는 주장.

여기에서 우리 앞에 놓인 문제는 다음과 같이 더 제한된 문제다. 창세기 9장은 사형을 정당화하는가? 그렇지 않다고 주장하는 과정에서, 다음의 보조적 질문들을 다룰 것이다. 창세기 9장은 사형 문제 전체와 관련이 없는가? 창세기 9:5-6이 사형을 명령한다고 해석할 수 있는 증거 혹은 이유를 제시하는 본문상 혹은 문맥상의 요소들이 있는가? 창세기 9:5-6은 공권력은 인간의 생명을 빼앗을 수 있으나 개인들은 그럴 수 없다는 의미를 함축하는가? 창세기 9:6에서 '하나님의 형상'은 어떻게 이해되어야 하는가? 이것이 그곳에 진술된 피 흘림에 관한 진술과 어떻게 연결되어 있는가? 마지막으로, 살인자를 처형하는 사람들은 살인자들과 마찬가지로 창세기 9:6을 위반하는 죄를 짓는 것인가?

1. 창세기 9장이 사형이라는 주제와 관련되는지 혹은 어떤 의미에서 관련되는지를 결정하는 일은 전혀 쉽지 않다. 그러나 이 결정은 우리를 문제의 핵심으로 이끌어 간다. 다음의 고려 사항들은 창세기 9장과 사형의 관련성이 명백하다는 모든 주장을 문제 있는 것으로 만든다.[6]

첫째, 5-6절은 하나님은 누군가의 피를 흘린 사람과 짐승에게

'값'을 요구하신다고 분명하게 진술하지만, 이 구절은 '살인'을 '죽임'과 구별하는 데 필요한 규정들을 포함하지 않는다. 비록 오늘날의 우리와 마찬가지로 히브리인들도 동물에게 도덕적 판단을 할 능력 혹은 의도를 가지고 행동할 능력이 있다고 생각하지 않았지만, 사람과 짐승은 모두 책임을 져야 한다. 그러나 '죽임'이 '살인'이 되기 위해서는, 가해자가 그런 능력을 소유했음을 전제로 해야 한다. 만일 이 구절이 사람을 죽인 모든 종류의 존재에 대한 사형을 정당화하는 근거로 사용된다면, 이 구절은 유추에 의해 모든 종류의 동물에 대해서도 사형을 요구해야만 한다. 이렇게 되면 "율법에는 동물 책임의 원리(출 21:28-36)가 존재한다"는 논지와, 또 이는 우리가 사람을 죽인 모든 존재에 대한 사형이 이 구절에서 의도된 바임을 이해하도록 도와야 한다는 논지가 반대를 받게 될 것이다.[7]

    주의 사항 두 가지가 이 논지들을 의심스러운 입장으로 만든다. 출애굽기의 조항들은 노아 언약처럼 하나님과 모든 생명체 사이의 언약이 아니라 하나님과 이스라엘 사이의 언약인 모세 언약과 율법에 포함되어 있다. 게다가 출애굽기 구절을 주의 깊게 읽으면 이 구절에서 주장하는 '동물 책임'은 매우 제한된 종류의 책임이라는 것을 알게 된다. 출애굽기 구절은 모든 동물이 아니라 가축인 소에 대해서 말한다. 둘째, '죽임'을 '살인'과 구별하는 데 중요한 다른 규정들도 무시된다. 반대하는 사람들은 고의적 살인과 과실치사를 구분하지 않거나 이 둘을 우발적 살인과 구분하지 않는다. 또한 고의로 살인을 저지른 성인들과, 나이가 어려서 혹은 정상 상태가 아니어서(*non compos mentis*) 그 행동에 고의가 없었던 이들을 구별하지 않는다.

또다시 창세기 9:5-6을 사형을 정당화하는 것으로 받아들여야 한다고 강력히 촉구하는 사람들은, 정당한 법 절차를 거치지 못하고 합리적 의심을 넘어서 죄가 입증되지 않은 사람들에게는 사형이 시행되어서는 안 된다는 제약을 일반적으로 받아들인다. 이러한 제약에 대해 이 구절들도 침묵한다. 마지막으로, 6절이 "사람에 의해"(NIV; 개역개정에는 이 말이 번역되어 있지 않다―역주) 살인자의 피를 흘려야 한다고 말하지만, 사형을 지지하는 사람들과 비판하는 사람들이 모두 요구하는 것처럼 공권력에만 배타적으로 이 권력을 부여하지는 않는다.[8]

이 모든 이유 때문에, 창세기 9:5-6이 사형의 관행에 대한 성경적 지지를 제공하는 목적에 적절한지도 결코 분명하지 않다. 아마도 이 이유 중에 가장 강력한 것은 사람을 죽이는 동물의 무도덕성과 살인이라는 커다란 악을 저지르는 인간의 능력―사실은 성향―사이의 구별이 없다는 점이다. "내가 반드시 너희의 피 곧 너희의 생명의 피를 찾으리니 짐승이면 그 짐승에게서, 사람이나 사람의 형제면 그에게서 그의 생명을 찾으리라."

이 본문은 모든 사람이 동의하는 것처럼 고의적으로 살인할 수 없는 동물들을 포함하는데, 어떻게 이 본문이 살인에 대해 사형을 요구한다고 말할 수 있는가? 이 본문에 대한 다른 진지한 해석들도 조사해 보아야 한다. 사형에 대한 정당한 이유로 이 본문에 즉각 의지하는 행위는 심각한 이슈에 대한 '입증 본문'(proof-text)을 찾으려는 시도의 뚜렷한 예일 뿐만 아니라, 의도된 신학적 메시지를 놓치는 행위다.

여기서 놓칠 수 있는 것은 "피 흘림"이 죽음에 대한 은유라는 명백한 점이 아니라 피 흘림이 인간의 교만(서로의 피를 흘림으로써 모든 육

신에서 끔찍하게 드러나는)이라는 원죄에 대한 하나님의 치유책으로서 신학적 의미를 지닌다는 것이다. 인간과 동물이 이 세상의 타락을 보여 주는 바로 이 행위를 통해 하나님은 이 세상을 구속하시고 회복시키신다. 신약성경 전체에서 가장 히브리적인 히브리서에서 선언하듯이 "율법을 따라 거의 모든 물건이 피로써 정결하게 되나니 피 흘림이 없은즉 사함이 없느니라"(히 9:22). 이러한 해석에 따르면, "하나님의 구속 계획에서 피가 지니는 중요한 의미가 새로운 사회 질서에게 알려진다."9

어떤 이들은 본문이 살인에 대한 법적 제재를 규정하지 않는 것처럼 피 흘림의 의미를 직접 말하지 않는다면서 이 해석에 반대할 수 있을 것이다. 이 말은 사실이다. 왜냐하면 본문이 직접 말하는 전부는 (1) 하나님이 다른 사람을 죽이는 모든 사람 혹은 짐승에게 그 값을 요구하실 것이라는 점(5절), (2) 다른 사람의 피를 흘린 사람은 누구든 결국 자신의 피도 흐르게 될 것임을 예상할 수 있다는 점, (3) 다른 사람을 죽이는 것은 그의 피를 흘리는 행위일 뿐 아니라 하나님의 형상으로 창조된 것을 파괴하는 행위라는 점(6절)이기 때문이다. 이 해석은 하나님의 구속의 목적에서 피가 지니는 신학적 의미에 대한 이해에 의존한다.

노아와의 언약은 하나님의 전적 은혜 안에서 기원한다. 그분은 자신의 피조물의 죄에도 불구하고 그 피조물에 자신을 결속시키셨다. 그러나 하나님이 자신의 형상대로 창조하신 사람을 죽이는 사람들처럼 그분의 정의를 업신여기거나 무시해서는 안 된다. 하나님은 그 값을 요구하실 것이다. 하지만 그 값을 요구하는 사람은 언급되지 않는다.

   2. 창세기 9:5-6을 사형을 명령하는 것으로 해석할 수 있는 증거 혹은 이유를 제시하는 본문상 혹은 문맥상 요소들이 있는가? 많은 성경학자는 이 견해를 지지하는 문법 요소가 적어도 세 가지 있다고 생각한다.[10] 첫 번째 요소는 히브리어 동사 '이쉬샤페크'(*yiššāpēk*)—'그것이 흘려질 것이다'—의 형태와 관련이 있다. 이 동사가 문법적 이유로 명령('그의 피는 흘려져야만 한다')으로 번역될 필요가 없다는 점을 인정하지만, 그럼에도 "문맥이 동사 '이쉬샤페크'('그가 흘릴 것이다')가 명령이어야만 한다는 점을 분명히 한다."[11]

   제시된 문맥은 하나님이 "인간의 생명에 대해 그 값을 요구하실 것이다"라는 5절의 진술과 여기에 함께 따라오는 6절의 전치사구 "사람에 의해"(*bā'ādām*)다. 이 전치사구는 하나님은 모든 살인자가 이 생에서 다른 사람의 손에 죽어야 한다고 명령하신다는 견해에 대해 분명한 본문상의 지지를 제공한다고 생각된다.

   불행히도, 이러한 논증의 흐름을 따라가다 보면 논쟁 중인 문제의 전제에 대해 질문을 던질 수밖에 없다. 왜냐하면 이 논증은 6절에서 동사 '이쉬샤페크'가 규범적 힘을 가진다고 상정하기 때문이다. 하지만 바로 이 규범적 힘이 '문맥'에 호소해서 해결해야 할 바로 그 부분이다. 그러나 만일 이 동사가 RSV와 다른 번역본에서처럼 예언적으로 번역된다면, 이 동사는 피의 보복을 가리키는 것으로 이해될 수 있다. 만일 누군가가 이웃의 피를 흘리면, 그는 그 이웃의 친족이 자신을 죽이려고 할 것임을 안다. 이 해석은 틀림없이 창세기 3-11장의 더 큰 문맥에 잘 들어맞는다. 분명히 가인은 (적어도 부분적으로는) 그의 동생의 복수를 하려는 누군가로부터 계속 자신을 보호해야 하는 앞날을 직면할 수가 없어서 자신의 추방을 "지기가 너무 무거[운]"(4:13) 형벌이라고 생각했다.

마지막 본문적 요점은 6절의 마지막 절(節, clause)을 시작하는 히브리어 단어와 관련이 있다. "이는(*kî*) 하나님이 자기 형상대로 사람을 지으셨음이니라." 선행하는 절들을 규범적으로 읽는 일부 주석가들은 '키'(*kî*)를, 사법적으로 사람을 죽일 수 있는 권리를 사람들의 손에 두신 하나님의 이 중요한 결정에 대한 강력한 신학적 이유를 소개하는 표현으로 관례적으로 받아들인다. 그래서 카일과 델리치는 말한다. "살인은 사람에게 있는 하나님의 형상을 파괴하기 때문에 죽음으로 처벌되었다."[12]

알더스의 견해는 더 복잡하고 여기에서 제시되는 해석의 노선에 비해 더 흥미롭다. 그는 (1) '키'가 인과적 접속사로 받아들여진다는 점, (2) 6절 전반부는 "있는 그대로의 사실의 진술"이 아니며 "여기서 우리는 신적 규정을 다룬다"[13]라는 점에서 카일과 델리치에 동의한다. 그러나 그는 '키'가 6절의 전반부와 후반부를 연결한다는 카일과 델리치의 견해를 거부하는 '형태적' 이유와 '내용적' 이유가 둘 다 존재한다고 생각한다.[14] 히브리어 본문에 나타나는 것처럼, 6절 전반부는 이 구절에서 독특한 형태를 하고 있다. 두 번째 절의 단어 순서는 첫 번째 절의 정확한 역순이다("Whoever sheds the blood of man, by man shall his blood be shed").

이 문장의 독특한 구조를 고려해서, 알더스는 마지막 절을 "이 발췌문에서 그 절 앞에 있는 모든 것"을 가리킨다고 받아들이는 편이 더 좋다고 생각한다.[15] 더 나아가 그는, 하나님의 형상으로 창조된 인간이라는 개념을 이 단락의 시작과 끝(1, 2, 7절)에 나타나는 다산 및 동물 지배의 복과 연결시킨 것이, 1:26-28에서 동일한 개념들을 결합시킨 것과 (다른 해석은 들어맞지 않는 방식으로) 잘 들어맞는다고 주장한다. 그렇다면 이 견해에 기초했을 때, 사람이 하나님의 형상으로 창조된 사실은 살인자들에게 사형을 적용하기 위한 이유가 아니다.

오히려 사람이 하나님의 형상으로 창조된 사실은 더 폭넓게 적용된다. 이 사실은 하나님이 노아 안에서 인류의 나머지를 구원하신 이유이고, 다산의 복과 다른 동물을 지배하는 복을 갱신하신 이유다. 알더스는 이 사실이 하나님이 여기에서 "사람들을 짐승과 다른 사람들의 위협으로부터 보호하시는" 이유라는 말을 덧붙인다(나라면 이 말을 덧붙이지 않았을 것이다).[16] 그가 마땅히 해야 했던 말은 이 사실이 하나님이 사람을 죽인 모든 존재―사람이든 짐승이든―에게 그 값을 요구하실 이유를 제공한다는 것이다. 그리고 내가 앞에서 주장한 것처럼 6절 전반부의 동사를 규범적으로가 아니라 예언적으로 이해할 수 있다면, 존 깁슨(John Gibson)이 주목한 것처럼 6절은 "그분보다 그분의 피조물이 인간의 생명을 한없이 가치가 덜한 것으로 여긴다는 것을 하나님이 슬프게도 인정하시는 것"이다.[17]

이러한 문법상·본문상·문맥상 고찰을 넘어서서, 알더스는 분명히 카일과 델리치의 견해에 대해 도덕적으로 반대한다. 그의 주장에 따르면 6절의 마지막 절을 "살인자들에게 사형을 적용하는 동기"로 보면 "광범위하고" "지지할 수 없는 결과"를 낳을 수 있는 "추론의 흐름"에 문을 열어 주게 된다. 왜 그런가? 왜냐하면 "이 관점은 인간에 대한 모든 공격이 하나님의 형상에 대한 침해이고 그러므로 사형 선고를 정당화한다는 의미를 내포하기" 때문이다.[18] 불행히도 그는 왜 인간을 향한 모든 공격에 대해 사형 선고를 하는 것이 "지지할 수 없는" 일인지는 말하지 않는다. 나는 단지 (그가 다른 곳에서 5-6절의 해석에 대해 말한 내용을 참고해서) 그 이유는 어떤 종류의 살인이 사형을 정당화할 수 있는지를 결정하는 일에 관한 적절한 도덕적 제약의 부재와 관련이 있다고 추측할 뿐이다.[19]

그러나 우리가 여기서 취한 견해(즉 5절은 단순히 하나님이 다른 사람을 죽인 사람들에게 그 값을 요구하실 것이라고 서술한다는 견해, 그리고 6절은 타락한 인간이 피의 복수를 추구하는 존재라는 하나님의 현실적 인식을 나타낸다는 견해)를 고려한다면, 사법적 살인과 관련된 윤리적 가책은 요점을 벗어난 것임을 깨닫게 된다. 알더스가 옳게 언급했듯이, "복수자에게는 피가 흘려졌다는 사실만이 고려해야 할 사항의 전부다."[20] 정말로 그렇다. 왜냐하면 나의 결론으로는 이 점이 창세기 9:6을 해석할 때 고려해야 할 전부이기 때문이다.

3. 우리의 다음 질문에 대한 답이 무엇이어야 하는지는 이미 말한 내용에 분명히 나와 있다. "창세기 9:6은 공권력은 인간의 생명을 취할 수 있지만 개인들은 그럴 수 없음을 시사하는가?" 창세기 9:6이 공권력에 대해서 아무런 말도 하지 않기 때문에, 공권력이 인간의 생명을 취할 수 있느냐 아니냐에 대해 아무것도 말할 수 없다. 창세기 9:6은 인간의 생명을 취해서는 안 된다고 직접 말하지는 않지만 간접적으로 암시한다. 왜냐하면 하나님이 (그분 자신의 생명과 같은) 사람의 생명이 그분께 속하기 때문에 모든 사람은 생명을 죽이는 것에 대해 그

분께 책임질 것을 요구하신다면, 어떤 개인에게도 다른 사람의 생명을 취할 권리가 없다는 결론이 나오기 때문이다. "우리는 하나님께 속한 것을 취할 수 없다"라는 전제가 인정되는 한 당연히 그런 결론이 나온다.

4. 그다음 질문의 두 번째 부분("'하나님의 형상'이 창 9:6의 피 흘림에 대한 진술과 어떻게 연관되어 있는가?")에 대한 답은 이미 나왔다. 그러나 첫 번째 부분(즉, "'하나님의 형상'을 어떻게 이해해야 하는가?")에 대해서는 아무런 말도 제시되지 않았다.

창세기 1:26-28; 9:6에 대한 많은 전통적 해석은 구약성경 자체의 문맥보다는 본문에 대한 인류학적 가정에 더 많은 영향을 받은 것처럼 보인다. '하나님의 형상'은 다음의 하나 혹은 그 이상의 힘/특질과 동일시되어 왔다. 불멸의 영혼 소유, 추론 능력, 자유 의지, 자의식, 양심 등. 나의 경우처럼 우리가 이런 힘들을 소유하고 있음을 인정하는 동시에 이 힘들이, 개별적으로 혹은 집단적으로, '하나님의 형상'이라는 표현이 이 문맥에서 의미하는 바인지에 대해 의문을 품는 일은 전적으로 가능하다.

더 좋은 시작 방법은 '형상'(ṣelem)이라는 용어가 구약성경에서 어떻게 사용되는지 질문하는 것이다. 놀라운 언어학적 사실은 창세기 1-9장 밖에서 '형상'이라고 번역된 단어들은 거의 언제나 인간이 만든 우상을 가리키는 데 사용되었다는 점이다.[21] 이 사실에 비추어 보면, 창세기 저자가 "우상숭배자는 어리석게도 자신이 나무나 돌로 하나님을 나타낼 수 있다고 믿지만, 아이러니한 것은 그 자신이 이미 그를 창조하신 하나님의 형상이라는 점이다"라고 반어적으로 말하려는 듯이 의도적으로 이 단어를 선택했다고 생각하고 싶어질 것이다. 그러나 이러한 생각은 그 자체로는 하나님을 '형상화한다'는 것이 정확히 무엇을 의미하는지 우리에게 말해 주지 않는다. 나는 이것이 다음과 같은 무언가를 의미한다고 받아들인다.

한편으로 사람은 다른 피조물처럼 연약하고 공격받기 쉬운 존재이지만, 다른 한편으로 사람은 하나님이 창조 세계에서 그분의 목적을 이루시는 일에서 그분을 도울 그분의 대표 혹은 대사로 선택하신 존재다. 인간이 이 역할을 수행하기 위해서는, 하나님과 의사소통하고 세상에 대한 그분의 뜻을 이해하고 결연한 의지로 그 뜻에 반응할 능력을 지녀야만 한다. 사람에게 있는 '하나님의 형상'을 (없애지는 않았지만) 훼손하거나 희미하게 만든 원인은 바로 인간이 하나님의 뜻에 반응해서 책임 있게 이 역할을 수행하는 데 실패한 것이다. 창세기 9:6에서 이 세상에서 하나님의 대사가 되어야 하는 인간의 소명에 대한 재확인은 적어도 두 가지 중요한 결론에 도달한다.

첫째, 이 재확인은 이 '형상', 즉 하나님의 뜻에 순종해서 이 세상에서 사람들이 가지는 책임 있는 역할이 타락의 결과로 상실되지 않았음을 의미한다. 둘째, 이 재확인은 사람들에게 여전히 이 고귀한 역할이 있기 때문에 하나님은 감히 그분의 생명을 죽일 수 있다고 생각하는 자에게(그가 누구든) 그 값을 요구하실 것이다.

5. 마지막 질문(살인자를 처형하는 사람들은 그 살인자와 마찬가지로 창 9:6을 위반하는 죄를 짓는 것인가?)은 사법적 살인의 도덕적 정당성을 따져 보기 위한 것이다. 이 질문은 모든 형벌이 아니라 단지 한 종류의 형벌에 대한 도덕적 허용 가능성에 관한 문제다. 앞서 제시한 창세기

9:6의 해석을 고려할 때 이 질문은, 엄밀히 말하면, 받아들여질 수 없다. 왜냐하면 이 질문은 이 구절을 규범적으로 이해할 것을 전제로 하기 때문이다. 명령을 '위반할' 수는 있으나 예언을 '위반할' 수는 없는 법이다.

그러나, 이 구절이 죽이는 사람들(살인자를 포함한)에 대해 말하는 한, 사법적 살인의 관행이 그것이 처벌하려고 하는 살인만큼 도덕적으로 악한 것인지 질문하는 일은 적절하다. 형벌은 그 성질상 보복적이다. 그리고 정당한 보복은 (1) 해당 범죄가 처벌되어야 한다는 점과 (2) 형벌이 그 범죄에 적합해야 한다는 점을 요구한다고 적절하게 생각되어 왔다. 두 번째 요구는 첫 번째 요구보다 도덕적으로 그리고 실제적으로 더 문제가 된다. 사법적 살인이 도덕적으로 옳든 그르든, 도덕적으로 허용될 수 있든 없든, 살인이라는 범죄에 유일하게 '적합한' 형벌은 개인의 가장 기본적인 형이상학적·도덕적 신념에 달려 있다.

예를 들면, 많은 그리스도인과 마찬가지로 한 사람이 하나님은 완전한 도덕적 존재이심을 믿고 성경의 권위에 기초해서 우리가 그분이 살인에 대한 사법적 살인을 요구하시거나 허용하신다는 것을 안다고 믿는다면, 사법적 살인은 도덕적으로 요구되는 일이나 허용되는 일로 판단될 것이다. 이에 대한 논의를 여기서 제시할 수는 없지만, 나는 그리스도인은 예수님이 이혼을 평가하셨던 방식으로 사법적 살인을 바라보아야 한다고 제안한다. "모세가 너희 마음의 완악함 때문에 아내 버림을 허락하였거니와 본래는 그렇지 아니하니라"(마 19:8). 마음의 가장 끔찍한 완악함—살인—에 대해 하나님은 살인자에 대한 사법적 살인을 허용하셨다. 하지만 "본래는 그렇지 아니하니라." 그러

나 이렇게 말하는 것은 창세기 9장에서 말하는 내용을 넘어서는 일이 될 것이다.²²

주

YES

1. G. von Rad, *Old Testament Theology* (Edinburgh: Oliver and Boyd, 1962), 1, p. 198.
2. E. Jacob, *Theology of the Old Testament* (London: Hodder and Stoughton, 1958), p. 169.
3. Th. C. Vriezen, *An Outline of Old Testament Theology* (Oxford: Basil Blackwell, 1958), p. 192 n. 1.
4. R. Davidson, *Genesis 1-11* (Cambridge: University Press, 1973), p. 89.
5. P. Heinisch, *Theology of the Old Testament* (Collegeville: Liturgical Press, 1950), p. 172.
6. Davidson, *Genesis*, p. 89.
7. O. Eissfeldt, *The Old Testament: An Introduction* (New York: Harper, 1965), p. 68.
8. *Interpreter's Bible*, 1, p. 550.
9. J. B. Payne, *The Theology of the Older Testament* (Grand Rapids: Zondervan, 1962), p. 230.
10. W. Dyrness, *Themes in Old Testament Theology* (Downers Grove: InterVarsity, 1979), p. 177.
11. W. C. Kaiser, Jr., *Toward Old Testament Ethics* (Grand Rapids: Zondervan, 1983).
12. D. W. Van Ness, *Victims and Criminals* (Downers Grove: InterVarsity, 1985).
13. G. Vos, *Biblical Theology* (Grand Rapids: Eerdmans, 1948), p. 58.
14. Payne, *Theology*, p. 317.
15. G. Ch. Aalders, *Genesis* (Grand Rapids: Zondervan, 1981), 2, p. 184.
16. 같은 책, pp. 186이하.

17. G. H. Clark, "Capital Punishment", in *Baker's Dictionary of Christian Ethics* (ed. C. F. H. Henry; Grand Rapids: Baker, 1973), p. 84.
18. 참고. D. Van Ness, *A Call to Dialogue on Capital Punishment: A Working Paper* (Washington: Justice Fellowship, 1984).

NO

1. W. C. Kaiser, Jr., *Toward Old Testament Ethics* (Grand Rapids: Zondervan, 1983), pp. 165-168; G. Ch. Aalders, *Genesis* (Grand Rapids: Zondervan, 1981), 1, pp. 184-188; A. Richardson, *Genesis I-XI* (London: SCM, 1953), pp. 109-110; N. L. Geisler, *Ethics: Alternatives and Issues* (Grand Rapids: Zondervan, 1971), pp. 240-248; J. Murray, *Principles of Conduct* (London: Tyndale, 1957), pp. 109-113.
2. J. C. L. Gibson, *Genesis* (Edinburgh: Saint Andrews, 1981), 1, p. 195; D. Kidner, *Genesis: An Introduction and Commentary* (Downers Grove: InterVarsity, 1967), p. 101; N. Anderson, *Issues of Life and Death* (Downers Grove: Inter-Varsity, 1978), p. 112; L. B. Smedes, *Mere Morality* (Grand Rapids: Eerdmans, 1983), pp. 119-124; E. E. Hobbs and W. C. Hobbs, "Contemporary Capital Punishment: Biblical Difficulties with the Biblically Permissible", *Christian Scholar's Review* 11 (1982), pp. 250-262.
3. Smedes, *Mere*, p. 121.
4. Gibson, *Genesis*, 1, p. 193.
5. 참고. 출 21, 22장; 레 20장; 신 22장. Kaiser는 *Toward*, pp. 91-92, 298에서 두 개의 목록, 즉 16가지 죄의 목록과 18가지 죄의 목록을 제시한다. 14개의 죄가 두 목록에 공통된다.
6. Kaiser, *Toward*, pp. 165-166에서 창 9:5-6이 사형의 필요성을 지지하는 데 "핵심 구절"이라고 주장한다. 반면에 Gibson, *Genesis* 1, p. 195는 이 구절을 "살인에 대한 법적 제재나 사형을 정당화하는 것"으로 받아들여서는 안 된다고 주장한다. Kidner, *Genesis*, p. 101도 "만일 4절과 5a절을 6절과 더불어 포함시킬 준비가 되어 있지 않다면 6절을 단순히 법령집에 편입시킬 수 없다. 사형은 더 폭넓은 기반에서 변호되어야 한다"고 생각한다.
7. Kaiser, *Toward*, p. 167.
8. Geisler, *Ethics*, p. 240에서 창 9:6이 성경에서 "사형에 대한 첫 번째 언급"이라고 주

장한다. 비록 나중에 "나를 만나는 자마다 나를 죽이겠나이다"라는 가인의 두려움은 "그가 자연스럽게 사형을 예상했다"는 가정하에 이해가 된다고 말하지만 말이다(p. 243). 그렇지만 이 구절에서 사형이 피의 보복과 구분된다는 점이 분명한가? 이 구절에서 우리는 적법 절차, 합리적 의심을 넘어서는 죄, 국가가 집행하는 사형과는 매우 먼 거리에 있다.

9. Hobbs and Hobbs, "Contemporary", p. 257.
10. Kaiser, *Toward*, p. 166; Aalders, *Genesis*, 1, p. 184.
11. Kaiser, *Toward*, p. 166.
12. C. F. Keil and F. Delitzsch, *Commentary on the Old Testament* (Grand Rapids: Eerdmans, 1975), 1, p. 153.
13. Aalders, *Genesis*, 1, 184; 참고. Murray, *Principles*, pp. 110-111.
14. Aalders, *Genesis*, 1, pp. 186-187.
15. 같은 책, p. 187.
16. 같은 책.
17. Gibson, *Genesis*, 1, p. 195.
18. Aalders, *Genesis*, 1, p. 186.
19. 같은 책, pp. 183-187.
20. 같은 책, p. 186.
21. 참고. 민 33:52; 삼상 6:5, 11; 시 73:20; 겔 7:20; 단 2:31-3:15(열네 번).
22. 이 문제를 더 탐구하는 데 관심 있는 독자에게는 J. H. Richards의 탐구적 에세이, "Alan Donagan, Hebrew-Christian Morality, and Capital Punishment", *Journal of Christian Ethics* 8 (1980), pp. 302-329가 가장 좋은 출발점이다.

해설

송인규 한국교회탐구센터 소장

책의 배경과 내용 전달 방식

그리스도인들은 예나 지금이나 창세기 첫 부분에 대해 끊임없이 궁금해하고 질문을 던진다. 그런데 창세기와 관련된 이슈를 다루는 전문가들[성경 연구가들, 신학자들, 설교자들, (과)학자들]은 한결같이 자신의 견해만이 유일하고 합당한 답변인 양 목청을 높이곤 한다.

구약학자 영블러드(1931-2014)는 이런 독불장군식 태도에 반대한다. 이미 창세기 주해서와 구약 해설서를 여러 권 집필했던 그는 좀 더 혁신적인 형태의 창세기 관련서를 내고 싶어 했다. 그리하여 창세기 앞부분(1-9장)에서 제기되는 이슈들 가운데 열한 가지를 뽑아 쌍방 토론을 벌이는 방식을 생각했다. 실제로 두 사람이 직접 대면하여 토론을 벌이는 것은 아니지만, 하나의 주제에 대해 서로 다른 혹은 상반된 의견을 표명할 자리를 마련하자는 발상이었다. *The Genesis Debate: Persistent Questions about Creation and the Flood* (창세기 논쟁: 창조와 홍수에 대한 계속되는 질문들)라는 제목에도 이런 취지가 반영되어 있다.

『창세기 격론』이 논제를 취급하는 방식은 '일방적 전달식'과 '다관점 교류식'의 중간에 위치한다. 전자는 대부분의 책이 그렇듯 한 사람의 주장이나 견해만 전하는 방식이다. 후자는 하나의 주제를 놓고 다양한 입장의 전문가들이 자기 견해를 밝힌 뒤 나머지 참여자들의 비평을 듣는 식으로 진행된다. 대표적 예로 『창조와 진화에 대한 세 가지 견해』,[1] 『창조 기사 논쟁』,[2] 『아담의 역사성 논쟁』[3] 등이 있다. 영블러드는 이 두 가지 방식을 마다하고 중간 방식인 '상반 입장 병치식'(반대되는 두 가지 입장을 나란히 놓는 방식)을 채택했다. '다관점 교류식'이 특정 입장들을 객관화 및 상대화할 수 있는 이점이 있지만, 이 책처럼 여러 주제를 다루기에는 '상반 입장 병치식'이 더 적격이다. 그는 또한 이 책의 기고자들에게 상대방의 논문을 읽고 자신의 글을 수정·보완할 기회까지 제공함으로써 어느 정도 객관화 작업도 도모했다. 그리하여 창세기 관련 이슈를 열한 개씩이나 다루면서도 일방적 전달식의 약점을 보충할 수 있는 책이 탄생했다.

책 내용에 관한 개관

영블러드가 기획한 열한 가지 주제 중에서 다음 일곱 항목은 과학과 신앙 이슈로 분류할 수 있다. 창세기 1장 '날'의 길이(1장), 창조 사건의 시간적 배열 여부(2장), 지구의 연대(3장), 창조 과정에서 진화의 개입 여부(4장), 아담 이전 인류의 존재 여부(7장), 홍수 이전 인간의 수명(8장), 노아 홍수의 지리적 범위(10장).

이 가운데 다섯 가지 주제(2, 3, 4, 8, 10장)는 찬반 양편의 주장 내용이 우리가 예상한 범위를 벗어나지 않는다. 그러나 1장(창 1장 '날'의 길이)과 7장(아담 이전 인류의 존재)의 경우에는 사정이 다르다. 두 장에는 상당수 독자를 어리둥절하게 할 설명이나 주장이 포진되어 있다. 그 내용을 하나씩 살펴보도록 하자.

1장 창세기 1장 날의 길이

"창조의 날들의 길이는 24시간이었는가?"라는 1장의 질문에 대한 답변은 "예"나 "아니요" 둘로 명확히 나뉜다. 이런 경우 우리는 보통 "예"에는 창조과학(혹은 젊은 지구론)의 지지자가, "아니요"에는 날-시대 이론이나 틀 이론의 주창자가 등장하리라고 예상한다.

그런데 "예"라는 답변의 제시자는 놀랍게도 창조과학과 전혀 인연이 없는 테렌스 프레타임이다. 그는 구약학자로서 루터교 신학교의 석좌 교수로 재직했으며, 몇 종의 구약 주석서 및 구약적 주제와 연관된 신학 서적을 저술했다. 프레타임의 신관이 개방 신론이나 과정신학에 동정적이라는 점,[4] 노아의 홍수를 성경의 묘사에 훨씬 못 미치는 미미한 사건으로 치부한다는 점,[5] 그의 주석서나 저술이 복음주의 계통 출판사에서 출간되지 않았다는 점 등은 그의 신학적 경향을 드러낸다. 그런 인물이 창세기 1장의 '날'이 문자적 24시간이라고 주장하고 나섰다니, 도대체 어찌된 일인가?

프레타임의 답변은 간단하다. '날'이라는 단어가 사용된 용례들에 집중할 때 창세기 저자는 24시간을 염두에 두었다는 것이다. 그는 여덟 가지 정도의 어의적·주석적 증거를 동원하여, 창세기 1장의 '날'이 우리가 통상적으로 이해하는 24시간임을 강하게 주장한다. 하나님은 이렇게 여섯 날에 걸쳐 창조의 사역을 진행하셨다. 그러나 창세기 저자의 관심은 어느 한 날이나 연속된 날들에 있지 않다. 오히려 저자는 일과 휴식(6일+1일)이라는 7일 단위의 생활 패턴이 이미 창조 세계의 구조에 내장되어 있음을 보이고자 했다. 후에 출애굽기 20:11에서 6일 동안 일하고 7일째 쉬도록 명한 한 주간의 생활 리듬도, 하나님이 의도하신 7일간의 창조 역사와 맞물려 있다. 그러나 이처럼 7일 패턴이 나타내는 중요성도 각 날이 24시간이라는 사실을 기반으로 한다.

물론 그렇다고 하여 이런 날들의 길이를 지구나 우주의 연대에 대한 과학적 데이터로 삼아서는 안 된다. 그는 이것이 하나님이 취하신 일종의 적응 행위로서, 창조의 역사를 창세기 저자의 당시 경험과 '지식' 수준에 맞춘 것으로 간주해야 한다고 설명한다.

"예"의 입장을 대변한 인물이 수수께끼 같았다면, "아니요"의 경우는 그 미스테리 수준이 극에 달한다. 왜냐하면 "아니요"를 내세우는 인물의 주장이 도무지 무엇인지 이해하기가 쉽지 않기 때문이다. "아니요"를 강변하는 클라이드 맥콘은 인류학과 사회학을 함께 전공한 인물로서 일반 대학에서 인류학·언어학을 가르쳤다. 한 마디로 맥콘의 입장은 버나드 램의 분류에 의하면 "종교적으로만 해석하는 이론"(Religious-only theory)[6]에 가깝다고 할 수 있다. 이 견해에 의하면, 창조 기사는 계시와 종교의 영역에 속한 것으로서 과학이나 역사와는 완전히 차원이 다르다. 이런 의미에서 창세기 1장의 '날'은 시간을 초월하는 영원하신 하나님의 '창조'의 날이지 우리가 경험하는 '시간'의 날이 아니다. 맥콘 자신의 주장을 들어 보자.

시간이란 기존의 창조 질서에 대한 인간의 이해에 필수적인 요인이다.

공간, 시간, 그리고 물질-에너지는 자연에 대한 우리의 이해에서 기능적 구성 요소를 담당한다. 이런 의미에서 '시간'은 하나님이 지으신 모든 것의 필수적 요소다. 그러므로 하나님이 우주를 어느 시점에 또는 얼마 동안에 걸쳐 창조하셨다고 말하는 것은, 그 길이가 날이든 지질학적 기간이든, 하나님을 시간에 속한 피조물로 만드는 것이고 창조계를 본래의 위치보다 훨씬 열등한 자리로 끌어내리는 것이다.[7]

바로 이런 이유 때문에 맥콘은 "창조의 날들의 길이는 24시간이었는가?"에 대해 단연코 "아니요!"로 답한 것이다. 만약 "창조의 날들은 긴 시대였는가?"라는 질문이 그에게 주어졌다고 해도 역시 답변은 "아니요"였을 것이다.

7장 아담 이전의 인류 존재 여부

7장에서는 "아담과 하와 이전에 사람들이 있었는가?"라는 소위 '아담 이전 인류'(pre-Adamites)에 관한 이슈를 제기한다. 먼저 이 질문에 긍정적으로 답하는 이는 디킨슨대학에서 인류학 교수로 일하다가 은퇴한 웨이드 시포드다. 아담 이전에도 인류가 있었다고 보는 이들은 두 가지 근거를 내세운다(이것은 시포드도 마찬가지다). 하나는 고생물학적 증거이고, 또 하나는 문화 인류학적 고려 사항이다.

우선 고생물학적으로 화석에 나타난 원인(原人, hominid)의 연대는 창세기에 나오는 아담의 출현 시기보다 매우 이르다. 인류의 출현을 20만 년 전으로 잡든 3만 년 전으로 잡든, 창세기에 등장하는 아담의 창조 시기(기껏해야 1만 년 전)와 비교할 때 그 격차가 매우 크다. 또

문화 인류학적 관점에서 볼 때, 구석기 말기에 속하는 아담의 연대와 신석기 시대 생활 방식을 반영하는 가인의 연대 사이에도 시간적 간극이 있다. 아담의 출현 시기를 1만 년 전으로 잡고, 전형적인 신석기 시대 거주민으로 보이는 가인과 후손들이 7천 년 전에 살았다고 추정할 경우에도 약 3천 년 정도의 시간적 간극이 발생한다. 그러나 이러한 시간적 간극 문제는 아담 이전 인류의 존재를 상정하면 말끔히 정리될 수 있다. 시포드는 이런 견지에서 이 사안에 대해 "예"로 반응하는 것이다.

이에 반하여 구약 분야의 전문가 조지 쿠펠트(1923-2010)는 어떤 식으로 자신의 반대 입장을 표명하는가? 우리의 통념은 그가 아담 이전 인류의 존재를 부인하는—따라서 아담이 인류 최초의 조상이라는—전통적 입장을 변호했으리라는 것이다. 그러나 쿠펠트의 논변은 우리의 추정을 크게 벗어난다. 도대체 그가 무슨 주장을 하는지, 글의 흐름이 어떤 방향으로 가는지 가늠조차 할 수 없다.

얼마 전에 출간된 역사적 아담 관련서[8]의 네 가지 견해를 참조한다고 해도 별 성과는 없다. 쿠펠트의 입장은 이 네 견해—(1) 역사적 아담은 없다(진화적 창조론), (2) 역사적 아담은 있다(원형적 창조론), (3) 역사적 아담은 있다(오랜 지구 창조론), (4) 역사적 아담은 있다(젊은 지구 창조론)—가운데 어느 것과도 일치하지 않기 때문이다(혹시 두 번째 견해가 가깝게 여겨질 수도 있지만, 그래도 같은 유형으로 간주하기는 힘들다).

하지만 쿠펠트가 아담과 하와를 인류의 대표로 해석하는 입장[9]이라는 것을 알아차린다면, 그의 주장에서 느껴지는 수수께끼 같은 분위기는 쉽게 사라진다. 사실 아담과 하와에 대한 그의 견해가 아직까지는 꽤 낯설게 느껴진다. 우리에게 익숙하지 않은 패러다임을 기반으로 해석한 창세기 초반부는 자못 생경하다. 쿠펠트는 창 1:27의 "사람"(아담)을 인류라는 의미의 집합 명사로 해석한다. 이는 실로 아담은 나와 너요, 또 인류 가운데 그 누구일 수도 있다는 뜻이다. 그러고 나서 아담(그리고 하와)을 인류의 대표로 상정할 경우, '원죄', '비(非)아담 계열 사람들의 구원 문제', '가인의 아내', '가인이 두려워한 대상', '성의 건설' 등의 사안을 어떻게 설명할지를 서술한다.

이 책의 유익과 활용 방안

『창세기 격론』을 통해 세 가지 유익을 얻을 수 있을 것이다.

첫째, 창세기 초반 내용과 관련한 이슈들이 무엇인지 전체적 그림을 파악할 수 있다. 대부분의 그리스도인들이 이런 이슈들을 파편적으로는 알고 있다. 그러나 이슈들 전반을 아우르는 조감도는 가지고 있지 않다. 『창세기 격론』은 이런 빈틈을 메우기에 안성맞춤이다. 해설자가 예시한 과학과 신앙 관련 이슈 일곱 가지, 나머지 신학적 이슈 네 가지만 기억해도 도움이 된다.

이슈들의 내용을 파악하게 해 준다는 것은 이슈에 대한 찬반 입장은 무엇이고 각 입장의 주창자는 누구인지를 대략이나마 알 수 있게 해 준다는 뜻이다. 어떤 이들은 이것이 출발점이 되어 각 이슈와 관련한 필독서나 자료를 더 찾아볼 수도 있고, 비슷한 주제를 좀 더 깊이 탐구하고 싶은 마음이 들 수도 있다.

둘째, 복음주의 내에 존재하는 다양성을 알 수 있는 계기가 된다. 우리가 익숙하게 여기거나 확신하는 성경적·신학적 주제와 사안은 대부분 기독교 내의 한 가지 견해나 입장인 경우가 많다. 성경은 하나지만 성경 해석과 신학 전통은 다양하다. 어떤 주제나 사안에 대해 자기만의 소신을 가지는 일과 자신의 입장이 기독교 전체의 파노라마에서 어디에 위치하는지 아는 일은 병행되어야 한다. 안타깝게도 한국 교회의 그리스도인들에게는 후자의 중요성이 거의 알려지지 않았다. 우리는 『창세기 격론』과 같은 책을 통해 자신의 입장을 되돌아보고 다른 이의 견해도 객관적으로 살펴볼 수 있게 된다. 물론 어떤 경우에는 자신이 멀리하거나 반대하던 입장의 글을 읽어야 하기 때문에 마음이 어수선하고 힘들 수도 있다. 심지어는 동료 사역자나 다른 그리스도인들과 의견 차이가 생겨 관계가 서먹해질 수도 있다. 그래도 우리는 자기를 객관화하는 시도를 두려워하거나 회피해서는 안 된다. 이는 개인적 성숙의 관점에서든 리더십 역량의 강화라는 목표에서든 매우 중요하고 필수적인 과제다.

셋째, 효과적인 논변을 훈련할 수 있는 기회가 주어진다. 다른 책도 그렇지만 특히 『창세기 격론』 같은 논전서(論戰書)의 경우, 논제를 밝히고 개진하는 작업은 주로 증거/논거 제시, 반박과 입증 시도 등을 통한 논변의 진행에 의해 이루어진다. 따라서 이 책을 세심히 읽으면, 기고자가 어떤 증거/논거를 사용하는지, 이 증거/논거가 어떤 범주(성경적, 신학적, 철학적, 과학적)에 속하는지, 또 어떤 범주의 증거/논거가 다른 것에 비해 우선적으로 등장하는지를 관찰하고 분석할 수 있다. 이런 지적 능력의 계발과 향상은 의식적일 수도 있고 아닐 수도 있지만, 어쨌든 『창세기 격론』 유의 책을 섭렵할 때 얻을 수 있는 결과임은 확실하다.

또한 이 책을 읽는 과정에서 논변의 태도 역시 훈련할 수 있다. 자신의 입장을 정확하고 확실히 표명하면서도 상대방을 폄하하거나 교만하게 굴지 않고 상대방의 입장이나 견해를 비평하면서도 존중하는 태도를 견지하는 것은, 논변 내용의 탁월성 못지않은 미덕이다. 독자들은 『창세기 격론』에서 이러한 절제된 논변 태도의 예를 발견하고 그에 비추어 스스로를 훈련할 수 있을 것이다.

이 책은 처음부터 순서대로 읽을 필요가 없다. 이 책의 내용이 전후 관계로 엮여 있지 않기 때문에 관심 있는 주제부터 읽어도 좋다. 매우 흥미로운 주제를 중심으로 찬반 격론을 벌이는 이 책을 그룹으로 공부한다면 더 큰 유익을 누릴 수 있을 것이다.

나에게 크나큰 유익을 주었던 이 책이 국내에 소개되어 기쁘다. 이 책이 한국 교회와 그리스도인들이 창세기에 대한, 더 나아가 성경 전반에 대한 다양한 관점에 눈을 뜨고 더 자유롭게 서로의 의견을 개진할 수 있는 출발점이 되기를 진심으로 기원한다.

주

1. 모어랜드·레이놀즈 편집, 박희주 옮김, 『창조와 진화에 대한 세 가지 견해』(서울: IVP, 2001)
2. J. 데릴 찰스 편집, 최정호 옮김, 『창조 기사 논쟁: 복음주의자들의 대화』(서울: 새물결플러스, 2013).
3. 매튜 배럿·아델 B. 케인데이 편집, 김광남 옮김, 『아담의 역사성 논쟁』(서울: 새물결플러스, 2015).
4. Terence E. Fretheim, *The Suffering of God: An Old Testament Perspective* (Philadelphia: Fortress Press, 1984).

5. Terence E. Fretheim, *Creation, Fall, and Flood* (Minneapolis, Minnesota: Augsburg Publishing House, 1969), p. 107.
6. 버나드 램, 박지우 옮김, 『과학과 성경의 대화』 (서울: IVP, 2016), p. 204.
7. R. Clyde McCone, "The Origins of Civilization: The Biblical Record and Problems of Historical Explanation," in *A Symposium on Creation*, Henry Morris and Others (Grand Rapids, Michigan: Baker Book House, 1968), p. 87. 글쓴이 강조.
8. 매튜 배럿, 아델 B. 케인데이 편집, 『아담의 역사성 논쟁』(주3 참조).
9. 이에 대해서는 데보라 하스마·로렌 하스마, 한국기독과학자회 옮김, 『오리진』(서울: IVP, 2012), pp. 279-283, 287-289를 참고하라. 쿠펠트의 견해는 '최근 대표설'이나 '고대 대표 집단설' 중 어느 것과도 조화를 이루는 것으로 여겨진다.

옮긴이 **김태범**은 연세대학교에서 영어영문학(B.A.)을 전공하고 합동신학대학원에서 신학(M.Div.) 훈련을 받은 후 같은 대학원의 박사 과정(Th.D.)에서 설교학을 공부하고 있다. 지금 여기에서 성경 말씀대로 삶을 살아 내는 일과 성경 본문을 현대의 상황에 적절하게 전달하는 설교에 관심이 많다. 현재 남서울평촌교회에서 교육 목사로 섬기고 있다.

창세기 격론

초판 발행 2020년 8월 27일

지은이 칼 헨리·존 월턴·데이비스 영 외
엮은이 로널드 영블러드
옮긴이 김태범
펴낸이 신현기

펴낸곳 한국기독학생회출판부
등록번호 제313-2001-198호(1978.6.1)
주소 04031 서울시 마포구 동교로 156-10
대표 전화 (02)337-2257 팩스 (02)337-2258
영업 전화 (02)338-2282 팩스 080-915-1515
홈페이지 http://www.ivp.co.kr 이메일 ivp@ivp.co.kr
ISBN 978-89-328-1773-6

ⓒ 한국기독학생회출판부

책값은 뒤표지에 있습니다.
무단 전재와 복제를 금합니다.